440 Keywords Außenwirtschaft

Springer Fachmedien Wiesbaden
Hrsg.

440 Keywords Außenwirtschaft

Hrsg.
Springer Fachmedien Wiesbaden
Wiesbaden, Deutschland

ISBN 978-3-658-35726-9   ISBN 978-3-658-35727-6   (eBook)
https://doi.org/10.1007/978-3-658-35727-6

Die Deutsche Nationalbibliothek verzeichnet diese Publikation in der Deutschen Nationalbibliografie; detaillierte bibliografische Daten sind im Internet über http://dnb.d-nb.de abrufbar.

© Springer Fachmedien Wiesbaden GmbH, ein Teil von Springer Nature 2022
Das Werk einschließlich aller seiner Teile ist urheberrechtlich geschützt. Jede Verwertung, die nicht ausdrücklich vom Urheberrechtsgesetz zugelassen ist, bedarf der vorherigen Zustimmung des Verlags. Das gilt insbesondere für Vervielfältigungen, Bearbeitungen, Übersetzungen, Mikroverfilmungen und die Einspeicherung und Verarbeitung in elektronischen Systemen.
Die Wiedergabe von allgemein beschreibenden Bezeichnungen, Marken, Unternehmensnamen etc. in diesem Werk bedeutet nicht, dass diese frei durch jedermann benutzt werden dürfen. Die Berechtigung zur Benutzung unterliegt, auch ohne gesonderten Hinweis hierzu, den Regeln des Markenrechts. Die Rechte des jeweiligen Zeicheninhabers sind zu beachten.
Der Verlag, die Autoren und die Herausgeber gehen davon aus, dass die Angaben und Informationen in diesem Werk zum Zeitpunkt der Veröffentlichung vollständig und korrekt sind. Weder der Verlag noch die Autoren oder die Herausgeber übernehmen, ausdrücklich oder implizit, Gewähr für den Inhalt des Werkes, etwaige Fehler oder Äußerungen. Der Verlag bleibt im Hinblick auf geografische Zuordnungen und Gebietsbezeichnungen in veröffentlichten Karten und Institutionsadressen neutral.

Planung/Lektorat: Nora Valussi
Springer Gabler ist ein Imprint der eingetragenen Gesellschaft Springer Fachmedien Wiesbaden GmbH und ist ein Teil von Springer Nature.
Die Anschrift der Gesellschaft ist: Abraham-Lincoln-Str. 46, 65189 Wiesbaden, Germany

Inhaltsverzeichnis

A	1
B	35
C	43
D	51
E	63
F	83
G	89
H	97
I	107
J	125

K	129
L	141
M	151
N	161
O	165
P	169
Q	179
R	181
S	195
T	203
U	219
V	223
W	231
Z	253

Die Autoren

Prof. Dr. Oliver Budzinski
University of Southern Denmark
Themengebiet: Grundlagen der Prozesspolitik

Dr. Jörg Jasper
EnBW AG
Themengebiet: Grundlagen der Prozesspolitik

Prof. Dr. Martin Klein
Martin-Luther-Universität Halle-Wittenberg
Themengebiet: Grundlagen der Internationalen Organisationen

Prof. Dr. Albrecht Michler
Heinrich-Heine-Universität Düsseldorf
Themengebiet: Grundlagen der Prozesspolitik

Dr. Carsten Weerth
FOM Hochschule für Oekonomie und Management
Themengebiet: Außenwirtschaft

A

Absorption

Absorptionsansatz; im Inland verbrauchte Gütermenge.
Gegenteil: Hortung.

Absorptionsansatz

Begriff der *monetären Außenwirtschaftstheorie,* wonach die Leistungsbilanz der Zahlungsbilanz der Differenz zwischen dem Bruttoinlandsprodukt (BIP) und der im Inland verbrauchten Gütermengen (Absorption) entspricht. Eine Verbesserung des Saldos der Leistungsbilanz ergibt sich langfristig bei einer Abwertung nur dann, wenn die Produktion um mehr steigt als die Absorption.

Abwehrzoll

Tarifäre Belastung von Importen zum Schutz der inländischen Anbieter als Reaktion auf Dumping ausländischer Konkurrenten und/oder auf Versuche eines anderen Landes, durch Zollerhebung die eigene Position einseitig zulasten seiner Handelspartner zu verbessern (sogenannter Strafzoll). Anti-Dumping-Zölle werden zusätzlich zu den normalen vertragsmäßigen Zöllen erhoben.

Abwertung

Wertverlust einer Währung (z. B. Euro) im Vergleich zu einer anderen Währung (z. B. US-Dollar). Die Euro-Abwertung wird im sogenannten Mengen-Wechselkurs (Kehrwert des Preiswechselkurses) deutlich: 1 € = 0,9639 US$ sinkt auf 1 € = 0,9574 US$. Diese Notierung ist am Devisenmarkt üblich. Eine Euro-Abwertung wird im sogenannten Preiswechselkurs, wie er in der Regel „am Bankschalter" notiert wird, nur indirekt deutlich: Z. B. 1 US$ = 1,0374 € verändert sich auf 1 US$ = 1,0445 €. Der Preiswechselkurs zeigt hier vielmehr die spiegelbildliche Aufwertung des US-Dollar (Dollarpreis in Euro steigt).

AFTA

Abkürzung für ASEAN Free Trade Area, dt. ASEAN Freihandelszone. Handelsblock, der 1992 gegründet worden ist und inzwischen zehn Mitgliedstaaten der ASEAN umfasst. 98 % aller Zölle wurden im Binnenhandel abgeschafft. Nur in wenigen Ausnahmefällen dürfen Zölle weiterhin erhoben werden. In einem nächsten Schritt soll bis Ende 2025 ein Gemeinsamer Markt (Binnenmarkt) angestrebt werden (ASEAN Economic Community, AEC).

Agrarstaat

Land, in dem der überwiegende Teil der Erwerbstätigen in der Landwirtschaft tätig ist.
Gegensatz: Industriestaat.

Allgemeine Kreditvereinbarungen (AKV)

General Agreements to Borrow (GAB); 1962 zwischen dem IWF und den im Zehner-Klub (G 10) vertretenen Ländern geschlossenes Abkommen, nach dem sich diese bereit erklärten, dem IWF bei Bedarf Kredite in ihren Währungen zur Verfügung zu stellen für den Fall, dass sich die normalen, aus den Subskriptionsbeiträgen der IWF-Mitglieder stammenden Devisenbestände des IWF bei größeren Währungskrisen als zu gering erweisen.
1984 wurde das Abkommen um die Schweiz erweitert. Hinsichtlich der Mittelvergabe wurde den Zehnerklub-Mitgliedern ein weitgehendes *Mitspracherecht* eingeräumt, die dadurch erheblichen Einfluss auf die Politik des IWF nehmen können. Die AKV wurden mehrfach modifiziert und verlängert (zuletzt mit Wirkung vom Dezember 2003 um eine weitere Fünfjahresperiode). Das Kreditvolumen wurde von anfänglich 6,4 Mrd. Sonderziehungsrechten (SZR) auf 17 Mrd. SZR sowie zusätzlich 1,5 Mrd. SZR gemäß dem seit 1983 bestehenden Assoziierungsabkommen mit Saudi-Arabien erhöht. Im Rahmen der seit 1997 bestehenden Neuen Kreditvereinbarungen (NKV) stehen bei Bedarf 26 Teilnehmerländer und Institutionen bereit, dem IWF bis zu 34 Mrd. SZR zu leihen. Die NKV ersetzen die AKV nicht, sondern ergänzen sie.

Antidumpingzoll

Einfuhrzoll, der den im Importland eintretenden negativen Wirkungen von Dumping eines Exportlands begegnen soll. Der Antidumpingzoll verteuert den Import und soll somit die Einfuhr von Dumpingwaren vermindern. Nach dem internationalen Handelsrecht der WTO setzt die Einführung eines Antidumpingzolls durch das Importland nach Artikel VI GATT die Erfüllung einiger Bedingungen voraus:

(1) der Tatbestand des Antidumpingzolls im Sinn einer regionalen Preisdifferenzierung muss nachgewiesen sein;

(2) im Importland muss eine signifikante Schädigung eines Wirtschaftszweiges (nicht nur eines Unternehmens) nachgewiesen werden;

(3) der Zusammenhang zwischen dieser Schädigung und dem Antidumpingzoll muss nachgewiesen sein;

(4) es muss auch ein volkswirtschaftliches Interesse an der Erhebung eines Antidumpingzolls bestehen.
Der Nachweis dieser Kriterien bedeutet in der Regel einen erheblichen Zeitbedarf und Kostenaufwand für den klagenden Wirtschaftssektor. Ein Antidumpingzoll kann daher von der Europäischen Kommission auch vorläufig festgesetzt werden. Möglich ist auch die Erhebung von Sicherheiten, bis das Prüfverfahren abgeschlossen ist. Ein Antidumpingzoll darf den entstandenen Schaden nicht überkompensieren, d. h. es muss das Prinzip der Verhältnismäßigkeit zwischen Schaden und Maßnahme gewahrt bleiben.
Üblicherweise wird als *Dumpingspanne* die Differenz zwischen Exportpreis und Inlandspreis im Exportland durch den Antidumpingzoll abgeschöpft.
Analog zum Antidumpingzoll kann unter ähnlichen Voraussetzungen ein sogenannter Ausgleichszoll erhoben werden, wenn Güter aufgrund staatlicher Exportsubventionen vergleichsweise zu billig exportiert werden. Während Dumping eine private Aktivität ist, sind Exportsubventionen staatliche Maßnahmen (tarifäre Handelshemmnisse). Antidumpingzölle zählen dagegen zu den nicht tarifären Handelshemmnissen. Antidumpingzölle werden in der EU auf Grundlage der Antidumping-Grundverordnung (EU) Nr. 1225/2009 festgesetzt. In seltenen Fällen werden für dieselbe Ware sowohl Antidumpingzölle als auch Ausgleichszölle erhoben; Beispiel: Fotovoltaikmodule aus China.

Äquivalenz zwischen tarifären und nicht tarifären Handelshemmnissen

Bei vollständiger Konkurrenz im In- und Ausland und vollständigem Wettbewerb um die Importlizenzen (z. B. Versteigerung) führen eine Importquote und ein Zoll zu derselben Preis-Mengen-Konstellation, vorausgesetzt die Quote wird auf jener Importmenge festgelegt, zu der auch der Zollsatz führt.

Arbeitsintensives Gut

Gut, zu dessen Erzeugung im Vergleich zu einem anderen Gut stets weniger Kapital pro Arbeit benötigt wird, wird als *relativ* arbeitsintensiv bezeichnet. Das andere Gut ist dann *relativ* kapitalintensiv.

Arbitrage-Klausel

Schiedsgerichtsklausel; im Außenhandel übliche Klausel zur Vereinbarung eines bestimmten Schiedsgerichts (engl. *Arbitration* = Arbitrage) zur Vermeidung des langwierigen und kostspieligen Klageweges vor einem ordentlichen Gericht. Beide Partner unterwerfen sich bei eventuell auftretenden Streitigkeiten einer gemeinsam ausgewählten Schiedsgerichtsordnung und einem Schiedsverfahren aber auch dem daraus resultierenden Schiedsspruch.

Asia-Europe-Meeting

Dt. Asien-Europa-Treffen oder -Gipfel. Seit 1996 regelmäßig stattfindendes wirtschaftspolitisches Gipfeltreffen von mehr als 50 Staaten der Europäischen Union (EU) (plus Norwegen und Schweiz), der ASEAN plus Sechs, der EU und dem ASEAN-Sekretariat mit dem Ziel der wirtschaftspolitischen, kulturellen und diplomatischen Annäherung. Insgesamt versammelten sich im Herbst 2018 30 europäische und 21 asiatische Staaten zum 12. ASEM-Treffen in Brüssel.

ASEM-Gipfel finden alle zwei Jahre abwechselnd in Asien und Europa statt. Die ASEM-Staaten repräsentieren 2018 gemeinsam 55 % des globalen Handels, 60 % der Weltbevölkerung, 65 % des globalen BIP, 75 % des globalen Tourismus.

Assoziierungsabkommen

1. *Allgemein:* Völkerrechtliche Verträge, die besondere Beziehungen zwischen einer internationalen (oder supranationalen) Organisation und einem Nichtmitgliedsstaat begründen.

2. *Assoziierungsabkommen der EU:* Die EU-Verträge sehen *zwei verschiedene Formen* der Assoziierung Dritter vor. Hierbei handelt es sich um die nach Maßgabe von Art. 198 ff. AEUV vorgeschriebene Assoziierung sogenannter Überseeischer Länder und Gebiete *(konstitutionelle Assoziierung)* sowie um die Möglichkeit einer *vertraglichen Assoziierung* nach Art. 217 AEUV bzw. Art. 206 EAGV im Fall sonstiger Staaten oder internationaler Organisationen.

a) *Inhalt:* Die Regelungsgegenstände, die gegenseitigen Rechte und Pflichten (die nicht „symmetrisch" sein müssen) sowie die Intensität der Beziehungen können sehr unterschiedlich ausgestaltet sein.

b) Die *Zielsetzungen,* welchen die von der EU abgeschlossenen Assoziierungsabkommen dienen sollen, differieren beträchtlich:

(1) Vorbereitung des Partners auf einen etwaigen späteren Beitritt (z. B. Albanien, Serbien, Türkei);

(2) intensive Förderung der wirtschaftlichen Entwicklung der Abkommenspartner (AKP-Staaten);

(3) Förderung des gegenseitigen Freihandels bei gleichzeitiger Anpassung der Rechtsordnung der Partner an das Gemeinschaftsrecht (EWR-Abkommen (EWR) mit den EFTA-Staaten);

(4) Förderung der Systemtransformation und der Beitrittsfähigkeit (Europaabkommen mit ostmitteleuropäischen Reformstaaten);

(5) Stabilisierung einer Konfliktregion (Balkanstaaten, Ukraine).

c) *Voraussetzungen:* Aufseiten der EU erfordert der Abschluss eines Assoziierungsabkommens Einstimmigkeit im Rat der Europäischen Union sowie ein Mehrheitsvotum im Europäischen Parlament. Soweit das Abkommen Gegenstände betrifft, welche in der Zuständigkeit der Mitgliedsstaaten liegen, bedarf es zum Inkrafttreten der Ratifizierung durch die Parlamente aller Mitgliedsstaaten der EU.

Aufwertung

Wertgewinn einer Währung (z. B. Euro) im Vergleich zu einer anderen Währung (z. B. US-Dollar).

Außenbeitrag

In der Volkswirtschaftlichen Gesamtrechnung (VGR) und in der Zahlungsbilanz Saldo aus Exporten (Ausfuhr) und Importen (Einfuhr) im Waren- und Dienstleistungsverkehr.

Außenhandelsgleichgewicht

Tauschgleichgewicht.

1. *Außenhandelspraxis:* Bezeichnung für eine ausgeglichene Handelsbilanz (Außenhandelsgleichgewicht im engeren Sinne) bzw. ausgeglichenen Außenbeitrag (Außenhandelsgleichgewicht im weiteren Sinne, Handelsbilanz plus Dienstleistungsbilanz).

2. In der realen Außenwirtschaftstheorie für den Zwei-Länder-/Zwei-Güter-Fall abgeleitete Konstellation im Außenhandel, in der es keine Möglichkeit mehr gibt, durch weiteren Güteraustausch die Wohlfahrtsposition beider Länder zu erhöhen. Das Modell definiert aus Basissicht unrealistische Voraussetzungen.

Außenhandelsmonopol

Staatliche Zentralstelle, die allein den Außenhandel abwickelt bzw. die unmittelbare Kontrolle über die außenwirtschaftlichen Beziehungen ausübt. Instrument der Außenwirtschaftspolitik; früher im Ostblock und Entwicklungsländern weit verbreitet, heute sehr selten.

Außenhandelstheorie

1. *Begriff/Bedeutung:* Teilbereich der realen Außenwirtschaftstheorie. Die Außenhandelstheorie analysiert die Bestimmungsgründe für die Existenz und Struktur des internationalen Handels und der internationalen Faktorwanderungen sowie deren Implikationen für die heimische Wohlfahrt und die heimische Einkommensverteilung. Die staatlichen Eingriffe in den internationalen Handel werden in der Handelspolitik und der politischen Ökonomik der Protektion untersucht. Die Außenhandelstheorie weist eine beträchtliche Distanz zu den Rahmenbedingungen des Außenhandels in der Realität auf. Sie kann die tatsächlichen Strukturen und Entwicklungen nur partiell erklären. Damit verdeutlicht sie aber in handelspolitischer Hinsicht, welchen Prämissen besondere Beachtung geschenkt werden sollte, wenn die theoretischen Erkenntnisse für die Praxis als relevant angesehen werden.

2. Internationale Spezialisierung und Erklärung der Handelsstruktur:

a) *Komparative Vorteile:* Eine der grundlegendsten Erkenntnisse der realen Theorie besagt, dass internationaler Handel unter anderem auf komparativen Vorteilen beruht. Komparative Vorteile kann man auf Technologieunterschiede zurückführen (Ricardianisches Modell), sie

können aber auch bei international identischen Produktionstechnologien zustandekommen, etwa aufgrund internationaler Faktorausstattungsunterschiede (Heckscher-Ohlin-Handel). Sind einzelne Güter in einem Land aufgrund von natürlichen Gegebenheiten oder aufgrund mangelnden technischen Wissens gar nicht verfügbar, so kann man dies als extreme Form komparativer Nachteile (bzw. Vorteile bei den anderen Ländern) auffassen.
Wenn die Erfahrung mit der Erzeugung technologieintensiver Güter dazu führt, dass man in Zukunft leichter weitere technologische Neuerungen erzielen kann (dynamische Größenvorteile), dann kann ein ausstattungsbedingter Anfangsvorteil eines Landes im Verlaufe der Zeit noch stärker ausgeprägt werden (dynamische komparative Vorteile).

b) *Produktdifferenzierung und Größenvorteile:* Verschiedene empirische Untersuchungen haben ergeben, dass komparative Vorteile den tatsächlichen Handel nur zum Teil erklären können. Es wurde beobachtet, dass einerseits die bestehenden Unterschiede zwischen verschiedenen Ländern sich nicht durchweg auf erwartete Art und Weise in der *Struktur* des internationalen Handels niederschlagen (z. B. Leontief-Paradoxon) und dass andererseits Handel zwischen solchen Ländern sehr intensiv ist, die einander in jeder Hinsicht sehr ähnlich sind. Je ähnlicher zwei Länder in ihren Nachfragerpräferenzen, ihrem Einkommensniveau und in ihrer Faktorausstattung sind, umso mehr wird zwischen ihnen intra-industrieller Handel zu erwarten sein.

c) *Handel ohne komparative Vorteile:* Auch internationaler Handel, der nicht auf der Grundlage komparativer Vorteile erfolgt, bringt Vorteile. Er kann die für den Nachfrager verfügbare Produktvielfalt erhöhen und eine stärkere Realisierung von Größenvorteilen ermöglichen (*Heckscher-Ohlin- Chamberlin-Modell*). Ferner kann internationaler Handel die Marktmacht heimischer Anbieter reduzieren. Internationaler Handel verringert die Bedeutung von Ländergrenzen für die Marktabgrenzung und macht so die Märkte insgesamt wettbewerblicher.

d) *Dynamische Vorteile des internationalen Handels:* Die erwähnten Produktions- und Konsumgewinne aus internationalem Handel sind rein statischer Natur. Wenn das höhere Einkommen zu höheren Ersparnissen und höheren Investitionen führt, dann kommen dynamische Effekte dazu. Es erhöht sich dadurch die Wachstumsrate, und die Einkommenszunahme ist dann langfristig größer als der statische Produktionsgewinn.

Die *neoklassische Wachstumstheorie* besagt allerdings, dass die Wachstumsrate langfristig durch Handel nicht beeinflusst werden kann, sodass der dynamische Effekt sich auf eine Erhöhung des langfristig realisierten Einkommensniveaus beschränkt.

Die *Ergebnisse der theoretischen Forschung* sind nicht ganz einheitlich, aber es existiert unter den Ökonomen ein breiter Konsens, dass die Wachstumsraten in Ländern mit intensiven wechselseitigen Handelsbeziehungen *ceteris paribus* größer sind als in geschlossenen Ökonomien. Dies kann analog auch auf die Intensivierung dieser Handelsbeziehungen durch Handelsliberalisierung angewandt werden (dynamische komparative Vorteile).

Außenhandelsvolumen

In den Handelsabkommen festgelegter Wert des geplanten Warenaustausches zwischen den jeweiligen Vertragsländern, auch als *Handelsvolumen* bezeichnet.

Außenmarkt

Gesamtheit fremder Volkswirtschaften, auf die sich die Außenhandelsaktivitäten der eigenen Volkswirtschaft beziehen können. Der Außenmarkt ist somit gedachter Treffpunkt von Kauf- bzw. Verkaufswünschen zwischen In- und Ausländern.

Außenwirtschaftliches Gleichgewicht

1. *Begriff:* Neben der Preisniveaustabilität, dem hohen Beschäftigungsstand und dem wirtschaftlichen Wachstum eines der vier gesamtwirtschaftlichen Ziele des Stabilitäts- und Wachstumsgesetzes (StWG). Zu unterscheiden vom definitionsgemäß immer gegebenen Ausgleich der Zahlungsbilanz. *Zahlungsbilanzgleichgewicht* kann mit Defiziten (Überschüssen) im Außenhandel bzw. in der Leistungsbilanz bei gleichzeitigen Überschüssen (Defiziten) in der Kapitalverkehrsbilanz einhergehen.

2. *Merkmale:* Außenwirtschaftliches Gleichgewicht hingegen bezieht sich auf den Ausgleich des Außenbeitrags bzw. der Leistungsbilanz. In der monetären Außenwirtschaftstheorie wird unterschieden zwischen dem *kurzfristigen* außenwirtschaftlichen Gleichgewicht im Sinn eines Gleichgewichts auf dem Devisenmarkt und dem *langfristigen* außenwirtschaftlichen Gleichgewicht, bei dem keine Veränderung der Nettoauslandsverschuldung mehr erfolgt (Leistungsbilanzausgleich).

Außenwirtschaftsbestimmungen

Die im EU-Recht und dt. Außenwirtschaftsgesetz (AWG) und in der Außenwirtschaftsverordnung (AWV) enthaltenen Vorschriften über den Waren-, Dienstleistungs-, Kapital-, Zahlungs- und sonstigen Wirtschaftsverkehr mit fremden Wirtschaftsgebieten sowie den Verkehr mit Auslandswerten und Gold zwischen Gebietsansässigen. In Ergänzung hierzu erfolgen Bekanntmachungen des Bundesministers für Wirtschaft und Technologie sowie der Deutschen Bundesbank, die bei der Durchführung von Geschäften im Außenwirtschaftsverkehr ebenfalls zu beachten sind. Kontrolliert wird der Außenwirtschaftsverkehr mit strategisch wichtigen Gütern, vor allem Waffen, Rüstungsgütern und Gütern mit doppeltem Verwendungszweck (sogenannte Dual-Use-Güter) durch das Bundesamt für Wirtschaft und Ausfuhrkontrolle (BAFA) und die Zollverwaltung. Dabei handelt es sich um Waren, Software und Technologie, die für zivile und militärische Zwecke verwendet werden können.

Außenwirtschaftsgesetz (AWG)

Gesetz vom 28.4.1961 (BGBl. I 481) m.spät.Änd., ergänzt durch den Einigungsvertrag vom 31.8.1990 und die Außenwirtschaftsverordnung (AWV). Neugefasst durch Bek. v. 26.6.2006 (BGBl. I 1386). Novelliert und völlig neu gefasst durch das *Gesetz zur Modernisierung des Außenwirtschaftsrechts* v. 6.6.2013 (BGBl. I 1482). Wichtigste nationale Gesetzesnorm des Außenwirtschaftsrechts. Das nationale Außenwirtschaftsrecht wird teilweise überlagert vom EU-Recht, insbesondere dem *Zollkodex*, Verordnung (EWG) Nr. 2913/92 [ersetzt durch den Unionszollkodex (UZK) Verordnung EU Nr. 952/2013, ab 1.11.2013 gültig, vollständig anwendbar ab 1.5.2016], der *Dual-Use-Verordnung* (EG) Nr. 428/2009, sowie den Einfuhr- und Ausfuhrregelungen der EU.

1. *Inhalt:* Das Außenwirtschaftsgesetz regelt für Deutschland nationalstaatlich den Außenwirtschaftsverkehr und den Wirtschaftsverkehr zwischen Inländern und Ausländern (vormals den Gebietsansässigen und *Gebietsfremden*), ausgehend vom Prinzip des Wirtschaftsgebiets (Hoheitsgebiet der Bundesrepublik Deutschland). Durch die Schaffung des Einheitlichen Binnenmarktes der EG wurde das AWG um den Begriff des *Gemeinschaftsansässigen* erweitert, da das AWG nicht den Verkehr innerhalb des Binnenmarktes beschränken darf. Meldevorschriften (z. B. über den Kapitalverkehr und Zahlungsverkehr) sind jedoch innerhalb des EU-Binnenmarktes erlaubt. Mit der Novellierung des AWG 2013 wird das Inländerkonzept eingeführt, zahlreiche Definitionen werden in § 2 AWG n.F. neu gefasst, die Vorschriften werden insgesamt sehr gestrafft und entschlackt (von 52 Paragrafen auf 28 Paragrafen).

2. *Grundsatz:* Das Außenwirtschaftsgesetz beruht auf dem Grundsatz, dass alle *Geschäfte mit dem Ausland uneingeschränkt zulässig sind,* soweit sie nicht ausdrücklich Beschränkungen unterworfen worden sind (§ 1 I AWG): *Der Waren-, Dienstleistungs-, Kapital-, Zahlungs- und sonstige Wirtschaftsverkehr mit dem Ausland sowie der Verkehr mit Auslandswerten und Gold zwischen Inländern (Außenwirtschaftsverkehr) ist grundsätzlich frei.*

Beschränkungen können sich aus dem Außenwirtschaftsgesetz selbst ergeben, aber auch aus anderen Gesetzen oder Rechtsvorschriften (z. B. über Zoll und Verbrauchsteuern, Marktordnungsgesetze für die Landwirtschaft, gesundheitspolizeiliche Vorschriften, Kriegswaffen-Kontrolle, Vorschriften zum Schutz deutschen Kulturgutes wegen Auswanderung, Gewerberecht etc.), zwischenstaatlichen Vereinbarungen sowie Rechtsvorschriften der Organe zwischenstaatlicher Einrichtungen, denen die Bundesrepublik Deutschland Hoheitsrechte übertragen hat (§ 1 II AWG).

3. *Unmittelbare gesetzliche Beschränkungen:* Für die Durchfuhr und die Ausfuhr von Waren können Beschränkungen durch Verbot oder das Erfordernis einer Genehmigung angeordnet werden (durch Verordnung der Bundesregierung; § 12 AWG n. F., § 27 AWG a.F.). Beschränkungen sind nach Art und Umfang auf das Maß zu begrenzen, das notwendig ist, um den in der Ermächtigung angegebenen Zweck zu erreichen; in die Freiheit der wirtschaftlichen Betätigung ist so wenig wie möglich einzugreifen; abgeschlossene Verträge dürfen nur berührt werden, wenn der angestrebte Zweck erheblich gefährdet wird. Beschränkungen sind aufzuheben, sobald und soweit die Gründe, die ihre Anordnung rechtfertigen, nicht mehr vorliegen.

Außenwirtschaftspolitik

1. *Begriff:* Gesamtheit aller staatlichen Maßnahmen im Bereich der außenwirtschaftlichen Beziehungen eines Landes. Außenwirtschaftspolitik umfasst vor allem Außenhandels-, Währungs- und Integrationspolitik, kann aber auch in anderen Politikbereichen enthalten sein (z. B. Bildungs-, Forschungspolitik).

2. *Ziele:*

a) *Liberale Außenwirtschaftspolitik:*

(1) Förderung des Wirtschaftswachstums bzw. der gesamtgesellschaftlichen Wohlfahrt durch Realisierung von Handelsgewinnen;

(2) Gewährleistung individueller Freiheitsrechte (Freizügigkeit);

(3) Beitrag zum Abbau politischer und militärischer Spannungen bzw. zur Verwirklichung internationaler politischer Integration; u. a.

3. *Instrumente:*

a) *Liberale Außenwirtschaftspolitik:* Sie vermeidet direkte staatliche Eingriffe in den Außenwirtschaftsverkehr weitgehend; beschränkt sich im Wesentlichen auf die Gestaltung und Verbesserung der Rahmenbedingungen. Ausnahmen hiervon sind eng begrenzt (z. B. Verbot von Waffen- und Rauschgifthandel) bzw. sollten (nach der Vorstellung ihrer Vertreter) lediglich temporären Charakter haben (z. B. Schutzzölle für bestimmte Produktionsrichtungen, die längerfristig international wettbewerbsfähig werden können; Protektionismus) oder Kapitalexportrestriktionen in Entwicklungsländern in der Anfangsphase außenwirtschaftlicher Liberalisierung.

b) *Interventionistische Außenwirtschaftspolitik:* (1) Zölle; (2) Mengenbeschränkungen (Kontingente); (3) Im- und Exportverbote; (4) nicht tarifäre Handelshemmnisse; (5) Devisenbewirtschaftung; (6) gespaltene Wechselkurse; (7) Kontrolle internationaler Faktorbewegungen; (8) Maßnahmen der Importsubstitution und Exportförderung, soweit es sich um direkte staatliche Eingriffe handelt; (9) Exportkontrolle u. a.

4. *Praxis:* Ein Großteil der politischen und rechtlichen Außenhandelskompetenz ist von den Mitgliedsstaaten an die EU übergeben worden, so die Zollpolitik, die Außenhandelspolitik und die Entschlussfähigkeit über Maßnahmen von Ausfuhrverboten (Verbote und Beschränkungen der Ausfuhr). Einzelne Mitgliedsstaaten könnten jedoch weiterhin nationale Maßnahmen der Exportförderung beschließen und durchführen (in Deutschland z. B. die Gewährung von Außenhandels-Bürgschaften).

Außenwirtschaftsrecht

Zusammenfassende Bezeichnung für die Rechtsvorschriften, welche die Wirtschaftsvorgänge, die über die Grenzen einer Volkswirtschaft hinausgreifen, betreffen.
Grundlagen des dt. Außenwirtschaftsrechts sind das Außenwirtschaftsgesetz (AWG) und die Außenwirtschaftsverordnung (AWV). Das 1961 in Kraft getretene deutsche Außenwirtschaftsrecht beruht auf dem *Grundsatz,* dass alle Geschäfte mit dem Ausland zulässig sind, soweit nicht ausdrücklich Beschränkungen angeordnet sind (§ 1 S. 1 AWG, *Außenwirtschaftsfreiheit*). Das deutsche Außenwirtschaftsrecht ist mit Wirkung vom 1.9.2013 umfassend neugefasst und novelliert worden (Gesetz zur Modernisierung des Außenwirtschaftsrechts v. 6.6.2013, BGBl. I 1482).

Außenwirtschaftstheorie

1. *Begriff:* Teilbereich der Volkswirtschaftstheorie, der die internationalen Wirtschaftsbeziehungen zwischen Ländern oder Regionen zum Gegenstand hat. Die Außenwirtschaftstheorie sieht als wesentlichen Unterschied zwischen binnen- und außenwirtschaftlichen Beziehungen den Grad der Beweglichkeit von Gütern und/oder der Faktoren und die Existenz unterschiedlicher Währungen an.

2. *Untergliederung der Außenwirtschaftstheorie:* Die verschiedenen Modelle der Außenwirtschaftstheorie lassen sich, wenngleich nicht trennscharf, in zwei große Gruppen teilen: Modelle der realen und Modelle der monetären Außenwirtschaftstheorie. Die *reale Außenwirtschaftstheorie* abstrahiert von der Existenz des Geldes und demgemäß auch von der Existenz unterschiedlicher Währungen, während die *monetäre Außenwirtschaftstheorie* die Rolle des Geldes ins Zentrum der Betrachtung rückt. Vereinfachend lässt sich sagen, dass die reale Theorie sich auf Fragen der Allokation, der Effizienz und der Verteilung konzentriert, während die monetäre Theorie sich vorwiegend dem Stabilitätsproblem widmet. Fragen des Wachstums werden in beiden Theorieteilen behandelt.

Außenwirtschaftsverkehr

Nach § 1 Außenwirtschaftsgesetz (AWG) der Waren-, Dienstleistungs-, Kapital-, Zahlungs- und sonstige Wirtschaftsverkehr mit dem Ausland (vormalig fremden Wirtschaftsgebieten) sowie der Verkehr mit Auslandswerten und Gold zwischen Inländern (vormalig Gebietsansässigen). Der Außenwirtschaftsverkehr ist grundsätzlich frei und unterliegt den Beschränkungen, die das AWG, oder darauf beruhende Rechtsverordnungen (die Außenwirtschaftsverordnung (AWV)) sowie das EU-Recht (z. B. Dual-Use-VO) vorschreiben.

Außenwirtschaftsverordnung (AWV)

VO zur Durchführung des Außenwirtschaftsgesetzes (AWG).

Ausfuhr

1. *Begriff:*

a) *Allgemein:* Entgeltliche oder unentgeltliche Abgabe der in einem Wirtschaftsgebiet produzierten Sachgüter und/oder von Dienstleistungen (Dienstleistungsausfuhr) sowie die Übertragung von Software und Technologie aus dem Inland in ein Drittland einschließlich ihrer Bereitstellung auf elektronischem Weg für natürliche und juristische Personen in fremde Wirtschaftsgebiete (Drittländer). Teil des Außenhandels.

b) *Deutsches Außenwirtschaftsrecht:* Verbringen von Sachen, Elektrizität, Software und Technologie aus dem Inland (vormalig dem deutschen Wirtschaftsgebiet) ins Ausland (vormalig in fremde Wirtschaftsgebiete) (§ 2 III AWG).

c) *Zollrecht:* Verbringen von Unionswaren aus dem (EU-)Zollgebiet (Art. 4 UZK) im Rahmen des Ausfuhrverfahrens (Art. 269 UZK).

Beim Verbringen von Nicht-Unionswaren spricht der Unionszollkodex (UZK) von Wiederausfuhr (Art. 270 UZK).

2. Arten:

a) *Direkte Ausfuhr:*

Direktausfuhr; *indirekte Ausfuhr:* Ausfuhrhandel.

b) *Sichtbare Ausfuhr:* Ausfuhr von Waren (Sachgütern der Ernährungswirtschaft, Rohstoffen, Halb- und Fertigwaren); *unsichtbare Ausfuhr:* Erbringung von Dienstleistungen für ausländische Auftraggeber (z. B. Vermittlungsleistungen inländischer Banken für Ausländer, Dienstleistungen für im Inland reisende Ausländer, Vertretertätigkeit für Ausländer, Vergabe von Lizenzen an Ausländer, Versicherungsleistungen, Transportleistungen).

3. *Regelungen im Außenwirtschaftsgesetz:* Nach den Bestimmungen des Außenwirtschaftsgesetzes (AWG) ist die Ausfuhr grundsätzlich genehmigungsfrei (§ 1 AWG). Allerdings sieht das Gesetz Möglichkeiten vor, dieses Prinzip einzuschränken. Nach § 4 II AWG dürfen außenwirtschaftliche Aktivitäten einer Beschränkung unterworfen werden, um die Erfüllung zwischenstaatlicher Vereinbarungen zu erfüllen, denen das Parlament zugestimmt hat. Darüber hinaus darf die Warenausfuhr beschränkt werden, um die Bedarfsdeckung an lebenswichtigen Gütern im eigenen Lande sicherzustellen (§ 4 I Nr. 5 AWG).

4. *Steuerrecht:* Gewinne aus der Ausfuhr von Waren werden üblicherweise nur im Land des Exporteurs den direkten Steuern unterworfen (Betriebsstättenprinzip), dagegen fallen indirekte Steuern für die ausgeführten Waren oder Dienstleistungen typischerweise im Land des Importeurs an (Bestimmungslandprinzip; Ausfuhrlieferung). Ausfuhrlieferungen sind in Deutschland von der Umsatzsteuer befreit.

5. *Zollrecht:* Bei der Ausfuhr von Unionswaren bzw. der Wiederausfuhr von Nicht-Unionswaren geht es nur in zweiter Linie um die Erhebung

von Abgaben. Denn Ausfuhrzölle würden den allseits gewünschten Export behindern. An erster Stelle steht die Frage, ob exportiert werden darf. Vielfältige Verbote und Beschränkungen sowie handelspolitische Regelungen auf EU-Ebene und im nationalen Recht schränken die Ausfuhr ein. Im Ausfuhrverfahren werden auch die Nachweise für die Umsatzsteuer erstellt. Darüber hinaus werden Daten für die Außenhandelsstatistik erhoben, die in die Zahlungsbilanz einfließen.

6. Bedeutung/Besonderheiten:

a) *Bedeutung:* Ausprägung der Internationalisierungsstrategie grenzüberschreitend tätiger Unternehmungen auf der Basis unterschiedlicher Internationalisierungsmotive.

b) *Vorteile/Nachteile:* Eine reine Ausfuhrorientierung grenzüberschreitend tätiger Unternehmungen ist weniger ressourcenaufwändig und damit risikoärmer als die Produktion im Ausland. Dem stehen jedoch die Risiken von Handelshemmnissen sowie die ausländischen Marktrisiken (z. B. Zahlungsrisiken) gegenüber. Außerdem besteht keine Möglichkeit, Faktorkostenunterschiede zwischen In- und Ausland zu nutzen. Häufig wird deshalb die Form der Ausfuhr lediglich als (frühe) Phase im Rahmen des Internationalisierungsprozesses und des internationalen Wachstums gesehen.

c) Bei der Vorbereitung und Abwicklung von Ausfuhr kommt der *Ausfuhrfinanzierung* bes. Bedeutung zu. Im Handel mit Geschäftspartnern weniger hoch industrialisierter Länder sind nach wie vor sogenannte Counter-Trades (Kompensationsgeschäfte) verbreitet.

Ausfuhrbeschränkung

1. Rechtsgeschäfte und Handlungen im Außenwirtschaftsverkehr können beschränkt werden, um (1) die Sicherheit der Bundesrepublik Deutschland zu gewährleisten, (2) eine Störung des friedlichen Zusammenlebens der Völker zu verhüten, oder (3) zu verhüten, dass die

auswärtigen Beziehungen der Bundesrepublik Deutschland erheblich gestört werden.
2. Nach § 5 I AWG n.F. (§ 7 II AWG a.F.) können besonders beschränkt werden:

a) die Ausfuhr oder Durchfuhr von (1) Waffen, Munition und Kriegsgerät, (2) Gegenständen, die bei der Entwicklung, Erzeugung oder dem Einsatz von Waffen, Munition und Kriegsgerät nützlich sind, oder (3) Konstruktionszeichnungen und sonstige Fertigungsunterlagen für die unter (1) und (2) bezeichneten Gegenstände; v. a., wenn die Beschränkung der Durchführung einer in internationaler Zusammenarbeit vereinbarten Ausfuhrkontrolle dient.

b) Die Ausfuhr von Gegenständen, die zur Durchführung militärischer Aktionen bestimmt sind.

c) Rechtsgeschäfte über gewerbliche Schutzrechte, Erfindungen, Herstellungsverfahren und Erfahrungen in Bezug auf die in a) bezeichneten Waren und sonstigen Gegenstände.

3. Zu den in § 4 I AWG n.F. (§ 7 I AWG a.F.) genannten Zwecken können auch Rechtsgeschäfte und Handlungen Deutscher in fremden Wirtschaftsgebieten beschränkt werden, die sich auf Waren und sonstige Gegenstände nach § 5 I AWG n.F. (§ 7 II Nr. 1 AWG a.F.) einschließlich ihrer Entwicklung und Herstellung beziehen, wenn der Deutsche (1) Inhaber eines Personaldokumentes der Bundesrepublik Deutschland ist oder (2) verpflichtet wäre, einen Personalausweis zu besitzen, falls er eine Wohnung im Geltungsbereich dieses Gesetzes hätte.

Dies gilt vor allem, wenn die Beschränkung der in internationaler Zusammenarbeit vereinbarten Verhinderung der Verbreitung von Waren und sonstigen Gegenständen nach § 11 II AWV n.F. (§ 7 II Nr. 1 AWV a.F.) dient.

4. Die Rechtsgrundlagen für Ausfuhrbeschränkungen sind vielfältig. Neben dem AWG und der AWV kommen wegen des einheitlichen Zollgebietes der EU vor allem EU-Verordnungen in Betracht.

Klassische Beispiele sind die Sanktionen gegen den Irak, Iran, Liberia, Myanmar, Nordkorea, Simbabwe sowie die EU-Dual Use-VO.

Ausfuhrerstattung

1. *Begriff:* Im Marktordnungsrecht der EU werden dem Erzeuger für viele Agrarwaren Mindestpreise garantiert, zu denen staatliche Stellen (meist begrenzte) Mengen aufkaufen. Diese Preise liegen in der Regel über den Weltmarktpreisen. Zudem werden in den EU-Mitgliedsstaaten vielfach mehr Agrarwaren erzeugt, als in der Union selbst verbraucht werden können. Sofern der Erzeuger stattdessen seine Ware zum Weltmarktpreis exportiert, wird ihm die Differenz zwischen garantiertem Mindestpreis und Weltmarktpreis erstattet.

2. *Abwicklung der Ausfuhrerstattung:* Der konkrete Warenkreis für die Ausfuhrerstattung ergibt sich aus der jeweiligen Marktorganisation, bzw. aus der Gemeinsamen Marktorganisation. Darin wird ein festgelegter EU-Binnenmarktpreis festgelegt, der höher ist als der Weltmarktpreis. Diesen Preis schützt die Marktorganisation durch die Erstattung der Differenz bei der Ausfuhr in Drittländer – die sogenannte *Ausfuhrerstattung*. Die Überwachung der Ausfuhr erfolgt durch die Zollverwaltung mithilfe von besonderen EU-Dokumenten, den Ausfuhrlizenzen (AGREX), die in Deutschland auf Antrag des Ausführers von der Bundesanstalt für Landwirtschaft und Ernährung (BLE) erteilt werden. Die Ausfuhrkontrolle und verwaltungsmäßigen Abwicklung der Ausfuhrerstattung obliegt der Zollverwaltung. Erst nach dem Nachweis der tatsächlichen Ausfuhr aus dem Zollgebiet der EU wird die Ausfuhrerstattung von der EU ausgezahlt, in Deutschland durch das Hauptzollamt Hamburg-Jonas.

Ausfuhrgenehmigung

Vor jedem Export prüfen die Zollstellen, ob nach nationalen oder gemeinschaftsrechtlichen Vorschriften die Ausfuhr/Wiederausfuhr von Waren zulässig oder verboten ist. Die Verbote sind zumeist nicht absolut. Vielmehr wird mit Genehmigungen gearbeitet. Hauptsächlich aus außen- und sicherheitspolitischen Gründen bedarf es in vielen Fällen der vorherigen Genehmigung. Kontrolliert wird der Außenwirtschaftsverkehr mit strategisch wichtigen Gütern, vor allem Waffen, Rüstungsgütern und Gütern mit doppeltem Verwendungszweck (sogenannte Dual-Use-Güter). Dies sind Waren, Software und Technologie, die für zivile und militärische Zwecke verwendet werden können. Die Exportkontrollpolitik der Bundesregierung orientiert sich im Rahmen gesetzlicher und internationaler Verpflichtungen am Sicherheitsbedürfnis und außenpolitischen Interesse der Bundesrepublik Deutschland.
Vor allem soll ihre Sicherheit nicht durch konventionelle Waffen oder Massenvernichtungswaffen bedroht werden. Deutsche Exporte sollen in Krisengebieten weder konfliktverstärkend wirken noch dort zu internen Repressionen oder anderen schwerwiegenden Menschenrechtsverletzungen beitragen. Die internationale Einbindung verpflichtet die Bundesrepublik Deutschland, die auswärtigen Beziehungen nicht durch kritische Exporte zu belasten. Die Ausfuhrgenehmigung kann nur vom Ausführer beantragt werden. Zuständig für die Erteilung der Ausfuhrgenehmigung ist regelmäßig das Bundesamt für Wirtschaft und Ausfuhrkontrolle (BAFA), bei Erzeugnissen der Land- und Forstwirtschaft die Bundesanstalt für Landwirtschaft und Ernährung (BLE).

Ausfuhrlieferung

1. *Begriff im Außenwirtschaftsrecht:* Sachlich zusammengehörende Warenmenge, die über eine bestimmte Ausfuhrzollstelle aus dem Zollgebiet der Union ausgeführt und an einen bestimmten Empfänger (Importeur) im Drittland geleitet wird.

2. *Umsatzsteuerrecht:* a) Eine Ausfuhrlieferung im Sinn des Umsatzsteuerrechts liegt nur noch vor, wenn der Gegenstand einer Lieferung in das Drittlandsgebiet gelangt; bei Lieferungen in die übrigen Mitgliedsstaaten der EU gelten andere, speziellere Regelungen. Bei entsprechendem Nachweis sind Ausfuhrlieferungen umsatzsteuerfrei (§ 4 Nr. 1a UStG); der Vorsteuerabzug für Vorleistungen, die der Unternehmer im Zusammenhang mit der ausgeführten Ware bezogen hat, bleibt erhalten, da die Ware im Ausland komplett ohne inländische umsatzsteuerliche Vorbelastung ankommen soll. Auf diese Art und Weise wird das Bestimmungslandprinzip realisiert (Entlastung von der Umsatzsteuer im Inland, im Regelfall dann im Bestimmungsland Herstellung der dortigen Umsatzsteuerbelastung z. B. durch Erhebung einer Einfuhrumsatzsteuer).

b) Arten und Voraussetzungen der Steuerbefreiung (§§ 4 ff. UStG i.V. mit §§ 6, 6a UStG):

(1) Der Unternehmer befördert oder versendet selbst in das Drittlandsgebiet (ausgenommen Zollfreigebiete): Nur *Ausfuhrnachweis* erforderlich;

(2) der Abnehmer befördert oder versendet in das Drittlandsgebiet: Ausfuhrnachweis sowie Nachweis, dass der Abnehmer ein *ausländischer Abnehmer* ist;

(3) der Unternehmer oder der Abnehmer befördert oder versendet in ein Zollfreigebiet: Ausfuhrnachweis sowie Nachweis, dass der Empfänger ein ausländischer Abnehmer oder ein im Inland ansässiger Unternehmer ist, der den gelieferten Gegenstand für Zwecke seines Unternehmens verwendet;

(4) Für Ausfuhrlieferungen muss zusätzlich ein *Buchnachweis* geführt werden, d. h. die Ausfuhr muss in den Büchern des Unternehmens nachzuvollziehen sein.

c) *Bes. Vorschriften* für Ausfuhrlieferungen im *Reiseverkehr* (§ 17 UStDV).

d) *Lage in anderen EU-Mitgliedsstaaten:* Die Regeln für Ausfuhrlieferungen sind innerhalb der EU praktisch vollständig harmonisiert, größere Unterschiede kann es lediglich noch bei der Art der Nachweise geben, die die einzelnen Staaten für das Vorliegen einer Ausfuhrlieferung verlangen können (vgl. Art. 145, 146 der Mehrwertsteuersystemrichtlinie).

Ausfuhrliste

Anlage AL zur Außenwirtschaftsverordnung (AWV). Die AWV bedient sich zur Regelung der Genehmigungspflichten der Technik der Verweisung auf eine Ausfuhrliste, die als Anlage Teil der Verordnung ist. Abweichend zur Einfuhrliste (Anlage zum AWG) beschränkt sich die Ausfuhrliste auf die Güter, für die eine der Vorschriften der AWV oder der Verordnung (EG) Nr. 428/2009 des Rates vom 5.5.2009 über eine Gemeinschaftsregelung der Ausfuhrkontrolle von Gütern mit doppeltem Verwendungszweck (ABl. EU Nr. L 134 Seite 1 EG-VO) einen Genehmigungsvorbehalt enthält.
Teil I der Ausfuhrliste besteht aus drei Abschnitten: Abschn. A: Liste für Waffen, Munition und Rüstungsmaterial; ein Teil der von Abschn. A erfassten Waren unterliegt zusätzlich der Genehmigungspflicht durch das Kriegswaffenkontrollgesetz (KWKG).
Die Dual-Use-VO wird durch die Anti-Folter-Verordnung (EG) Nr. 1236/2005 für bestimmte Güter ergänzt.
Abschn. C: Gemeinsame Warenliste der EU für Güter mit doppeltem Verwendungszweck ergänzt um nationale Sonderpositionen. Mit der 88. Änderungsverordnung zur AWV wurde die gemeinsame Warenliste der Europäischen Union in die dt. Ausfuhrliste Teil I, Abschn. C inkorporiert. Rechtlich gesehen sind dies zwei unterschiedliche Listen.
Die *Bedeutung* der gemeinsamen Warenliste besteht darin, dass sie zusammen mit der EG-VO eine grundlegende Harmonisierung der Exportkontrollen für Dual-Use-Güter in allen EU-Mitgliedstaaten herbeiführt. Die in der Liste genannten Güter werden von allen EU-Mitgliedsstaaten nach einheitlichen Verfahren kontrolliert.

Teil II der Ausfuhrliste führt Waren pflanzlichen Ursprungs auf, deren Ausfuhr gemäß § 6a AWV i.V. mit § 5 AWG einer Ausfuhrgenehmigungspflicht unterliegen.

Ausfuhrlizenz

Exportlizenz; nach EU-Recht für landwirtschaftliche Erzeugnisse erforderlich, die der Gemeinsamen Marktorganisation (GMO) unterliegen und in Länder außerhalb der EU ausgeführt werden sollen. Ausfuhrlizenzen sollen es den zuständigen Stellen ermöglichen, eine Vorausschau über die zu erwartende Ausfuhr zu erhalten, um gegebenenfalls gebotene Maßnahmen (vom Ausfuhrzoll bis hin zur Ausfuhrbeschränkung nach § 8 I AWV zum Zwecke der Eigenversorgung in Krisenzeiten) anzuwenden. Erteilung durch die Bundesanstalt für Landwirtschaft und Ernährung (BLE) in der Regel nach Stellung einer Kaution. Ausfuhrlizenzen berechtigen und verpflichten den Ausführer zur Ausfuhr der in der Lizenz genannten Waren innerhalb der Gültigkeitsdauer der Lizenz; bei nicht oder nicht fristgemäß durchgeführter Ausfuhr (außer in Fällen höherer Gewalt) verfällt die Kaution.
Teil II der Ausfuhrliste nennt die Waren, auf die sich die in § 6a AWV angeordneten Beschränkungen beziehen.

Ausfuhrprämie

Exportprämie; Vergütung bei der Ausfuhr bestimmter Waren; kann vom Staat oder von privaten Vereinigungen (Syndikaten) gewährt werden.

1. *Offene Ausfuhrprämien* sind relativ selten, da sie Dumping-Charakter haben und das Ausland leicht zu Gegenmaßnahmen anreizen.

2. Häufiger sind *versteckte Ausfuhrprämien* in Form von Zollrückvergütungen, Vorzugstarifen auf den Verkehrsmitteln, Steuerherabsetzungen etc. Auch der Devisenbonus stellt eine Art Ausfuhrprämie dar.

Ausfuhrpreisbestimmung

Entsprechend der im Rahmen der OECD empfohlenen Regelung (§ 9 II AWG), dass im Ausfuhrgeschäft der Ausführer unter Berücksichtigung der außenwirtschaftlichen Belange der Allgemeinheit die Preise so gestalten soll, dass schädliche Auswirkungen, vor allem Abwehrmaßnahmen des Käufer- oder Verbrauchslandes vermieden werden.

Ausfuhrüberschuss

Exportüberschuss.

1. *Begriff:* Überschuss des Wertes der Warenausfuhr über den Wert der Wareneinfuhr *(aktive Handelsbilanz)* bzw. Überschuss der Einnahmen aus dem Export von Sachgütern und Dienstleistungen des Auslands über die Ausgaben für Importe von Waren und Dienstleistungen an das Ausland (positiver, aggregierter Saldo der Handels- und Dienstleistungsbilanz).

2. *Wirkungen:* Länder mit umfangreichen internationalen Zahlungsverpflichtungen (z. B. Bundesrepublik Deutschland: Entwicklungshilfe, Stationierungsabkommen) benötigen geplanten Ausfuhrüberschuss, um den Zahlungsverpflichtungen ohne ständigen Devisenabfluss nachkommen zu können. Ungeplanter Ausfuhrüberschuss führt zur einseitigen Exportorientierung einer Volkswirtschaft und zur Verzerrung der Produktionsstruktur.

Ausfuhrverbot

Staatliches Verbot, gewisse Güter oder nach gewissen Ländern zu exportieren. Ausfuhrverbot besteht häufig für Rüstungsgüter, so z. B. in der Regel für Waffenlieferungen deutscher Unternehmen in militärische Spannungsgebiete. Denkbar auch im Sinne eines Embargos.

Nach dem deutschen Außenwirtschaftsgesetz ist die Ausfuhr von Waren grundsätzlich nicht genehmigungspflichtig (§ 1 AWG), sie kann jedoch beschränkt werden, auch durch weitere Vorschriften des Außenwirtschaftsgesetzes (AWG), der Außenwirtschaftsverordnung, z. B. für Waffen und Munition, Nukleartechnologie und sonstige Waren von strategischer Bedeutung [sensible Technologien, Kriegswaffenkontrollgesetz (KWKG)] in bestimmte, als „sensibel" eingestufte Länder.
Ausfuhrverbote können sich jedoch auch aus anderen gemeinschaftsrechtlichen Regelungen (z. B. der Verordnung EG Nr. 428/2009 über Güter mit doppelten Verwendungszweck, sogenannte Dual-Use-VO oder dem europäischen Artenschutzrecht, der Verordnung EG Nr. 338/97), oder anderen nationalen Regelungen (z. B. dem Abfallverbringungsgesetz oder dem Kulturgüterschutzgesetz) ergeben. So soll etwa Abfall grundsätzlich vor Ort entsorgt werden, um *Mülltourismus* in Entwicklungsländer zu unterbinden.
Der Anteil genehmigungspflichtiger Güter an den gesamten Ausfuhren ist gering; Ausfuhrverbote sind sehr selten. Verstöße werden äußerst streng – als Straftaten – geahndet. Zu unterscheiden ist das vollständige Ausfuhrverbot (eine Ausfuhr ist nicht möglich) von einer Ausfuhrbeschränkung mit Genehmigungsvorbehalt (eine Ausfuhr ist nach Beantragung und Erteilung der Ausfuhrgenehmigung von der zuständigen Behörde möglich, z. B. Ausfuhrgenehmigung des Bundesamts für Wirtschaft und Ausfuhrkontrolle (BAFA).

Ausfuhrverträge

Begriff des Außenwirtschaftsrechts: Rechtsgeschäfte, durch die sich ein Gebietsansässiger (§ 4 I Nr. 5 AWG) zur Lieferung einer Ware nach fremden Wirtschaftsgebieten (§ 4 I Nr. 2 AWG) verpflichtet (§ 9 AWG).

Ausfuhrzoll

Der auf ausgeführte Waren aufgrund von zollschuldrechtlichen Vorschriften des Unionszollkodex zu erhebende Zoll. Ausfuhrzoll dient u. a. der Erhöhung der Staatseinnahmen (Finanzzoll), dem Abbau eines Ausfuhrüberschusses oder der Drosselung der Ausfuhren nicht regenerierbarer Rohstoffe bzw. der Begünstigung ihrer Verarbeitung im Inland (Schutzzoll). Bei Exporten aus der EU werden sehr selten zweitweise Ausfuhrzölle erhoben.

Ausfuhrzollstelle

Zollstelle im Binnenland (meist am Sitz des Ausführers, am Ort einer Zweigniederlassung bzw. einer Betriebsstätte oder am Ort des werksmäßigen Verpackens bzw. Verladens der Ware), bei der das zweistufige Ausfuhrverfahren nach dem Unionszollkodex (UZK) beginnt und bei der die Ausfuhranmeldung abzugeben ist (erste Stufe des zweistufigen Ausfuhrverfahrens) (Art. 1 Nr. 16 UZK-DA). Zu unterscheiden ist die Ausgangszollstelle an der Grenze der EU (zweite Stufe des zweistufigen Ausfuhrverfahrens). Das Ausfuhrverfahren gilt für Unionswaren und sinngemäß bei der Wiederausfuhr von Nicht-Unionswaren.

Ausgeglichener Handel

Situation, in der der Saldo der Handelsbilanz gleich Null ist.

Ausgleichsabgabe

In der EU früher, da die Agrarmarktordnung verändert worden ist, im Rahmen der Gemeinsamen Marktorganisation (GMO) neben dem Zoll als zusätzlicher Schutz gegenüber störenden Weltmarkteinflüssen auf eingeführte drittländische Agrarerzeugnisse erhoben (z. B. auf Obst, Gemüse, Getreide, Zucker, Fleisch und Wein).
Als Ausgleichsabgaben werden auch Abgaben bezeichnet, die in einem oder mehreren Mitgliedsstaaten der EU erhoben werden zur Beseitigung oder Verhinderung von Wettbewerbsbeeinträchtigungen, Verkehrsverlagerungen oder sonstiger ernster Störungen einzelner

Wirtschaftszweige, die durch die Errichtung von gemeinsamen Marktorganisationen oder andere Maßnahmen der Gemeinschaft bedingt sind.

Ausgleichsposten

1. *Ausgleichsposten zur Auslandsposition der Bundesbank:* Ergänzung der Devisenbeschaffung zur Erfassung von Bewertungsveränderungen der Auslandsaktiva und -verbindlichkeiten der Bundesbank durch Änderungen der Devisenkurse sowie Zuweisung von internationalen Forderungen durch den Internationalen Währungsfonds (IWF).

2. *Saldo der statistisch nicht aufgliederbaren Transaktionen:* Restposten der Zahlungsbilanz für aufgrund unvollständiger Erfassung nicht aufgliederbarer Transaktionen.

Ausgleichszoll

Einfuhrzoll, als Abwehrmaßnahme im Importland, durch den die Einfuhr verteuert wird, deren Preis aufgrund staatlicher Exportsubventionen im Ausland verbilligt wird. Der Ausgleichszoll verteuert den Import und soll somit die Einfuhr von subventionierter Ware vermindern. Nach dem internationalen Handelsrecht der WTO – vgl. World Trade Organization (WTO) und GATT – setzt die Einführung eines Ausgleichszolls durch das Importland nach Artikel VI GATT die Erfüllung einiger Bedingungen voraus: (1) der Tatbestand des Ausgleichszolls im Sinn einer regionalen Preisdifferenzierung muss nachgewiesen sein; (2) im Importland muss eine signifikante Schädigung eines Wirtschaftszweiges (nicht nur eines Unternehmens) nachgewiesen werden; (3) der Zusammenhang zwischen dieser Schädigung und dem Ausgleichszoll muss nachgewiesen sein; (4) es muss auch ein volkswirtschaftliches Interesse an der Erhebung eines Ausgleichszolls bestehen.

Der Nachweis dieser Kriterien bedeutet in der Regel einen erheblichen Zeitbedarf und Kostenaufwand für den klagenden Wirtschaftssektor. Ein Ausgleichszoll kann daher von der Europäischen Kommission auch vorläufig festgesetzt werden. Möglich ist auch die Erhebung von Sicherheiten, bis das Prüfverfahren abgeschlossen ist. Ein Ausgleichszoll darf den entstandenen Schaden nicht überkompensieren, d. h. es muss das Prinzip der Verhältnismäßigkeit zwischen Schaden und Maßnahme gewahrt bleiben. Üblicherweise wird als *Dumpingspanne* die Differenz zwischen Exportpreis und Inlandspreis im Exportland durch den Antidumpingzoll abgeschöpft.

Analog zum Ausgleichszoll kann unter ähnlichen Voraussetzungen ein sogenannter Antidumpingzoll erhoben werden, wenn Waren aufgrund von Dumping vergleichsweise zu billig exportiert werden. Während Dumping eine private Aktivität ist, sind Exportsubventionen staatliche Maßnahmen (tarifäre Handelshemmnisse). Antidumpingzölle zählen dagegen zu den nicht tarifären Handelshemmnissen.

Ausgleichszölle werden in der EU auf Grundlage der Antisubventions-Verordnung (EU) Nr. 597/2009 festgesetzt. In seltenen Fällen werden für dieselbe Ware sowohl Antidumpingzölle als auch Ausgleichszölle erhoben; Beispiel: Fotovoltaikmodule aus China.

Auskunft zur Güterliste

Wird vom Bundesamt für Wirtschaft und Ausfuhrkontrolle (BAFA) in Eschborn erteilt. In bestimmten Fällen kann dort auch eine *Auskunft zur Güterliste* (*AzG*) gegeben werden. Es handelt sich um die Bestätigung, die von der deutschen Zollverwaltung nach § 14 I AWV n.F. (§ 10 I AWV a.F.) gefordert werden kann und bestätigt, dass die Ware gemäß Ausfuhrliste nicht genehmigungspflichtig ist. Es handelt sich um ein güterbezogenes Gutachten und um eine Einzelfallentscheidung.

Auslandsinvestition

Kapitalexport; Übertragung inländischen Kapitals ins Ausland. Zu unterscheiden sind Direktinvestition und Portfolio-Investition.

Auslandsschulden

Summe der Verbindlichkeiten eines Landes gegenüber allen anderen. Aussagefähiger ist der Saldo aus Auslandsschulden und Auslandsvermögen, weil durchaus alle Länder der Welt gleichzeitig Auslandsschulden haben können, da sie auch Forderungen gegenüber dem Ausland besitzen. Die Bundesrepublik Deutschland ist Netto-Auslandsgläubiger, während viele Entwicklungsländer Nettoschuldner sind.

Auslandsvermögen

1. *Begriff:* Summe der Forderungen eines Landes gegenüber allen anderen Ländern. Durch *Saldierung* von Auslandsvermögen und Auslandsschulden wird ersichtlich, ob das betreffende Land Nettogläubiger oder -schuldner ist.
Die *Bundesrepublik Deutschland* z. B. ist Nettogläubiger: Die Nettoauslandsposition der Deutschen Bundesbank (Währungsreserven, Reserveposition im IWF, Sonderziehungsrechte, Forderungen an die Europäische Zentralbank (EZB), Kredite und sonstige Forderungen an das Ausland abzüglich Auslandsverbindlichkeiten) sowie die Nettoforderungen inländischer Unternehmen (einschließlich Kreditinstitute) weisen einen hohen Plus-Saldo auf.
Viele *Entwicklungsländer* sind in erheblichem Maße Nettoschuldner (Auslandsverschuldung der Entwicklungsländer).

2. *Steuerliche Behandlung:* ausländisches Vermögen.

Auslandsverschuldung

Nettobestand an Verbindlichkeiten des Inlandes gegenüber dem Ausland. Erhöht sich durch Kapitalimporte, verringert sich durch Kapitalexporte. Schuldner sind Private und der Staat.

Auslandszahlungsverkehr

Grenzüberschreitender Zahlungsverkehr.

1. *Merkmale:* Im Auslandszahlungsverkehr werden grenzüberschreitende Zahlungen aus dem Kapital-, Dienstleistungs- und Warenverkehr mit dem Ausland von Kreditinstituten abgewickelt. Bei Ländern, mit denen *freier Devisenverkehr* besteht, werden die Zahlungen in konvertierbaren Währungen abgewickelt. Die Bezahlung erfolgt also in Devisen, deren Kurs im Devisenhandel festgestellt wird. Bei *Devisenbewirtschaftung (gebundenem Zahlungsverkehr)* erfolgen die Zahlungen auf der Basis von Devisenzuteilungen oder über ein Zahlungsabkommen im Verrechnungsweg.

2. *Bestimmungen* in Deutschland für den Auslandszahlungsverkehr: Für den Auslandszahlungsverkehr bestehen nach dem deutschen Außenwirtschaftsrecht grundsätzlich keine Beschränkungen, aber gewisse statistische Meldepflichten gegenüber der Deutschen Bundesbank. Die Meldungen bilden eine wesentliche Grundlage für die Zahlungsbilanzstatistik.

a) Inländer (in Deutschland ansässige natürliche und juristische Personen) haben Zahlungen über 12.500 €, die sie von Ausländern (im Ausland ansässige natürliche und juristische Personen) oder für deren Rechnung von Inländern entgegennehmen oder die sie an Ausländer oder für deren Rechnung an Inländer leisten, zu melden. Die Meldepflicht besteht nicht bei Zahlungen für Aus- und Einfuhr von Waren und bei Zahlungen im Zusammenhang mit Krediten mit einer Laufzeit von bis zu zwölf Monaten (§ 67 Außenwirtschaftsverordnung (AWV)).

b) Die Meldungen sind der Deutschen Bundesbank grundsätzlich gesondert elektronisch zu erstatten (§ 72 AWV). Mit Wirkung vom 31.12.2007 wurden die Meldevorschriften im Zahlungsverkehr im Hinblick auf die Realisierung von SEPA angepasst. Die neuen SEPA-Zahlungsinstrumente sehen keinen statistischen Meldeteil mehr vor, daher sind meldepflichtige ausgehende Zahlungen in den Euro-Zahlungsverkehrsraum grundsätzlich der Bundesbank einmal monatlich direkt vom Meldepflichtigen anzuzeigen.

Vielfach werden diese Zahlungen heute noch über Korrespondenzbankbeziehungen abgewickelt. Dabei führen inländische Korrespondenzbanken für ausländische Kreditinstitute Konten (Lorokonto) in der Regel in Inlandswährung und/oder Korrespondenzbanken im Ausland führen für inländische Banken Konten (Nostrokonto), in der Regel in der ausländischen Währung. Im europäischen Zahlungsverkehr werden durch die zunehmende Integration im Zuge der Währungsunion und der Errichtung des einheitlichen europäischen Zahlungsverkehrsraums (Single Euro Payments Area (SEPA)) vermehrt Auslandszahlungen in Euro über Zahlungssysteme geleitet (TARGET2 des Europäischen Systems der Zentralbanken (ESZB), Euro1 und STEP2 der EBA). Der Nachrichtenverkehr zwischen den Korrespondenzbanken erfolgt üblicherweise über SWIFT. In der Kommunikation mit den Clearinghäusern kommen auch SIANet und EBICS zum Einsatz.

Die Abwicklung von Euro-Zahlungen (national und grenzüberschreitend) erfolgt seit 2014 europaweit einheitlich über die SEPA-Verfahren. Eine Unterscheidung in Inlands- und Auslandszahlungsverkehr ist aufgrund der Vorgaben des europäischen Gesetzgebers nicht mehr sinnvoll. So legt die EU-Preisverordnung (Verordnung EG Nr. 924/2009) fest, dass für grenzüberschreitende Zahlungen innerhalb der EU nur die Entgelte wie für entsprechende Inlandszahlungen erlaubt sind. Mit der SEPA-Verordnung (Verordnung EU Nr. 260/2012) werden technische Vorschriften und Geschäftsanforderungen für Lastschriften und Überweisungen in der EU vorgegeben.

Austauschvolumen

1. *Mengenmäßige Ein- und Ausfuhr,* die neben den Bewegungen der Preise die Entwicklung des Außenhandels bestimmt. Das Austauschvolumen gibt die von Preiseinflüssen bereinigte Entwicklung des Außenhandels wieder.

2. *Wertmäßige Ein- und Ausfuhr* in einem bestimmten Zeitraum.

Autarkie

Hypothetische Situation eines Landes ohne jegliche internationale Wirtschaftsbeziehungen (ein geschlossenes System, eine Volkswirtschaft, die sich vollständig selbst mit Rohstoffen versorgen kann). Bei der theoretischen Analyse internationaler Wirtschaftsbeziehungen hilfreiche Referenzsituation.
In der realen Wirtschaft findet Außenhandel statt, die Volkswirtschaften sind durch internationale Wirtschaftsbeziehungen in Kontakt und tauschen Güter, Kapital und Dienstleistungen aus (ein offenes System).

Autarkiepolitik

Gesamtheit außen- und binnenwirtschaftlicher Maßnahmen, die auf Herstellung der oder zumindest auf Annäherung an die Autarkie abzielen, z. B. Prohibitivzölle, Verwendungszwang inländischer Güter, Förderung der Importsubstitution, Verhinderung grenzüberschreitender Faktorbewegungen. Das Ziel der Autarkie ist nur unter *Wohlstandsverlusten* erreichbar, da viele Güter im Inland nicht oder nur mit höheren Kosten produziert werden können. Der Wohlstandsverlust des autarken Landes wirkt sich wegen der Reduzierung der internationalen Arbeitsteilung auch auf andere Länder ungünstig aus.
Viele Länder streben trotzdem eine *Selbstversorgung* an, z. B. mit landwirtschaftlichen Erzeugnissen (partielle Autarkie), um etwa im Kriegs- oder Krisenfalle von Importen unabhängig zu sein.

B

Bandbreite

In der Regel im Zusammenhang mit flexiblen (managed floating; begrenzt flexiblen) Wechselkursen verwendeter Begriff, z. B. im früheren *Europäischen Währungssystem* – dem heutigen EWS II, an dem alle Länder mit Ausnahmegenehmigung mindestens zwei Jahre vor der Prüfung teilzunehmen haben (vgl. Stabilitäts- und Konvergenzkriterien von Maastricht). Die Bandbreite bezeichnet die zulässige Abweichung der Devisenkassakurse (Marktkurse) von einem vertraglich vereinbarten Leitkurs. Bei drohender Überschreitung der Bandbreite sind die beteiligten Notenbanken zu Interventionen verpflichtet (Interventionspflicht).

Beggar-my-Neighbour-Politik

Begriff für *„den Nachbarn ausplündern"* oder *„den Nachbarn anbetteln";* Versuch eines Landes, Exportüberschüsse zu erzielen, um auf diese Weise im Inland Einkommen und Beschäftigung zu erhöhen (Exportmultiplikator). Da die Zunahme der Exporte eines Landes eine

Zunahme der Importe für das Ausland darstellt, können sich durch diese Politik kontraktive Wirkungen für das Ausland (z. B. Arbeitslosigkeit) ergeben.
Instrumente der Beggar-my-Neighbour-Politik sind z. B. Abwertung der heimischen Währung sowie sonstige Maßnahmen der Einfuhrbeschränkung und der Exportförderung.

Bereitschaftskreditabkommen

Stand-by Arrangement; Übereinkunft, in dem der IWF einem seiner Mitglieder innerhalb eines festgelegten Zeitraums (meistens ein Jahr) in limitiertem Ausmaß Ziehungsrechte zur Finanzierung von Zahlungsbilanzdefiziten einräumt. Voraussetzung ist, dass das Mitglied in einer Absichtserklärung (Letter of Intent) die beabsichtigten wirtschafts- und währungspolitischen Maßnahmen zur Wiederherstellung des Zahlungsbilanzausgleichs darlegt (Konditionalität). Der Zahlungsbilanzbedarf braucht bei Abschluss des Bereitschaftskreditabkommens noch nicht vorzuliegen; sobald er eintritt, kann der Kredit abgerufen werden.

Bertrand-Oligopol

Besonderes Modell nicht kooperativen oligopolistischen Verhaltens. Jeder Anbieter wählt unter der *Annahme* konstanter Preise für die Produkte aller Konkurrenten den für ihn optimalen Preis. Je höher die Preise der Konkurrenten, umso höher auch sein eigener Preis *(Reaktionsfunktion)*. Bieten alle Konkurrenten ein homogenes Gut an, dann entsteht de facto vollständige Konkurrenz *(Preisnehmerschaft)*. Die steigenden Reaktionsfunktionen widersprechen der seitens eines jeden Anbieters unterstellten Konstanz der Preise aller Konkurrenten. Es entsteht eine Art strategischen Irrtums, der bei einem internationalen Oligopol die Grundlage für *strategische Handelspolitik* (Handelspolitik) sein kann.

Bewirtschaftung

Staatliche Maßnahme; Zuteilung von verbrauchseinschränkenden Teilmengen bestimmter Güter, besonders in Mangelzeiten (Kriegswirtschaft) oder auch im Zusammenhang mit staatlicher Preispolitik, in der Regel durchgeführt als „Rationierung" mithilfe vielfältiger Bezugsschein- oder Kontingentierungsverfahren.
Anders: Kontingentierung.

Bfai

Abkürzung für *Bundesagentur für Außenwirtschaft,* seit 1.1.2009 verschmolzen mit der *Invest in Germany GmbH* zur *Germany Trade and Invest – Gesellschaft für Außenhandel und Standortmarketing mbH* (Gtai).

BIC

Abkürzung für *Business Identifier Code* (vormals *Bank Identifier Code);* international standardisierter Code (ISO 9362) für die Identifizierung von Banken und Nichtbanken. Der BIC wird für die automatisierte Verarbeitung elektronischer Nachrichten der Finanzindustrie benötigt. Beispielsweise dient er im SWIFT-Netzwerk als technische Adresse für SWIFT-Teilnehmer (z. B. MARKDEFF für die Deutsche Bundesbank). Der BIC findet weltweit insbesondere Verwendung bei Zahlungsdienstleistern, jedoch nimmt die Zahl der BICs für Unternehmenskunden stetig zu. Er hat eine Länge von 8 alphanumerischen Zeichen, die optional um 3 alphanumerische Zeichen erweitert werden können; er hat folgenden Aufbau: BBBBCCLL[bbb]; BBBB = 4-stelliges business party prefix (ehemals Institutscode), vom BIC-Inhaber frei wählbar, CC = 2-stelliger Ländercode (nur Alphazeichen) gemäß ISO 3166–1, LL – 2-stelliges business party suffix (ehemals Codierung des Ortes (alphanumerische Zeichen)), vom BICInhaber frei wählbar, und bbb = optionale 3-stellige Kennzeichnung zur Identifizierung einer organisatorischen Einheit der sog. „business party", die mit dem 8-stelligen BIC identifiziert wird. Technisch wird oft generell mit dem 11-stelligen BIC gearbeitet; 8-stellige BICs werden in diesem Falle mit „XXX" ergänzt.

Bilanz der laufenden Übertragungen

Zahlungsbilanz. Teil der Leistungsbilanz, in dem die regelmäßig wiederkehrenden einseitigen Übertragungen zwischen Inländern und Ausländern erfasst werden.

Bilateraler Handel

Handel zwischen zwei Volkswirtschaften; Bilateralismus.

Bilateraler Vertrag

Vertrag zwischen zwei Staaten zur Regelung bestimmter Rechtsfragen des Außenhandels, z. B. Abschluss eines Präferenzabkommens oder eines regionalen Handelsabkommens (Bilateralismus).

Bilateralismus

System zweiseitiger (bilateraler) Handelsabkommen und Zahlungsabkommen im internationalen Wirtschaftsverkehr. Nach Ende des Zweiten Weltkriegs Abbau des Bilateralismus, vorwiegend in der westlichen Welt (GATT bzw. World Trade Organization (WTO), IWF) zugunsten von Multilateralismus. Eine neue Tendenz der internationalen Wirtschaftsbeziehungen ist die Stärkung des Regionalismus, also die regionale Integration, die auch von der WTO unterstützt wird (Art. XXIV GATT). Aufgrund der Stagnation der WTO (Doha-Runde) kommt dem Bilateralismus (v. a. in Asien und Ozeanien) eine weiterhin große Bedeutung zu, es kommt daher zu einer *Renaissance des Bilateralismus*.

Binnenmarkt

1. *Allgemein:* Bezeichnung für einen internen Markt mit freiem Waren- und Dienstleistungsverkehr, mit freiem Kapitalverkehr sowie Freizügigkeit der Arbeitnehmer und Niederlassungsfreiheit der Selbstständigen.

2. *Außenwirtschaft:* Von der EU verwendeter Begriff zur Kennzeichnung des gemeinsamen Marktes der EU (Integrationstheorie).

Binnenzoll

1. Von Städten, Herzogtümern und anderen Kleinstaaten bis Mitte des 19. Jh. bei Übergang von Waren über innerdeutsche Grenzen erhobener Finanzzoll; hemmte den natürlichen Güteraustausch. In vielen Teilen Deutschlands beseitigt durch den Deutschen Zollverein ab 1834, dem bis 1888 insgesamt 39 Staaten beitraten.

2. Innerhalb der EWG wurden die zwischen den Mitgliedsstaaten geltenden Zölle zwischen 1958 und 1968 schrittweise abgeschafft, wodurch 1968 der Gemeinsame Zolltarif der Europäischen Gemeinschaften (GZT) geschaffen wurde.

3. Zoll, der während der Übergangsphase bei der Errichtung einer Zollunion oder Freihandelszone auf Erzeugnisse der Partnerländer erhoben wird.

Black List Certificate

Bei Exporten nach Nahost ist teilweise ein Black List Certificate erforderlich, das oft vom Konsulat des Importlandes im Exportland beglaubigt werden muss und z. B. bescheinigt, dass das benutzte Schiff ein bestimmtes Alter nicht überschreitet (Sicherheitsaspekt) und die kontrahierte Reederei oder Versicherung nicht zu den Firmen zählen, die wegen ihrer Beziehungen zu Israel auf der „schwarzen Boykottliste" (Black List) der Arabischen Liga stehen.

Blockade

Militärische Maßnahme, die z. B. ein (prinzipiell ziviles) Embargo durchsetzen oder unterstützen soll.

Bretton-Woods-Abkommen

Am 23.7.1944 in Bretton Woods (New Hampshire, USA) von 44 Ländern geschlossene Verträge über die Errichtung des Weltwährungsfonds (Internationaler Währungsfonds, IWF) und der Weltbank (International Bank for Reconstruction und Development, IBRD), 1946 in Kraft getreten. Die UdSSR hatte die Verträge unterzeichnet, aber nicht ratifiziert; die Bundesrepublik Deutschland trat ihnen am 14.8.1952 bei.
Ziele: Umfassende Neuordnung der Weltwirtschaft nach dem aus der Weltwirtschaftskrise und dem Zweiten Weltkrieg folgenden handelspolitischen Chaos durch Ordnung und Stabilisierung des internationalen Zahlungsverkehrs und Aufbau eines neuen Weltwährungssystems zusammen mit der Havanna-Charta und in enger Zusammenarbeit mit den Sonderorganisationen der UN.
Hauptelemente dieses Weltwährungssystems: feste Wechselkurse, autonome Wirtschaftspolitik der Mitgliedsländer sowie das Bestreben um Verwirklichung der vollen Konvertibilität.
Entwicklung: Bis etwa 1973 (Übergang zu flexiblen Wechselkursen durch wichtige Welthandelsländer) konnten die internationalen monetären Beziehungen nach dem Bretton-Woods-Abkommen abgewickelt werden. Danach weitgehende Modifizierung dieses Abkommens in Novellierungen (amendments). Die Aufgabe wesentlicher Elemente des Bretton-Woods-Abkommens, vor allem des Systems fester Wechselkurse, wird zurückgeführt auf die damalige Schwäche des Dollars als Leitwährung, die Aufkündigung der Bereitschaft der USA, den Dollar jederzeit in Gold umzutauschen, sowie fundamentale Zahlungsbilanzungleichgewichte wichtiger Handelsnationen.

Bretton-Woods-System

1. *Begriff:* Internationales Währungssystem nach dem Zweiten Weltkrieg bis Anfang der 1970er-Jahre. Benannt nach einem am 27.7.1944 in der Stadt Bretton Woods im US-Bundesstaat New Hampshire unterzeichneten internationalen Abkommen, welches eine *umfassende Neuordnung der Weltwirtschaft* nach dem Zweiten Weltkrieg anstrebte. Zu verstehen als Reaktion auf die durch Abwertungswettläufe und Protektionismus gekennzeichnete Periode zwischen dem ersten und dem Zweiten Weltkrieg.
Ziel war eine reibungslose und von Handelsbarrieren befreite Abwicklung des Welthandels unter engen Schwankungsbändern der Wechselkurse (Zielzonen-System). Konzipiert nach dem Gold-Devisen Standard mit dem US-Dollar als Leitwährung.
Kernbestandteile des in Bretton Woods vereinbarten Währungssystems waren: (1) Festlegung einer Parität von (damals) 35 US$ pro Unze Gold und (2) Verpflichtung der USA zum An- und Verkauf von Dollar zu diesem Preis, (3) Festlegung der Wechselkurse (Paritäten) der übrigen Währungen gegenüber dem US-Dollar, (4) Verpflichtungen der Notenbanken dieser übrigen Währungen, die Wechselkurse innerhalb einer Bandbreite von ein Prozent um diese Paritäten zu stabilisieren, (5) die Möglichkeit der Veränderung der Paritäten im Fall von fundamentalen Zahlungsbilanzproblemen einzelner Länder (Realignments) und schließlich (6) die Errichtung des internationalen Währungsfonds (IWF) zur internationalen Kreditgewährung bei vorübergehenden Zahlungsbilanzproblemen.
Neben der Installation dieses Währungssystems wurde in Bretton Woods auch die *Errichtung der Weltbank* (IBRD) zum Zwecke der Entwicklungsländerfinanzierung beschlossen. Ergänzt wurde das Bretton-Woods-Abkommen durch die 1948 unterzeichnete *Havanna-Charta,* die die multilaterale Handelsliberalisierung anstrebte und aus der das GATT hervorging.

2. *Probleme:* Das Bretton-Woods-*Währungssystem* brach in den 1970er-Jahren zusammen, und zwar im Wesentlichen aufgrund

zweier Konstruktionsfehler. *Erstens* aufgrund des *Redundanzproblems,* manchmal auch das *Problem des n-ten Landes* genannt. Damit ist gemeint, dass es bei n Währungen nur n–1 voneinander unabhängige Wechselkurse, und auch nur n–1 voneinander unabhängige Zahlungsbilanzen gibt. Wenn n–1 Länder die vorgesehenen Paritäten verteidigen und auf diese Weise ihre geldpolitische Souveränität aufgeben, so ist das n-te Land (das Leitwährungsland, in diesem Fall die USA) bei der Wahl seiner Geldpolitik von außenwirtschaftlichen Restriktionen befreit. Seine Politik hat aber gravierende Rückwirkungen auf alle anderen Länder, es beeinflusst dadurch nämlich die Entwicklung der nominellen Preise (die Inflationsraten) aller anderen Länder. Die nominelle Verankerung des Gesamtsystems durch die Gold-Dollar Parität funktionierte nur sehr begrenzt. Die USA verfolgten gegen Ende der 1960er-Jahre – u. a. bedingt durch den Vietnam-Krieg – eine inflationäre Politik (Grund: öffentliche Haushaltsdefizite, expansive Geldpolitik) und waren nur sehr beschränkt zur Goldkonvertibilität des US-Dollar bereit. Die anderen Länder aber waren umgekehrt nicht mehr bereit, die so entstandene Inflationsrate der USA zu akzeptieren, wozu das Festkurssystem sie gezwungen hätte. *Das zweite Problem* war die zögerliche *Anpassung der Paritäten* auf Veränderungen fundamentaler wirtschaftlicher Einflussfaktoren in den einzelnen Ländern (u. a. Goldunter- bzw. Dollarüberdeckung), die dem System keine Glaubwürdigkeit verleihen konnten. Als Resultat entstanden *destabilisierende Spekulationen,* und nach einigen Versuchen, das System mit Veränderungen der Paritäten (Realignment) und/oder erweiterten Bandbreiten zu retten, kam Anfang der 1970er-Jahre der Zusammenbruch des Bretton-Woods-Systems.

Bundesstelle für Außenhandelsinformation

Bundesagentur für Außenwirtschaft (bfai); fusionierte 2009 mit der der Gesellschaft für Außenhandelsinformationen (GfAI) und Invest in Germany zur Germany Trade and Invest – Gesellschaft für Außenwirtschaft und Standortmarketing mbH (GTAI).

C

CETA

Abkürzung für Comprehensive Economic and Trade Agreement, dt. Umfassendes Wirtschafts- und Handelsabkommen zwischen der EU und Kanada (auch Canada – EU Trade Agreement).

CFA-Franc-Zone

1. *Begriff:* Wechselkursunion zwischen der EU (früher Frankreich) und 14 west- und zentralafrikanischen Staaten. Genau genommen gibt es drei Franc-Zonen: zwei afrikanische, die zentralafrikanische BEAC (Banque des états de l'Afrique centrale) und die westafrikanische Franczone BCEAO (Banque des états de l'Afrique de l'Ouest), und eine pazifische. Dennoch spricht man meist von *der* Franc-Zone (auch nach Einführung des Euros).

2. *Währungen:* Die offizielle Währung der Zentralafrikanischen Wirtschafts- und Währungsgemeinschaft ist der CFA-Franc BEAC (CFA steht für Communauté Financière Africaine).

Der CFA-Franc BEAC ist verbunden mit einem festen Wechselkurs von 655,957 CFA-Franc BEAC pro Euro und mit einer 1:1-Relation zum CFA Franc BCEAO. Die Europäische Zentralbank (EZB) und damit auch die Banque de France üben Einfluss auf die Geldpolitik der beiden Zentralbanken der Franc-Zonen aus. Der Nachteil der Kursbildung an Euro bzw. Franc sind schlechte (hohe) Exportpreise, der Vorteil eine sehr niedrige Inflation, weil die Geldpolitik der Europäischen Zentralbank stabilitätsbewusst ist. Daher, und weil die Wirtschaftskraft in Afrika relativ gering ist, stellt die CFA-Zone keine Gefahr für den Euro dar. Es ist aber anzunehmen, dass mittelfristig diese international einmalige Konstruktion zugunsten flexibler Wechselkurse aufgegeben werden wird, was den Exportbemühungen der afrikanischen Staaten sicherlich Auftrieb verleiht, aber ebenso sicher zu massiver interner Inflation führen wird.

Comprehensive and Progressive Agreement for Trans-Pacific Partnership

Abkürzung CPTPP.

1. *Begriff:* Nach dem Rückzug der USA aus dem Vorläufer-Handelsabkommen Trans-Pacific Partnership (TPP), das im Februar 2016 unterzeichnet (aber noch nicht ratifiziert) worden war, haben 11 Pazifikanrainerstaaten beschlossen, das TPP unter dem Namen CPTPP fortzuführen: Australien, Neuseeland, Kanada, Mexiko, Japan, Chile, Peru, Brunei, Singapur, Vietnam und Malaysia. Das CPTPP ist ein komplexes Regelwerk, das aus 30 Kapiteln besteht. Auf dem Weltwirtschaftsforum im Januar 2018 gaben die 11 verbliebenen Unterzeichner der TPP bekannt, diese gemeinsam weiter zu verfolgen, einen neuen (umbenannten) Vertragstext auszuhandeln und diesen in Kraft zu setzen. Das CPTPP wurde am 23.1.2018 unterzeichnet. Acht Vertragsparteien haben das CPTPP ratifiziert (Mexiko am 25.4.2018, Japan am 29.6.2018, Singapur am 19.7.2018, Australien am 30. 10.2018, Kanada am 25.10.2018, Neuseeland am 25.10.2018, Vietnam am

12.11.2018 und Chile teilweise am 17.4.2019), sodass das Inkrafttreten am 30.12.2018 erfolgte. Weitere Vertragsparteien haben die CPTPP bislang nicht ratifiziert.

2. *Ziel:* Das CPTPP zielt auf umfassenden Abbau der Zölle zwischen den Vertragsparteien im Rahmen einer Freihandelszone. Das CPTPP beinhaltet daneben u. a. Regelungen zum Abbau von weiteren Handelshemmnissen, zum Schutz des geistigen Eigentums und zum Investitionsschutz durch private Schiedsgerichte.

3. *Beitrittskandidaten:* Neben den elf Gründungsstaaten haben verschiedene Pazifikanrainer den Beitrittswillen bekundet: Kolumbien, Südkorea, Indonesien, die Philippinen, Taiwan und Thailand. Die Volksrepublik China ist derzeit nicht am Beitritt interessiert und hat ein eigenes Freihandelsabkommen mit der Regional Comprehensive Economic Partnership (RCEP) ausgehandelt. Das United Kingdom (UK) hat im Rahmen der Brexit-Austrittsverhandlungen (Brexit) aus der EU mitgeteilt, über einen Beitritt zur TPP nachzudenken. Auch die USA, die zum Scheitern der TPP ursächlich beigetragen haben, erwägen einen Beitritt zum CPTPP. In der EU wird ein Beitritt zur CPTPP auch von Wirtschaftsforschern gefordert, u. a. um der Dominanz Chinas entgegenzuwirken und die besseren Rahmenbedingungen (höhere Arbeitsstandards, Umwelt- und Sozialstandards) zu fördern.

4. *Bedeutung:* Das CPTPP steht als multilaterales Freihandelsabkommen in Konkurrenz zu zahlreichen Freihandelszonen und Zollunionen und ist ein Beispiel für den Regionalismus – da die WTO und das globale Welthandelssystem (Multilateralismus) kaum Fortschritte bei weiteren Verhandlungen aufweisen können, werden mehr und mehr bilaterale oder multilaterale Handelsabkommen mit begrenztem Teilnehmerkreis geschlossen. Weitere Beispiele sind die derzeit noch nicht ratifizierten, bzw. noch nicht fertig verhandelten Abkommen der EU mit Kanada (Comprehensive Economic and Trade Agreement, CETA, seit September 2017 ist der Handelsteil in vorläufiger Anwendung) und mit den USA (Transatlantic Trade and Investment Partnership, TTIP). Bei einer erfolgreichen Umsetzung wäre das CPTPP das drittgrößte

regionale Handelsabkommen nach der Europäischen Union (EU) und der North American Free Trade Agreement (NAFTA): die 11 unterzeichnenden Gründungsmitglieder des CPTPP repräsentieren 13,4 % des globalen BNP. Die am 15.11.2020 unterzeichnete RCEP vereinigt die ASEAN plus Sechs (ohne Indien) in einem noch größeren Freihandelsabkommen im asiatsich-pazifischen Raum. Nach der Wahlniederlage von US-Präsident *Trump* am 3.11.2020 wird eine Rückkehr der USA zum Multilateralismus erwartet.

5. *Inkrafttreten:* Das CPTPP hat aus dem Scheitern der TPP gelernt und eine niedrige Schwelle für das Inkrafttreten gewählt: 50 % der Unterzeichnerstaaten mussten die CPTPP ratifiziert haben (6 von 11 Staaten) und 60 Tage nach der sechsten Ratifikation tritt das CPTTP in Kraft.
Ende Oktober 2018 hatten sechs Mitgliedstaaten die CPTPP ratifiziert, weswegen das Inkrafttreten am 30.12.2018 erfolgt. Vietnam hat am 12.11.2018 das CPTPP ratifiziert, weswegen sie für Vietnam Mitte Januar 2019 in Kraft getreten ist. Chile hat das CPTPP am 17.4.2019 teilweise ratifiziert; der Zeitpunkt der Anwendung in Chile ist unbekannt. Weitere Beitritte sind nicht geschehen, das CPTPP ist insofern auf derzeit sieben Mitgliedsstaaten beschränkt.

Comprehensive Economic and Trade Agreement

Abgekürzt CETA, dt. Umfassendes Wirtschafts- und Handelsabkommen zwischen der Europäischen Union (EU) und Kanada (auch Canada – EU Trade Agreement). Das Handelsabkommen wurde seit Juni 2009 in sechs Jahren geheim verhandelt und ist seit September 2014 fertig ausgehandelt, wurde am 30.10.2016 unterzeichnet. Das CETA wurde am 14.01.2017 im ABl. EU 2017 Nr. L 11/1 veröffentlicht (OJ:L:2017:011:TOC) und ist seit dem 21.09.2017 in vorläufiger Anwendung.

1. *Ziel:* Das CETA ist ein Freihandelsabkommen in Kombination mit einem Investitionsgüterschutzabkommen, das zwischen der EU und Kanada im Rahmen des Bilateralismus (im weiteren Sinne) und

Regionalismus mit dem Ziel der Gründung einer Freihandelszone ausgehandelt worden ist. 99 % der Zölle zwischen beiden Vertragsparteien sollen abgebaut werden.

2. *Inkrafttreten:* Das CETA kann nach Artikel Art. 30.7 Abs. 3a CETA vorläufig in Kraft gesetzt werden, da die endgültige Ratifikation von den 28 EU-Mitgliedstaaten und von Kanada vorgenommen werden muss, was nach Unterzeichnung noch zwischen zwei und fünf Jahren dauern dürfte. Die vorläufige Anwendung von Abkommen ist im AEUV vorgesehen (Art. 218 Abs. 5 AEUV). Die Europäische Kommission hat das vorläufige Inkrafttreten vorgeschlagen, wofür die 28 Mitgliedstaaten im Rat der Europäischen Union zustimmen müssten, sofern diese die vorläufige Anwendung für sinnvoll erachten. Die vorläufige Anwendung kann bei Scheitern der endgültigen Ratifikation in Kanada oder einem EU-Mitgliedstaat rückgängig gemacht werden.

3. *Inhalt:* Der Vertragstext des CETA ist am 8.07.2016 erstmals auf Deutsch veröffentlicht worden. Es hat eine komplexe Struktur von 30 Kapiteln auf 2286 Seiten.

4. *Rechtsgutachten, Kontroversen und Urteile:* Bereits die vorläufige Anwendung des CETA wird von vielen Kontroversen, verschiedenen Rechtsgutachten und Urteilen durch Gerichte begleitet. Die Kommission hatte lange Zeit das CETA als reines Freihandelsabkommen und damit vollständig in der (übertragenen) Kompetenz der EU gesehen. Die Mitgliedstaaten und viele Kritiker haben jedoch auf die vielen Regelungsinhalte und Berührungspunkte mit anderen Themenfeldern hingewiesen, die nicht im Regelungsbereich der EU liegen, weswegen diese das CETA als sogenanntes „gemischtes Abkommen" betrachten, was zur Folge hat, dass es von allen 28 nationalen Parlamenten ratifiziert werden muss. Das CETA enthält neben den eigentlichen Freihandelsregelungen umfassende Regelungen zur regulatorischen Kooperation (Kap. 21 CETA), zum Investitionsschutz (Kap. 8 CETA), zur nachhaltigen Entwicklung (Kap. 22 CETA), zum Umweltschutz (Kap. 24 CETA) und zu Arbeitsstandards (Kap. 23 CETA). Die Kommission hat den Beschluss zur Ratifizierung des CETA

als gemischtes Abkommen auf den Weg gebracht, jedoch bereits beim Europäischen Gerichtshof (EuGH) ein Rechtsgutachten nach Art. 218 Abs. 11 AEUV für das Freihandelsabkommen mit Singapur in Auftrag gegeben, welches den tatsächlichen Status des CETA beeinflussen kann (Gutachten EuGH 2/15, ECLI:EU:C:2017:376). Der EuGH hat den gemischten Charakter des CETA bestätigt. Verschiedene Kläger haben in Deutschland Verfassungsbeschwerden beim Bundesverfassungsgericht (BVerfG) gegen die vorläufige Anwendung des CETA eingelegt. Mit dem Urteil vom 13.10.2016 hat das BVerfG fünf Eilantrage auf einstweilige Anordnung abgelehnt, die der Bundesregierung der Zustimmung zur Unterzeichnung und vorläufigen Anwendung (unter strengen Rahmenbedingungen) des CETA untersagen sollte. Die Verfassungsbeschwerden bleiben jedoch weiter anhängig und der Ausgang der Verfahren bleibt abzuwarten. Der EuGH hat mit dem Gutachten 1/2017 (ECLI:EU:C:2019:341), festgestellt, dass das CETA in Einklang mit den EU-Verträgen steht.

5. *Ökonomische Prognosen:* Die Kommission hat wirtschaftliche Prognosen zur Umsetzung des CETA gemacht und erwartet eine Steigerung des bilateralen Handelsvolumens bei Waren und Dienstleistungen EU-weit um rund 23 %. Europäische Unternehmen würden infolge des Zollabbaus jährlich rund 590 Mio. EUR einsparen. Die EU-Kommission erwartet, dass sich durch CETA das jährliche Bruttoinlandsprodukt der Mitgliedstaaten der Europäischen Union um ca. 12 Mrd. EUR pro Jahr erhöhen wird.

6. *Zeitstrahl:* Aushandlung vom 10.06.2009 bis zum 26.09.2014. Veröffentlichung der deutschen Texte am 08.07.2016. Die Unterzeichnung von EU und Kanada war auf dem gemeinsamen Canada/EU-Gipfel am 27./28.10.2016 vorgesehen. Aufgrund des Vetos der belgischen Regionalregierungen der Wallonie und Brüssel konnte das Abkommen jedoch nicht unterzeichnet werden. Nachverhandlungen und Ergänzungen des Vertragstextes sowie eine Zusatzerklärung waren erfolgreich und die Unterzeichnung des CETA durch Kanada und die EU konnte am 30.10.2016 erreicht werden.

Die vorläufige Anwendung ist nach Zustimmung des Europäischen Parlaments seit dem 21.09.2017 in Kraft. Die spätere Ratifikation ist durch die Parlamente der 29 Vertragsparteien (Kanada und EU-28, bzw. EU-27 ohne das Vereinigte Königreich nach dem angekündigten Brexit) innerhalb von zwei bis fünf Jahren, zwischen 2018 und 2021 erforderlich.

Corona-Bonds

In der Corona-Krise, die durch COVID-19 und das SARS-CoV-2-Virus (COVID-19-Pandemie) weltweit und in der Europäischen Union (EU) hervorgerufen wird, fordern verschiedene, besonders betroffene EU-Mitgliedstaaten wie Italien, Frankreich und Spanien die Einführung gemeinsamer EU-Anleihen, welche von den Ländern der Euro-Gruppe ausgegeben werden. Nördliche Mitgliedstaaten wie Deutschland und die Niederlande lehnen die Vergemeinschaftung von Schulden ab (sogenannte *Schuldenunion*). Durch die Schaffung von Corona-Bonds als anlassbezogene Sonderform der bislang ebenfalls von nördlichen Mitgliedstaaten abgelehnten Euro-Bonds (Euro-Anleihen) könnten sich viele Mitgliedstaaten zu deutlich günstigeren Konditionen Geld auf dem Finanzmarkt leihen.
Die kontroverse Diskussion über die Einführung von Corona-Bonds im April 2020 ist ein Zeichen für die Krise der Europäischen Union (Poly-Krise der EU).

Counter Trade

Tauschhandel; Ware gegen Ware ohne monetäre Zahlungsströme. Es gibt zahlreiche verschiedene Varianten, die u. a. als Bartergeschäft, Gegengeschäft, Gegenkauf, Kompensationsgeschäft, Parallelgeschäft etc. (Kompensationshandel) bezeichnet werden, wobei die Begriffsverwendung oft unscharf ist.

Cournot-Oligopol

Besonderes Modell nicht kooperativen oligopolistischen Verhaltens. Jeder Anbieter wählt unter der Annahme konstanter Angebotsmengen aller Konkurrenten die für ihn optimale Angebotsmenge. Je mehr die Konkurrenten anbieten, umso weniger bietet der einzelne Anbieter an *(Reaktionsfunktion)*. Die Unterstellung konstanter Angebotsmengen für alle Konkurrenten widerspricht der fallenden Reaktionsfunktion, es entsteht eine Art strategischen Irrtums, der bei einem internationalen Oligopol die Grundlage für *strategische Handelspolitik*.

D

Demand-Reversal

Verletzung des Heckscher-Ohlin-Theorems, die dadurch zustande kommt, dass z. B. ein relativ kapitalreiches Land eine besondere Präferenz für das kapitalintensive Gut aufweist. Die angebotsseitige Grundlage für einen komparativen Vorteil beim kapitalintensiven Gut wird durch die starke Nachfrage nach diesem Gut überkompensiert, sodass dieses Land dann nicht das kapitalintensive, sondern das arbeitsintensive Gut exportiert.

Devisenkurs

Preis einer z. B. inländischen Währung, der für eine bestimmte Einheit einer anderen, z. B. ausländischen Währung, zu zahlen ist. Dieser Devisenkurs beinhaltet die sogenannte *Preisnotierung* einer Währung, während die reziproke Betrachtung (d. h. die Feststellung, welche Menge an ausländischer Währung für den Erhalt der inländischen Währung hingegeben werden muss) als *Mengennotierung* bezeichnet wird. Mit der Einführung des Euros dominiert im Devisenhandel in Deutschland die Mengennotierung, d. h. es werden die Kurse der wesentlichen gehandelten Währungen auf einen Euro bezogen. Mit Einführung des Euros wurden die amtlichen Devisenkurse abgeschafft. Private und genossenschaftliche Banken veröffentlichen jeweils ihre eigenen Referenzpreise. Amtlichen Charakter hat der Referenzpreis der Europäischen Zentralbank (EZB).

Devisenmarkt

Markt, auf dem verschiedene Währungen gegeneinander getauscht werden. Aus der Sicht des Inlandes sind *Devisen* die ausländischen Währungen bzw. auf ausländische Währung lautende Finanzaktiva.

1. *Devisenmarktgleichgewicht:* Hier wird unterschieden zwischen zwei verschiedenen Betrachtungsweisen.

a) *Stromgrößenorientierte Betrachtung:* Identifiziert Leistungsbilanzüberschüsse (-defizite) abzüglich der Nettokapitalexporte (-importe; Zahlungsbilanz) als Überschussnachfrage (-angebot) nach heimischer Währung. Devisenmarktgleichgewicht erfordert eine Überschussnachfrage von null.

b) *Bestandsgrößenorientierte Betrachtung:* Danach ist der Devisenmarkt dann im Gleichgewicht, wenn die Leistungsbilanz ausgeglichen ist und die internationalen Kapitalanleger die zu einem bestimmten Zeitpunkt existierenden Bestände der in verschiedenen Währungen notierten Finanzaktiva im Sinn optimaler Portfoliozusammensetzungen auch zu halten bereit sind (*Bestandsgleichgewicht* oder *Portfoliogleichgewicht*).
Das Devisenmarktgleichgewicht wird bei flexiblem Wechselkurs u. a. durch die Anpassung des Wechselkurses erreicht.

2. *Devisenmarktinterventionen:* Devisenmarktgleichgewicht kann im Fall eines fixen Wechselkurses auch durch Devisenmarktinterventionen erreicht werden. Dies sind Verkäufe oder Käufe von Devisen, welche

die Zentralbank eines Landes mit der Absicht unternimmt, auf den Wechselkurs Einfluss zu nehmen. Interventionen dieser Art haben auch Auswirkungen auf die Geldmenge, sofern die Zentralbank keine Sterilisierung betreiben will oder bei perfekter internationaler Kapitalmobilität nicht betreiben kann. Seit die Hauptwährungen völlig flexibel sind, hat die Bedeutung von Devisenmärkten abgenommen.

Devisenmarkteffizienz

Soll andeuten, dass die nominellen Wechselkurse bei vollständiger Markttransparenz, rationalen Erwartungen der Wirtschaftssubjekte und Abwesenheit spekulativer Blasen alle gegenwärtig verfügbaren Informationen bezüglich erwarteter künftiger Veränderungen von Fundamentaldaten bereits voll inkorporieren. Überraschende Wechselkursveränderungen können demnach nur dann eintreten, wenn neue Informationen verfügbar werden.

Devisenreserven

Im Besitz der Zentralbank befindliche, auf ausländische Währung lautende Guthaben bzw. Finanzaktiva. Der Teil der Währungsreserven, der für Devisenmarktinterventionen verwendet wird.

Devisenterminmarkt

Markt, auf dem Devisentermingeschäfte abgeschlossen werden, bei denen der Geschäftsabschluss und die Durchführung des Geschäftes zeitlich auseinander fallen. Zwei Wirtschaftssubjekte vereinbaren jetzt, zu einem bestimmten *künftigen* Zeitpunkt bestimmte Mengen zweier Währungen gegeneinander zu tauschen. Der dabei zugrunde gelegte nominelle Wechselkurs wird *Terminkurs* genannt. Aufschläge *(Reports, wenn der Terminkurs höher ist als der Kassakurs)* und Abschläge *(Deports, wenn der Terminkurs geringer ist als der Kassakurs)* leiten sich aus Zinsunterschieden in den beteiligten Ländern ab.

Dienstleistungen

1. *Allgemein:* In Abgrenzung zur Warenproduktion (materielle Güter) spricht man bei den Dienstleistungen von *immateriellen Gütern*.

Als ein typisches *Merkmal von Dienstleistungen* wird die Gleichzeitigkeit von Produktion und Verbrauch angesehen (z. B. Taxifahrt, Haarpflege in einem Frisiersalon, Theateraufführung). Da die unmittelbare, überwiegend auch personengebundene *Arbeitsleistung* des Produzenten hier den wesentlichen Inhalt der Dienstleistungen ausmacht, werden nur geringe Möglichkeiten zur Produktivitätssteigerung gesehen. Daraus wurde die These eines generellen *Produktivitätsrückstands* der Dienstleistungen gegenüber der Warenproduktion abgeleitet (Drei-Sektoren-Hypothese). In modernen Volkswirtschaften haben derartige *gebundene Dienstleistungen* aber nur noch eine relativ geringe Bedeutung, vielmehr wird die Dynamik des Dienstleistungssektors insgesamt von der Entwicklung *ungebundener Dienstleistungen* bestimmt, für die eine zeitliche und räumliche Entkoppelung von Produktion und Verbrauch durchaus charakteristisch ist. Bei diesen ungebundenen Dienstleistungen, zu denen besonders die *produktions-* oder *unternehmensbezogenen Dienstleistungen* gehören (Finanzdienstleistungen, technische Dienstleistungen), erlaubt der Einsatz technischer Hilfsmittel (EDV, Kommunikationstechniken) Produktivitätssteigerungen, die weit über denen der industriellen Produktion liegen können.

2. *Außenhandel:* Dienstleistungsexporte liegen vor, wenn Inländer Dienstleistungen für Ausländer erbringen. Von Dienstleistungsimporten spricht man, wenn die Ausländer im Inland oder im Ausland Dienstleistungen für Inländer erbringen.

Dienstleistungsbilanz

Bestandteil der Zahlungsbilanz.

Directly Unproductive Activity

Oberbegriff für Ressourcenaufwand, der nicht zum Zweck der Güterproduktion erfolgt, sondern mit dem Ziel der Beeinflussung der Handelspolitik zugunsten einzelner Interessengruppen. Der Ausdruck „Directly Unproductive" soll andeuten, dass solche Aktivitäten zwar nicht direkt produktiv sind, aber indirekt produktiv wirken können, wenn sie Ressourcen verwenden, die einen negativen Schattenpreis haben.

Direktinvestition

1. *Begriff:* Form der Auslandsinvestition.

a) *Kennzeichen:* Kapitalexport durch Wirtschaftssubjekte eines Landes in ein anderes Land mit dem Ziel, dort Immobilien zu erwerben, Betriebsstätten oder Tochterunternehmen zu errichten, ausländische Unternehmen zu erwerben oder sich an ihnen mit einem Anteil zu beteiligen, der einen entscheidenden Einfluss auf die Unternehmenspolitik gewährleistet.

Gegensatz: Portfolio-Investition, die vorrangig der Geldanlage dient.

b) *Entscheidungskriterien:* Steuervorteile im Ausland, Abweichungen in den Faktorpreisen und den wettbewerbsrechtlichen Vorschriften, Umgehung von Handelsschranken, Sicherung der Lieferung von Rohstoffen oder Vorprodukten, Erschließung oder Erhaltung von Absatzmärkten (Kapitalflucht).
Absicherung der politischen Risiken durch Garantien für Kapitalanlagen im Ausland (Investitionsschutzabkommen). Entgegen weitverbreiteter Meinung gibt es für das Unterlaufen von Umweltvorschriften als Motiv für Direktinvestition *keine* empirischen Beweise. Eine zusammenfassende Erklärung bietet das eklektische Paradigma.

2. Wirkungen:

a) Mögliche positive Wirkungen für das Empfängerland (vor allem in Entwicklungsländern): (1) Milderung der Kapitalknappheit und dadurch Steigerung der Produktivität bzw. Beschäftigung sonstiger Produktionsfaktoren; (2) Wachstumsbeschleunigung durch Zunahme der gesamtwirtschaftlichen Investition (externe Investitionsfinanzierung); (3) Entlastung der Zahlungsbilanz; (4) Beitrag zur Diversifizierung der Produktionsstruktur; (5) positive Beschäftigungseffekte; (6) Technologietransfer; (7) Induzierung von Investitions- bzw. Produktionsaktivitäten in vor- und nachgelagerten Produktionsstufen.

b) Mögliche negative Wirkungen für das Empfängerland (besonders in Entwicklungsländern): (1) Verdrängung einheimischer Produzenten; (2) Wohlfahrtsverluste bzw. Einkommenstransfer zugunsten der Investoren durch staatliche Vergünstigungen (z. B. unentgeltliche Gewährung von Infrastrukturleistungen, „Schutzrente" im Weg einer Abschirmung des Marktes durch Importzölle oder subventionierte Inputs und verbilligte Kredite).

3. *Meldepflicht:* Die Statistik über deutsche Direktinvestitionen wird von der Deutschen Bundesbank geführt (Kontrolle der Ausgaben des Statistischen Bundesamtes, Wiesbaden, sowie des EUROSTAT). Sie stützt sich dabei auf Bestandsmeldungen inländischer Unternehmen und Privatpersonen über das „Vermögen Gebietsansässiger in fremden Wirtschaftsgebieten" (deutsche Direktinvestitionen im Ausland) sowie über das „Vermögen Gebietsfremder im Wirtschaftsgebiet" (ausländische Direktinvestitionen in Deutschland). Der Umfang der Meldepflicht von Kapitalausfuhren außerhalb des deutschen Wirtschaftsgebietes ergeben sich aus den Vorschriften der Außenwirtschaftsverordnung (AWV) (§§ 64–66 AWV). Zuwiderhandlungen gegen diese Meldevorschriften stellen Ordnungswidrigkeiten nach § 81 AWV dar.

Diskriminierung

Unterschiedliche Behandlung der einzelnen Partnerstaaten hinsichtlich des Waren-, Dienstleistungs- oder Kapitalverkehrs. Diskriminierung liegt z. B. vor bei Abweichung von der Meistbegünstigung, bei nach Währungsräumen oder Ländern unterschiedlichen Devisenbestimmungen, bei administrativen Differenzierungen, bei differenzierenden Verkehrstarifen und zahlreichen weiteren nicht-tarifären Handelshemmnissen. Der Abbau von Diskriminierungen zählt zu den Zielen verschiedener internationaler Wirtschaftsorganisationen [World Trade Organization (WTO), OECD, IWF].

Dollarraum

Alle Länder, deren Währungen direkt (als Zahlungsmittel, sogenannte *Fremdwährung*) oder indirekt (als Leitwährung oder als Verrechnungsbasis) mit dem US-Dollar (US$) verbunden sind: dies sind gegenwärtig eine Anzahl mittel- und südamerikanischer Länder (z. B. Ecuador, El Salvador, Panama), aber auch einige asiatische und afrikanische Staaten (z. B. Liberia, Osttimor, Mikronesien, Palau).

Dornbusch-Modell

Von R. Dornbusch entwickeltes, mittlerweile klassisches Modell zur Erklärung für das Überschießen des nominellen Wechselkurses im Anschluss an monetäre Schocks.
Annahmen: Unterstellt permanentes Gleichgewicht in Geld- und Assetmärkten, lässt aber mit träger Preisanpassung verbundene temporäre Ungleichgewichte auf dem Gütermarkt zu. Langfristig erfolgt Gütermarkträumung bei Kaufkraftparität.
Störung: Steigt die heimische Geldmenge, so erfordert Geldmarktgleichgewicht die sofortige Anpassung der nominellen Geldnachfrage. Bei kurzfristig trägen Güterpreisen kann diese Anpassung nur über

ein sinkendes Inlandszinsniveau erfolgen. Bei *perfekter internationaler Kapitalmobilität* kann sich der Inlandszins aber nur vom Auslandszins lösen, wenn die Zinsdifferenz durch *Wechselkursänderungserwartungen* kompensiert wird. Der Wechselkurs wird daher sein neues langfristiges Gleichgewicht überschießen *(Overshooting)*, und die daraus resultierende Aufwertungserwartung bringt den Geldmarkt kurzfristig ins Gleichgewicht. Durch das Überschießen des Wechselkurses entsteht auf dem Gütermarkt eine Überschussnachfrage nach heimischen Gütern, die Güterpreise beginnen zu steigen. Dies erhöht seinerseits wiederum die Geldnachfrage, der Inlandszins steigt, und der nominelle Wechselkurs sinkt allmählich auf sein gegenüber der Ausgangssituation abgewertetes neues langfristiges Gleichgewichtsniveau.

Drittland

Begriff des Integrations- und Zollrechts. Als Drittländer werden alle Nicht-Mitglieder eines Integrationsraums bezeichnet (z. B. alle Nichtmitgliedsstaaten aus der Sicht der EU, hier: USA, China, Japan).

Drittlandszollsatz

Zollsätze, die auf Einfuhren von Drittlandswaren in einen Integrationsraum (z. B. Freihandelszone, Zollunion) erhoben werden. Drittlandszollsätze sind die „normalen", höchsten Zollsätze, in Abgrenzung zu den „besonderen", geringeren Präferenzzöllen. Drittlandszollsätze werden etwas missverständlich auch als *MFN-Zollsätze* bezeichnet (Most Favoured Nations [MFN]), d. h. die nach dem GATT-Prinzip der Meistbegünstigung auf Einfuhren aus Drittländern angewendet werden. Faktisch sind Drittlandszollsätze ungünstiger, weil höher als Präferenzzölle.

Dual-Use-Güter

Güter mit doppeltem Verwendungszweck; Gegenstände, Technologien und Kenntnisse, die in der Regel zivilen Zwecken dienen, die aber auch für militärische Zwecke verwendet werden können. Frühere Regelung war u. a. die VO (EG) Nr. 1334/2000 des Rates vom 22.6.2000 über eine Gemeinschaftsregelung der Kontrolle der Ausfuhr von Gütern und Technologien mit doppeltem Verwendungszweck (ABl. EG 2000 Nr. L 159, S. 1) ist die Ausfuhr von Dual-Use-Gütern, die in Anhang I aufgeführt sind, genehmigungspflichtig. Die Europäische Union (EU) hat im Zuge ihrer gemeinsamen Handelspolitik die EG-Dual-Use-VO erlassen. Die Aktuelle Fassung ist die Verordnung (EG) Nr. 428/2009 vom 5.5.2009 (ABl. EU Nr. L 134/1). Die Dual-Use-VO besteht aus 28 Artikeln und sechs römisch bezifferten Anhängen. Im Anhang I sind alle Güter nach Art. 3 aufgeführt, welche als Dual-Use-Güter gelten. Für sie gelten besondere Exportbestimmungen. Dual-Use-Güter, die in diesem Anhang aufgeführt sind, sind genehmigungspflichtig, wenn diese Güter ganz oder teilweise für militärische Zwecke bestimmt sind oder bestimmt sein können. Die Ausfuhrgenehmigungen werden durch das Bundesamt für Wirtschaft und Ausfuhrkontrolle (BAFA) erteilt, sofern nicht bereits Allgemeine (Ausfuhr-)Genehmigungen bestehen. Ausfuhrgenehmigungen gelten in der gesamten EU, so gelten in Deutschland auch Ausfuhrgenehmigungen der belgischen oder bulgarischen Ausfuhrkontrollbehörde. Den Mitgliedsstaaten der Europäischen Union bleibt es unbenommen, für Dual-Use-Güter, die nicht im Anhang I aufgenommen sind, gleichwohl eine Genehmigung vorzusehen oder die Ausfuhr ganz zu untersagen. Das ist in Deutschland in der Außenwirtschaftsverordnung (AWV) geschehen, die auch die nationale Straf- und Bußgeldbewehrung für die EU-Regelung enthält. Anhang II enthält eine *Allgemeine Ausfuhrgenehmigung EU001* nach Art. 9 der Dual-Use-VO. Anhang IIIA enthält das Musterformblatt für Einzel- oder Globalgenehmigungen für die Ausfuhr nach Art. 14 I Dual-Use-VO. Mit der Dual-Use-VO setzt die EU verschiedene völkervertragsrechtliche Verpflichtung zur Überwachung der Warenausfuhr um, u. a. des Wassenaar Arrangement.

Anhang I: Liste der Güter mit doppeltem Verwendungszweck: „Mit dieser Liste werden die international vereinbarten Kontrollen für Dual-Use-Güter – einschließlich des Wassenaar Arrangement, des Missile Technology Control Regime (MTCR), der Nuclear Suppliers' Group (NSG), der Australischen Gruppe und des Chemiewaffen-Übereinkommens (CWÜ) – umgesetzt." Die Gliederung des Anhangs ist komplex. Hier ein kleiner Eindruck der zehn Kategorien:

Kategorie 0: Kerntechnische Materialien, Anlagen und Ausrüstung,
Kategorie 1: Besondere Werkstoffe und Materialien und zugehörige Ausrüstung,
Kategorie 2: Werkstoffbearbeitung,
Kategorie 3: Allgemeine Elektronik,
Kategorie 4: Rechner,
Kategorie 5: Telekommunikation und Informationssicherheit,
Kategorie 6: Sensoren und Laser,
Kategorie 7: Luftfahrtelektronik und Navigation,
Kategorie 8: Meeres- und Schiffstechnik,
Kategorie 9: Raumfahrzeuge und Antriebssysteme.

Dumping

1. *Allgemeine Bedeutung:* Verkauf von Waren „unter Preis", d. h. unter einem Referenzpreis. Dieser Referenzpreis kann aus dem Preis für Inlandsverkäufe desselben Gutes (oder vergleichbarer Güter), korrigiert um Transportkosten, oder auch aus den Grenzkosten bzw. den Durchschnittskosten abgeleitet werden.

2. *Spezielle Bedeutungen:*

a) Verkauf zu nicht kostendeckenden Preisen, wobei die tatsächliche Kostenstruktur und der damit richtige Preis kaum zu ermitteln sind.

b) Verkauf von Waren im Export zu niedrigeren Preisen als im Inlandsmarkt (regionale Preisdifferenzierung) (Definition nach EU-Recht).

Dadurch entsteht im Importland unerwünschter Konkurrenzdruck, dem gegebenenfalls durch einen Antidumpingzoll begegnet werden kann. Zu Differenzen zwischen den Inlands- und Exportpreisen kann es immer dann kommen, wenn die Anbieter im Inland oder Ausland Marktmacht haben, wenn die Inlands- und Exportmärkte segmentiert sind und wenn die von den Anbietern wahrgenommenen Preiselastizitäten der Nachfrage von Markt zu Markt variieren.

c) Beim Wechselkursdumping werden durch eine bewusst unterbewertete Währung Exporthilfen gewährt.

d) Als *Umweltdumping* wird oft der Umstand bezeichnet, dass wegen mangelnder Umweltschutzauflagen Unternehmen aus bestimmten Ländern kostengünstiger anbieten können als andere.

e) Als *Sozial-Dumping* wird der Umstand bezeichnet, dass in bestimmten Ländern die Arbeitskosten niedriger sind aufgrund des Fehlens sozialer Absicherung (Kranken- und Arbeitslosenversicherung, Unfallschutz) oder gar wegen erlaubter Kinderarbeit.

Dynamische Größenvorteile

Besondere Form von Größenvorteilen, die bei der Bestimmung dynamischer komparativer Vorteile eine wichtige Rolle spielen. Wenn eine ökonomische Aktivität unter dynamischen Größenvorteilen steht, dann hängt deren Effizienz nicht vom Niveau dieser Aktivität zu jedem Zeitpunkt ab, sondern davon, in welchem Ausmaß diese Aktivität in der Vergangenheit bis zu diesem Zeitpunkt durchgeführt wurde.

Bekanntestes Beispiel: Learning by Doing. Mit jeder Einheit, die zu einem bestimmten Zeitpunkt erzeugt wird, wird der Erfahrungsschatz vergrößert und damit die Effizienz künftiger Produktion gesteigert. Die Gesamtheit der vergangenen Produktion bestimmt dann zu jedem Zeitpunkt den verfügbaren Bestand an Erfahrungen und Kenntnissen, und je größer dieser Bestand ist, desto geringer sind unter sonst gleichen Bedingungen die Stückkosten der Produktion.

Dynamische komparative Vorteile

Verallgemeinerung des Konzepts komparativer Vorteile auf Situationen, in denen die Produktionstechnologie nicht exogen gegeben, sondern durch endogene Innovationen im Zeitablauf veränderbar ist. Endogene Innovation wird hier als Entwicklung neuer Produktvarianten oder als Verbesserung bestehender Prozesse bzw. Produkte aufgefasst, die einem ökonomischen Anreiz unterliegt. In Übereinstimmung mit der neueren Wachstumstheorie unterstellt die moderne Außenwirtschaftstheorie eine Art dynamischer Größenvorteile in der Innovations- oder F&E-Aktivität.

Dynamische Wohlfahrtswirkungen des internationalen Handels

Wohlfahrtswirkungen des internationalen Handels (Gains-from-Trade-Theorem), die dadurch entstehen, dass das Wachstum (des Nationaleinkommens pro Kopf) eines Landes bedingt durch internationalen Handel entweder vorübergehend oder nachhaltig erhöht wird. Hängt von den Spar- und Investitionsentscheidungen ab. Im *neoklassischen Wachstumsmodell* mit konstanter Spar- und Investitionsquote entsteht im Anschluss an einen statischen Effizienzeffekt (Produktionsgewinn aus internationalem Handel) ein Prozess der vorübergehenden Erhöhung der Wachstumsrate des Nationaleinkommens, weil ein Teil des zusätzlichen Einkommens gespart und investiert wird. Langfristig sinkt diese Wachstumsrate jedoch wieder auf die als exogen betrachtete Rate des Bevölkerungswachstums, abgesehen von ebenfalls exogenen technologischen Verbesserungen. Bei optimalem Wachstum beinhaltet diese langfristige Erhöhung des Einkommensniveaus keine zusätzlichen Wohlfahrtseffekte, es sei denn, es liegen Distorsionen vor. Bei *endogenem Wachstum* ist jedoch vorstellbar, dass Handel auch die Wachstumsrate des Pro-Kopf-Einkommens nachhaltig erhöht.

E

Effektive Protektion

Konzept zur Berücksichtigung der importierten Zwischenprodukte bei der Ermittlung der sektoralen Schutzeffekte eines gegebenen Systems von Zollsätzen. Sofern die Zollsätze (Zolltarife) mit zunehmendem Verarbeitungsgrad steigen (Tarif-Eskalation; z. B.: Rohstoff = zollfrei, Halbfertigprodukt 5 %, Fertigprodukt 10 %), ist der tatsächliche Zollschutz für die inländischen Wertschöpfungsprozesse (effektive Protektion) höher als der „angebliche" nominale Zollschutz von 10 %. Schreibt man t_i für den Zoll auf das Gut i, und a_{ij} für den Anteil des importierten Zwischenprodukts j an den Stückkosten des Gutes i, dann ergibt sich die Rate der effektiven Protektion als

$$\frac{t_i - \sum_{j=1}^{n} a_{ij} t_j}{1 - \sum_{j=1}^{n} a_{ij}}$$

Man nennt dies auch den Effektivzoll im Unterschied zum Nominalzoll ti. Unter bestimmten Voraussetzungen kann dieser Effektivzoll ganz analog zu den Nominalzollsätzen im Fall ohne Zwischenprodukte interpretiert werden, und zwar als die durch das Zollsystem ermöglichte relative Veränderung der Wertschöpfung im Sektor i.

Einfuhr

1. *Allgemein:*

a) *Begriff:* Entgeltlicher und unentgeltlicher Bezug von Waren und/oder Dienstleistungen sowie die Übertragung von Software und Technologie aus dem Ausland.

b) *Arten:* 1) D*irekte Einfuhr (unmittelbare Einfuhr):* Einfuhr der Selbstverbraucher, z. B. der weiterverarbeitenden Industrie, die (teils durch Vermittlung von Agenten) mit den ausländischen Lieferanten direkt abschließen.

Indirekte Einfuhr (mittelbare Einfuhr): Einfuhr durch Einfuhrhändler, die ihrerseits die nachgeordneten Handelsstufen und die weiterverarbeitenden Betriebe beliefern.

2) *Sichtbare Einfuhr:* Warenimporte, also Güter der Ernährungswirtschaft, Rohstoffe, Halb- und Fertigwaren.

Unsichtbare Einfuhr: Einfuhr von entgeltlichen Dienstleistungen, also z. B. Leistungen ausländischer Schiffe beim Transport FOB (Free on Board) gekaufter oder CIF (Costs, Insurance, Freight; ausschreiben besser, vgl. INCOTERMS) verkaufter Waren, Vermittlungsleistungen ausländischer Banken, Dienstleistungen im Ausland für inländische Reisende etc.

2. *Außenwirtschaftsgesetz:* Verbringen von Waren aus dem Ausland (vormalig den fremden Wirtschaftsgebieten) in das Inland (vormalig das Wirtschaftsgebiet) sowie die Übertragung von Software oder Technologie

einschließlich ihrer Bereitstellung auf elektronischem Weg für natürliche und juristische Personen im Inland. Wenn sie aus Drittländern in eine Freizone oder ein Nichterhebungsverfahren übergeführt werden, liegt eine Einfuhr erst vor, wenn sie in der Freizone verbraucht, gebraucht, bearbeitet oder verarbeitet oder wenn sie in den zollrechtlich freien Verkehr übergeführt werden (§ 2 XI AWG).

3. *Zollrecht:* Verbringen von Waren, d. h. von allen beweglichen Sachen, sowie die Lieferung von elektrischer Energie in das Zollgebiet der EU. Es ist ein *Realakt,* kein Zollverfahren. Bes. bedeutet Einfuhr nicht die Überführung in ein Zollverfahren, etwa in den freien Verkehr. Das Entstehen der Zollschuld ist bei ordnungsgemäßem Verhalten (kein Einfuhrschmuggel) nicht an den Zeitpunkt der Einfuhr geknüpft, sondern hängt von der Überführung der Ware in den zollrechtlich freien Verkehr ab, der sich je nach dem vom *Zollbeteiligten* gewählten Zollverfahren ergibt. Das Gleiche gilt für Einfuhrumsatzsteuer (EUSt) und die anderen nach Steuergesetzen für eingeführte Waren zu erhebenden Verbrauchsteuern, für die im Allgemeinen die Bestimmungen des Zollrechts sinngemäß anzuwenden sind.

Einfuhrausschreibungen

Hinweise auf Einfuhrmöglichkeiten und -kriterien gemäß § 12 II Außenwirtschaftsgesetz (AWG) durch die zuständigen Genehmigungsbehörden hinsichtlich Waren, deren Einfuhr genehmigungspflichtig ist (Einfuhrliste) oder mengenmäßigen Beschränkungen unterliegt; wird im *Bundesanzeiger* veröffentlicht. Sobald das Einfuhrkontingent feststeht, kann die Einfuhrausschreibung erfolgen, u. a. mit der Publikation von: Höhe des Kontingents, Verfahren der Kontingentverteilung (Verteilungsverfahren), Antragshöchstgrenze, Voraussetzungen für die Antragsstellung, Antragsunterlagen, Art und Weise, mit der die Antragstellung erfolgen kann oder muss (EG-DAT), Ausschreibungsfrist.

Einfuhrbeschränkung

Einfuhrrestriktion, Importbeschränkung, Importrestriktion; Beschränkung (1) der Einfuhr im Allgemeinen, (2) der Einfuhr bestimmter Waren und Dienstleistungen, (3) der Einfuhr aus bestimmten *Drittländern*. Beschränkungen innerhalb des EU-Binnenmarktes sind seit 1.1.1993 nicht mehr möglich. Nicht zur eigentlichen Einfuhrbeschränkung rechnen allgemeine Maßnahmen zur Wiederherstellung des Gleichgewichts der Zahlungsbilanz. (4) Beschränkungen unterliegen normalerweise den *Genehmigungsvorbehalt* (bei Erteilung der Einfuhrgenehmigung ist die Einfuhr möglich). Zu unterscheiden sind Verbote, bei denen die Einfuhr immer untersagt bleibt.

Einfuhrgenehmigung

Nach Außenwirtschaftsrecht, dem Recht der Verbote und Beschränkungen im grenzüberschreitenden Warenverkehr oder sonstigen Normen erforderliche Genehmigung für die Einfuhr von Waren. Dabei kann es einmal um eine Genehmigung gehen, die Voraussetzung für jedes Verbringen ist. Vereinzelt sind Genehmigungen erst bei Überführung in den zollrechtlich freien Verkehr erforderlich. Bezugsgebiet ist zumeist das Zollgebiet der EU. Zuständig für die Erteilung sind das Bundesamt für Wirtschaft und Ausfuhrkontrolle (BAFA) oder die Bundesanstalt für Landwirtschaft und Ernährung (BLE). Einfuhrgenehmigungen müssen der Zollverwaltung mit der Zollabfertigung vorgelegt werden (heute nicht mehr als Papier sondern als elektronischer Datensatz über ATLAS).

Einfuhrkontrollmeldung

Abkürzung *EKM;* mit der Zollanmeldung bei Beantragung der Einfuhrabfertigung bestimmter Waren ist die EKM vorzulegen, vor allem für lizenzfreie Marktordnungswaren. Die rechtlichen Regelungen sind in § 27 II Nr. 3 Außenwirtschaftsverordnung (AWV) und § 27 a AWV enthalten.

Bei der elektronischen Zollanmeldung mit dem IT-Verfahren ATLAS ist die papiermäßige EKM durch eine elektronische Weitergabe der Daten an die zuständigen Behörden ersetzt worden (§ 27 II UA 2 S. 1 AWV).

Einfuhrliste

1. *Bedeutung:* Anlage zum Außenwirtschaftsgesetz (AWG) a. F., aus der entnommen werden konnte, ob die Einfuhr einer Ware genehmigungsfrei oder -bedürftig gewesen ist. Die Genehmigungsfreiheit oder -bedürftigkeit ergab sich aus der Warenliste in Verbindung mit den Länderlisten und den Anwendungsvorschriften zur Einfuhrliste (EL).
Obwohl die Einfuhrliste als Anhang des AWG a. F. deren Bestandteil war, konnte sie kraft der Ermächtigung in § 10 II AWG a. F. durch Rechtsverordnung ohne Zustimmung des Bundesrates (§ 27 I AWG a. F.) geändert werden. Änderungen wurden im Bundesanzeiger veröffentlicht.

2. *Aufbau:* Teil I: Allgemeine Vorschriften und Hinweise zur Anwendung der Einfuhrliste; Teil II: Warenliste.

3. *Aktuelle Entwicklung:* Seit dem Jahr 2006 war die Warenliste dahingehend geändert worden, dass nicht mehr alle Waren aufgelistet wurden, sondern nur noch Waren, für die eine Beschränkung (Einfuhrgenehmigung, Überwachungsdokument, Ursprungszeugnis, Ursprungserklärung, Marktordnungsrechtliche Beschränkungen) besteht, wodurch der Umfang stark reduziert wurde. Mit der Novellierung des AWG 2013 ist die EL weggefallen.

4. *Elektronischer Weg:* Einführer nutzten meist elektronische Ausgaben, da hier die Änderungen jeweils zentral eingepflegt wurden und diese stets auf dem aktuellen Stand waren. Die Vorschriften der Einfuhrliste sind inzwischen als Teil des elektronischen Zolltarifs (EZT) aufgenommen worden, welcher im Rahmen der Einfuhrhinweise für jede Codenummer angezeigt werden; der EZT-online kann von der Homepage der deutschen Zollverwaltung kostenlos abgerufen werden.

Einfuhrlizenz

Importlizenz; nach EU-Recht zur Gewährleistung einer ordnungsgemäßen Verwaltung der gemeinsamen Marktorganisation für Marktordnungswaren erforderlich, die in den zollrechtlich freien Verkehr übergeführt werden. Einfuhrlizenzen berechtigen und verpflichten zugleich den Inhaber zur Einfuhr innerhalb der Gültigkeitsdauer der Einfuhrlizenz. Bei nicht durchgeführter Einfuhr – außer in Fällen höherer Gewalt – verfällt die Kaution.
Ziele: Marktbeobachtung; erforderlichenfalls Ermöglichung der Anwendung von Schutzmaßnahmen gegenüber Drittländern.
Zuständigkeit: Zur Erteilung von Einfuhrlizenzen in der Bundesrepublik Deutschland ist das Bundesamt für Wirtschaft und Ausfuhrkontrolle (BAFA) oder die Bundesanstalt für Landwirtschaft und Ernährung (BLE) zuständig.

Einfuhrsendung

Warenmenge, die an demselben Tag von demselben Lieferer an denselben Einführer (§ 2 X AWG n.F., § 21b I 1 AWV a.F.) abgesandt worden ist und von derselben Zollstelle abgefertigt wird (§ 23 III AWV a.F.).

Einfuhrverbot

Importverbot; Verbot, das jeglichem Verbringen von Waren in das Zollgebiet der Gemeinschaft entgegensteht (Embargo) oder der Überführung von Waren in den zollrechtrechtlich freien Verkehr. Das Einfuhrverbot kann *absolut* sein oder *relativ* und damit *Ausnahmen* zulassen (Verbot mit Genehmigungs- oder Befreiungsvorbehalt, sogenannte Einfuhrbeschränkung). Die Gründe sind vielfältig. Grundsätzlich kann sich ein Einfuhrverbot aus dem EU-Recht oder aus § 2 Außenwirtschaftsgesetz (AWG) des Außenwirtschaftsrechts ergeben. Darüber hinaus sind wichtige Bereiche der Schutz der öffentlichen Sittlichkeit, Ordnung und Sicherheit, der Schutz der Gesundheit und des Lebens von Menschen, Tieren und Pflanzen, der Schutz des nationalen

Kulturguts von künstlerischem, geschichtlichen oder archäologischem Wert, sowie der Schutz des gewerblichen und kommerziellen Eigentums sog. Verbote und Beschränkungen.

Einfuhrvertrag

Begriff des Außenwirtschaftsrechts für den Vertrag eines Inländers (§ 2 XV AWG n.F., vormalig Gebietsansässigen § 4 I Nr. 5 AWG a.F.) mit einem Ausländer (§ 2 V AWG n.F., vorm. Gebietsfremden § 4 I Nr. 7 AWG a.F.) über den Erwerb von Waren (§ 2 XX AWG n.F., § 4 II Nr. 2 AWG a.F.) zum Zwecke der Einfuhr (§ 2 XI AWG n.F, § 4 II Nr. 6 AWG a.F.). Für den Abschluss von Einfuhrverträgen bestehen grundsätzlich keine Beschränkungen.

Einfuhrzoll

Der für eingeführte Waren nach dem Unionszollrecht auf Grundlage des Zolltarifs zu erhebende Zoll, rechtlich sogenannte Einfuhrabgaben, Art. 5 Nr. 20 UZK. Dieser fällt einmal an bei Überführung in das *Zollverfahren* der *Überlassung zum zollrechtlich freien Verkehr*. Durch Überführung in besondere Verfahren (z. B. *aktive Veredelung, passive Veredelung, vorübergehende Verwendung, Endverwendung, Versandverfahren, Lagerverfahren*) kann die *Zollschuldentstehung* vermieden oder herausgezögert werden. Ein Einfuhrzoll entsteht aber auch, wenn es für Nicht-Unionswaren bei oder nach der Einfuhr zu Pflichtverletzungen kommt, etwa beim Schmuggel, Verstöße in Zollverfahren oder die Ware der zollamtlichen Überwachung entzogen wird.

Einkaufsland

Begriff des Außenwirtschaftsrechts (Legaldefinition in § 2 XII AWG n.F., § 21 b II AWV a.F.). Land, in dem der Ausländer (vormalig Gebietsfremde) ansässig ist, von dem der Inländer (vormalig Gebietsansässige) die Waren erwirbt. Dieses Land gilt auch dann als Einkaufsland, wenn die Waren an einen anderen Gebietsansässigen weiterveräußert werden. Liegt kein Rechtsgeschäft über den Erwerb von Waren zwischen einem Inländer und einem Ausländer vor, so gilt als Einkaufsland das Land, in dem die verfügungsberechtigte Person, die die Waren in das Wirtschaftsgebiet verbringt oder verbringen lässt, ansässig ist oder ihren gewöhnlichen Aufenthalt hat. Das Versendungsland gilt dann als Einkaufsland, wenn die verfügungsberechtigte Person im Wirtschaftsgebiet ansässig ist, sowie bei Waren, die nach vorheriger Ausfuhr zurückgesandt werden oder deren Einkaufsland nicht bekannt ist.

Einseitige Handelsliberalisierung

Asymmetrisches Handelsabkommen, das Vergünstigungen nur von einer Vertragspartei beinhaltet; Handelsliberalisierung. Im Gegensatz dazu beinhalten *symmetrische* bilaterale Handelsabkommen Handelsvergünstigungen für beide Vertragsparteien. Das Präferenzabkommen der EU mit den AKP-Staaten ist ein Beispiel für die einseitige Handelsliberalisierung.

Einseitige Übertragung

Unentgeltliche Übertragung; ohne unmittelbare ökonomische Gegenleistung erbrachte bzw. empfangene Güter- und/oder Geldleistungen an das Ausland bzw. aus dem Ausland. Zu den einseitigen Übertragungen zählen vor allem die in Form von verlorenen Zuschüssen geleistete Entwicklungshilfe, Gastarbeiterüberweisungen und Beiträge zu internationalen Organisationen. Die Gegenüberstellung der einseitigen Übertragungen einer Periode erfolgt in der Übertragungs- bzw. Transferbilanz.

Elastizitätsansatz

Theoretischer Ansatz zur Erklärung der Veränderungen der Leistungsbilanz als Folge von Veränderungen des realen Wechselkurses. Am einfachsten darstellbar im Zwei-Güter-Fall. Die ausländische Nachfrage nach dem im Inland erzeugten Gut (Exportnachfrage) hängt ab vom relativen Preis dieses Gutes $X = X(R)$, wobei $R = w \cdot P^*/ P$ der reale Wechselkurs, und W der nominelle Wechselkurs in Preisnotierung ist. Die Ableitung dieser Exportnachfragefunktion nach dem realen Wechselkurs ist: $X' > 0$.

Analog dazu sei die Importnachfrage (ausgedrückt in Einheiten des Importgutes): $M = M(R)$, wobei $M' < 0$.

In Einheiten des heimischen Gutes ausgedrückt ergibt sich dann die Leistungsbilanz als: $B = X(1 / R) - RM(R)$.

Nun verändert sich die Leistungsbilanz gemäß: $B/R = X' - RM' - M$.

Die Reaktion der Leistungsbilanz ist also bestimmt durch die Ableitungen X' bzw. M', die ihrerseits die Mengenreaktionen der Handelsströme auf die Preisveränderung determinieren. Die Marshall-Lerner-Bedingung gibt nun an, wie die Preiselastizitäten der Export- bzw. Importnachfrage beschaffen sein müssen, damit $B/R > 0$. Wenn man unterstellt, dass die Leistungsbilanz ursprünglich ausgeglichen war ($X = RM$), dann erhält man diese Bedingung als: $X' R / X - M' R / M > 1$.

Dies lässt sich schreiben als: $|X| + |M| > 1$, wobei X bzw. M die Elastizitäten der Export- bzw. Importnachfragefunktionen darstellen. Diese Preiselastizitäten müssen sich dem Betrag nach auf mehr als eins addieren *(Marshall-Lerner-Bedingung)*. Bei der Ableitung dieser Bedingungen wird allerdings eine perfekt preiselastische Güterangebotsproduktion und somit unendlich große Angebotselastizitäten der Produktion des Ex- und Importgutes unterstellt. Wird die Vorstellung des perfekt preiselastischen Güterangebots aufgehoben, so gilt es, die Angebotselastizitäten bei der Ableitung der Bedingung einer normalen Reaktion der Leistungsbilanz zu berücksichtigen *(Robinson-Bedingung)*. Sind die Elastizitätsbedingungen hingegen nicht erfüllt, so verschlechtert sich die Leistungsbilanz als Resultat einer Abwertung der heimischen Währung. Für den Fall, dass das Devisenmarktgeschehen von den Handelsströmen dominiert wird, würde Instabilität des Devisenmarktes resultieren.

Elastizitätsoptimismus

Begriff der monetären Außenwirtschaftstheorie. Erwartung einer Konstellation aus Nachfrage- und Angebotselastizitäten (Elastizitätsansatz), die bei Abwertung der Inlandswährung zu einer Aktivierung (bei Aufwertung zu einer Passivierung) der Leistungsbilanz führt (normale Reaktion).
Gegensatz: Elastizitätspessimismus.

Elastizitätspessimismus

Auf empirische Untersuchungen der 1950er- und 1960er-Jahre gegründete Skepsis bezüglich der Erfüllung der Elastizitätsbedingungen für die normale Reaktion der Leistungsbilanz auf relative Güterpreisveränderungen. Mündete vor allem auch in Skepsis bezüglich der Erreichung des außenwirtschaftlichen Gleichgewichts über flexible Wechselkurse. Aufgrund jüngerer empirischer Untersuchungen scheint jedoch eher ein Elastizitätsoptimismus als ein Elastizitätspessimismus gerechtfertigt zu sein. Danach variieren „typische" Nachfrageelastizitäten zwischen −0,5 und −1,5 für Importgüter und zwischen 0,5 und 2 für Exportgüter.
Gegensatz: Elastizitätsoptimismus.

Embargo

1. *Begriff:* Eine staatlich angeordnete Zwangsmaßnahme, mit der der Güterhandel mit einem bestimmten Staat unterbunden wird, in der Regel als Repressalie gegen Völkerrechtsverletzungen oder um das betreffende Land zu bestimmten Handlungen zu zwingen bzw. es davon abzuhalten.

2. *Bedeutung/Begriffsdifferenzierung:* Im Sprachgebrauch wird die Abgrenzung zwischen Boykott und Embargo oft verwischt: Ein Boykott ist privatwirtschaftlich und eher passiv (freiwilliger Verzicht), ein Embargo staatlich und auch aktiv organisiert (Verbot und Durchsetzung). Je nach

Ausmaß unterscheidet man *Total-, Partial-* oder *Selektivembargo*. Wirken dabei mehrere Staaten zusammen, spricht man auch von *Kollektivembargo*. Das Embargo ist inhaltlich eng verwandt mit drei anderen völkerrechtlichen Begriffen. Bei einer *Sanktion* handelt es sich um eine Reaktion eines Staates auf völkerrechtswidriges Verhalten eines anderen Staates. Der Begriff *Retorsion* (Vergeltung) wird meist im Zusammenhang mit handelspolitischen Sanktionen verwendet; dies kann also auch ein Embargo sein oder ein Retorsionszoll. Eine *Blockade* ist eine militärische Maßnahme, die z. B. ein (prinzipiell ziviles) Embargo durchsetzen oder unterstützen soll.

3. *Handelsembargos* wurden in der jüngeren Vergangenheit vom UN-Sicherheitsrat verhängt (u. a. gegen Irak, Iran, Elfenbeinküste). In der EU werden diese Beschlüsse umgehend im Rahmen der Gemeinsamen Außen- und Sicherheitspolitik (GASP) mithilfe von Verordnungen in Gemeinschaftsrecht, parallel dazu und zumeist überflüssig in nationales Recht – in den §§ 69a ff. der Außenwirtschaftsverordnung (AWV) umgesetzt, um gegebenenfalls auch strafrechtliche nationale Sanktionen zu ermöglichen.

4. *Eigenständige Embargos:* werden von der EU im Rahmen der GASP verhängt (z. B. gegenüber Birma/Myanmar, Demokratische Republik Kongo, Libanon, Liberia, Nordkorea, Sierra Leone, Simbabwe, Somalia, Sudan, Usbekistan, Weißrussland). Die Überwachung solcher Restriktionen obliegt im Rahmen der Zollabfertigung bei Ein- und Ausfuhr den Zollstellen. Nachteile, die beispielsweise Exporteuren durch Handelsembargos entstehen (Lieferverbot, Zahlungsverbot) gehen zulasten des Betroffenen, da Außenwirtschaftsgesetz (AWG) und AWV keine Entschädigungen vorsehen. Man kann sich gegen solche politischen Risiken (weitgehend) bei der Euler Hermes Kreditversicherungs-AG versichern.

Embargowaren

Güter, deren Ausfuhr aufgrund eines Embargos beschränkt oder verboten sind.

End User Control (EUC)

Endanwender-Kontrolle, Endverbleibs-Kontrolle, Re-Export-Kontrolle, Wiederausfuhrkontrolle; Kontrollpflicht, bestehend bezüglich Waren einschließlich Fertigungsunterlagen, deren Ausfuhr aufgrund von COCOM-Beschlüssen, UN-Embargobeschlüssen und des Vertrages über die Nichtverbreitung von Kernwaffen oder sonstiger Regelungen in bestimmte Länder genehmigungspflichtig ist. Der Endverbleib der mit einer Ausfuhrgenehmigung exportierten Waren in dem in Aussicht genommenen Empfängerland ist sicherzustellen. Das für die Beantragung einer Ausfuhrgenehmigung für Embargowaren maßgebliche Verfahren richtet sich nach Bestimmungsort/-land und gegebenenfalls dem Empfänger der auszuführenden Waren. Mit festgelegten Formularen ist der Endverbleib der Genehmigungsbehörde nachzuweisen, in Deutschland nach Beteiligung der Zollbehörden dem Bundesamt für Wirtschaft und Ausfuhrkontrolle (BAFA).

Endogene Handelsvorteile

Vorteile, die sich die Unternehmen selbst schaffen, z. B. durch Forschungs- und Entwicklungsaktivitäten oder auch eine erfolgreiche Vermarktungsstrategie.
Anders: exogene Handelsvorteile.

Erweiterte Fondsfazilität

Kreditfazilität des IWF, aus der die Mitglieder ihre normalen Ziehungsrechte überschreitende Kredite erhalten können. Schaffung der erweiterten Fondsfazilität im September 1974, als sich infolge der ersten Erdölpreisexplosion in vielen Ländern besonders hartnäckige außen- und binnenwirtschaftliche Strukturverzerrungen ergaben. Kredite aus der erweiterten Fondsfazilität haben eine Laufzeit von viereinhalb bis zehn Jahren und betragen maximal 140 % der IWF-Quote des betreffenden Landes.

Europäische Handelspolitik

Die gemeinsame Handelspolitik der Mitgliedsstaaten der EU, in Art. 206–207 AEUV niedergelegt.

1. *Ziele* (Art. 206 AEUV): Durch die Schaffung einer Zollunion beabsichtigen alle Mitgliedsstaaten, im gemeinsamen Interesse zur harmonischen Entwicklung des Welthandels, zur schrittweisen Beseitigung der Beschränkungen im internationalen Handelsverkehr und zum Abbau der Zollschranken beizutragen.

2. *Grundsätze* (Art. 207 AEUV): Die gemeinsame Handelspolitik wird nach einheitlichen Grundsätzen gestaltet; dies gilt vor allem für die Änderung von Zollsätzen, den Abschluss von Zoll- und Handelsabkommen, die Vereinheitlichung der Liberalisierungsmaßnahmen, die Ausfuhrpolitik und die handelspolitischen Schutzmaßnahmen.

3. *Handelspolitisches Instrumentarium:* Das Inkrafttreten des gemeinsamen Binnenmarktes zum 1.1.1993 erlaubte keine bis dahin immer noch existierenden nationalen Restriktionen bzw. Alleingänge (nationale Einfuhrquoten bzw. -kontingente) mehr. Es wurde deshalb eine Reihe von Verordnungen erlassen, die als „handelspolitisches Instrumentarium" der EU bezeichnet werden können und gleichzeitig eine Anpassung der bis dahin existierenden handelspolitischen Instrumente der EU an das neue GATT bzw. die Ergebnisse der Uruguay-Runde darstellen.

Europäischer Verteidigungsfonds

Wurde 2017 zur Finanzierung der *EU-Verteidigungsunion* geschaffen, engl. European Defence Industrial Development Programme (abgek. EDIDP).
Zunächst waren 5,5, Mrd. EUR pro Jahr vorgesehen. Im März 2019 wurde für die Finanzjahre 2019–2020 eine Finanzierung von ca. 500 Mio. EUR beschlossen, mit welchen die bislang 34 gemeinsamen Projekte kofinanziert werden sollen. Der Europäische

Verteidigungsfonds wird die nationalen Verteidigungsinvestitionen koordinieren, ergänzen und verstärken. 20 % der Finanzierung erfolgt aus dem Verteidigungsfonds, die nationalen Haushalte der teilnehmenden EU-Mitgliedstaaten finanzieren 80 % der Projekte.
Verstetigung des Europäischen Verteidigungsfonds ab 2021: Ab 2021 wird ein vollwertiger Europäischer Verteidigungsfonds verstätigt und damit einen Beitrag zur strategischen Autonomie der EU leisten. Im mehrjährigen Finanzrahmen 2021–2027 sind 13 Mrd. EUR für den Europäischen Verteidigungsfonds vorgesehen.

Exogene Handelsvorteile

Vorteile eines einzelnen Unternehmens aus Charakteristika seines Landes, wie etwa Faktorausstattung und sonstige Produktionsbedingungen.
Anders: endogene Handelsvorteile.

Export

Ausfuhr, passive Veredelung und Wiederausfuhr.

Export von Arbeitslosigkeit

Beggar-my-Neighbour-Politik. Durch Handels- und Währungspolitik gestarteter Versuch, das Ausland zugunsten des Inlandes mit steigender Arbeitslosigkeit zu belasten.

Exportförderung

1. *Begriff und Ziele:*

a) *Begriff:* staatliche Förderung der Exporte, darunter (1) private Maßnahmen wie Gemeinschaftswerbung, gemeinschaftliche Exportkreditfinanzierung der Exporteure, Tätigkeit von Auslandshandelskammern etc.;

(2) mittelbare und unmittelbare staatliche Maßnahmen (Exportförderung im engeren Sinne).

b) *Ziele:* In der Regel Erzielung eines Handelsbilanzüberschusses bzw. Verminderung eines Handelsbilanzdefizits, wenn die Einfuhr nicht gedrosselt werden soll, auch Aufrechterhaltung bzw. Erzielung eines hohen Beschäftigungsgrades, bei staatlichen Außenhandelsmonopolen häufig politische Motive.

2. *Instrumente der staatlichen Exportförderung:*

a) *unmittelbare fiskalische Maßnahmen:* Exportsubventionen, Ausfuhrprämien, Ausfuhrgarantien und -bürgschaften (z. B. in Deutschland durch die Exportkreditgarantien des Bundes, sogenannte *Euler-Hermes-Deckungen*), Ausfuhrerstattungen bei landwirtschaftlichen Marktordnungsprodukten, Zinszuschüsse bei Exportkrediten, Investitionshilfen (auch für Auslandsniederlassungen), Ausnahmetarife der Verkehrsmittel für Exportgüter (z. B. Seehafenausnahmetarife).

b) *Kreditpolitische Maßnahmen:* Schaffung besonders günstiger Kreditbedingungen für Ausfuhrgeschäfte, besonderer Finanzierungsmittel, differenzierter Zinssätze.

c) *währungspolitische Maßnahmen:* Abwertung, Schaffung gespaltener Wechselkurse, Managed Floating.

d) *steuerliche Maßnahmen:* Befreiung oder Ermäßigung von Steuern (z. B. Umsatzsteuer), Erlaubnis zur Bildung steuerfreier Rücklagen, Sonderabschreibungen auf Exportforderungen etc.

e) Förderung der *Bildung internationaler Exportpreiskartelle* (z. B. OPEC).

f) *staatliche Auslandswerbung,* finanzielle Unterstützung von Messen und Ausstellungen, Beratung und Information der Exportwirtschaft durch staatliche Stellen (Bundesagentur für Außenwirtschaft, diplomatische Vertretungen im Ausland).

3. *Beschränkung der Exportförderung durch internationale Abkommen:*

a) Der *IWF* verbietet eine Manipulation des Wechselkurses.

b) Die World Trade Organization (WTO) verbietet direkte Ausfuhrsubventionen; es bestehen jedoch zahlreiche Ausnahmen, u. a. im Agrarbereich.

c) Die *OECD* fordert die Abschaffung verschiedener „künstlicher Exportbeihilfen", wie Prämien, direkte Subventionen, über der inländischen Steuerlast liegende Steuervergütungen oder staatlich ermäßigte Versicherungsprämien und Rohstoffpreise.

d) Die *EU* verbietet im innergemeinschaftlichen Handel grundsätzlich alle staatlichen Beihilfen (Art. 107 AEUV) und macht Vorschriften über die zulässigen Steuerrückvergütungen (Art. 111 AEUV).

Von internationalen Vereinbarungen *nicht* betroffen sind nicht diskriminierende Förderungsmaßnahmen (außer Abwertung), wie angemessene Werbung, Information, angemessene Kreditgarantien und Bürgschaften und u. U. die angemessene Vergütung indirekter Steuern.

4. Wirkungen:

a) Staatliche Exportförderung in Form von *Subventionen* und sonstigen Maßnahmen, die eine „künstliche" Verbilligung der Exporte darstellen, wirkt auf eine Abweichung des Außenhandels von den komparativen Vorteilen hin und ist insofern in der Regel eine Ursache von Fehlallokation. Solche Maßnahmen können bestenfalls sinnvoll sein, wenn sie zeitlich begrenzt sind und jungen entwicklungsfähigen Industrien in Entwicklungsländern zugute kommen (Erziehungszoll).

b) Relativ unbedenklich sind staatliche Exportförderungsmaßnahmen, die allgemein der *Verbesserung der Marktübersicht* und der Information dienen.

c) Hinsichtlich der Wirkung von *internationalen Exportpreiskartellen* ist neben den Nachteilen für die Weltwirtschaft insgesamt deren beschränkte Funktionsfähigkeit (Rohstoffkartelle) zu beachten.

Exportkontrolle

1. *Zweck:* Exportkontrollen dienen der Verhinderung unerwünschter Exportentwicklungen, aus wirtschaftspolitischen oder sonstigen Überlegungen geboten oder der Verbesserung der Transparenz hinsichtlich der Zusammenarbeit auf dem Gebiet des internationalen Handels, die es ermöglicht, dass gegebenenfalls notwendig werdende Steuerungsmaßnahmen auf staatlicher Ebene eingeleitet werden können. Politische Gründe für Exportkontrolle und Exportrestriktion können vor allem dann von Bedeutung sein, wenn durch Ein- oder Ausfuhrgeschäfte das Ansehen des exportierenden Staates, die Sicherheit einer Nation, mögliche Beeinträchtigungen des Weltfriedens oder unerlaubte Handlungen (z. B. Verstöße gegen Staatsverträge, Vorschriften für Schutz- oder Förderungsabkommen, Regelungen über den Handel mit hoch qualifizierter Technologie, über die Zusammenarbeit in Rüstungsprogrammen sowie der Export von Waffen und internationale Absprachen/Kontrollregime) einer einheitlichen und strengen Regelung bedürfen.

2. *Bestimmungen/Zuständigkeit:*

a) In den *nationalen Vorschriften* ist die Regelung über die gesetzlichen Bestimmungen für die Abwicklung des Waren-, Dienstleistungs- und Kapitalverkehrs über die Grenzen maßgebend (in der Bundesrepublik Deutschland das Außenwirtschaftsgesetz, die Außenwirtschaftsverordnung, Zollgesetze und das Kriegswaffenkontrollgesetz (KWKG)). Immer größeren Raum nehmen mittlerweile die Vorschriften des EU-Rechts ein, allen voran die Regelungen zu den Dual-Use-Gütern. Exportverbote können sich auch aus sonstigen Verboten ergeben, etwa im Abfallbereich.

b) Die Zuständigkeit für die Genehmigungsverfahren liegt zumeist beim Bundesamt für Wirtschaft und Ausfuhrkontrolle (BAFA) oder bei der Bundesanstalt für Landwirtschaft und Ernährung (BLE).

3. *Internationale Bestimmungen* (dargestellt am Beispiel der US-Exportkontrollbestimmungen): Die Regelung der Exportkontrolle bzw. der Re-Exportkontrolle der USA greift bei Ausfuhren (auch in das europäische

Ausland) so weit, dass der Endverbleib der ausgeführten Waren unter Kontrolle gehalten wird, wobei der Empfänger der Waren auch außerhalb des amerik. Hoheitsgebietes die volle Verantwortung hinsichtlich der an ihn gelieferten, von ihm erworbenen Waren trägt. D. h. der Empfänger muss seinerseits prüfen, ob er mit seinem Geschäft unter die US-Exportkontroll- bzw. -Exportregeln fällt. Bereits bei der Erteilung von Ausfuhrgenehmigungen, Exportlizenzen aus den USA sind entsprechende Verfahren so zu gestalten, dass die Verfügungsberechtigung über die Waren und deren schließlicher Endverbleib unter ständiger Kontrolle bleibt. Mit einer laufenden Überprüfung durch die Überwachungsbehörden oder deren beauftragte Organe beim Lizenzhalter sowie bei Empfänger und Endverbraucher der Waren ist zu rechnen.

Exportpreisprüfung

Durchführung von Preisprüfungen für Importwaren und -dienstleistungen; inzwischen aufgehoben (§ 44a AWV).

Exportquote

1. *Außenhandelstheorie:* Anteil des Werts des Exports am Bruttoinlandsprodukt zu Marktpreisen. Die Exportquote wird als Indikator für die Außenhandelsverflechtung einer Volkswirtschaft angesehen.

2. *Außenhandelspolitik:* Die zum Export freigegebenen Kontingente bestimmter Warenmengen je Zeitraum (sogenanntes *Exportquoten-Verfahren*). Die jeweils festgelegte Exportquote bezieht sich auf Waren allgemein, Markenartikel, Rohstoffe, Edelmetalle oder Devisen; Einhaltung der Exportquote wird im Wege der Ausfuhrüberwachung erstrebt.

Anders: Auslandsgeschäftsquote (Außenhandelsquote).

Exportrestriktion

Begriff für alle staatlichen Maßnahmen, die die Ausfuhr/Wiederausfuhr einschränken oder gar unterbinden, wie Embargo, Verbote, Ausfuhrzoll, Exportkontrolle, Ausfuhrbeschränkung und Ausfuhrverbot.

Exportstruktur

Güterzusammensetzung der Exporte (Ausfuhr) eines Landes.

Exportsubvention

Seitens des Staates gewährte finanzielle Unterstützung der Exporte (Ausfuhr), um sonst nicht konkurrenzfähige Waren auf dem Weltmarkt wettbewerbsfähig zu machen. Es handelt sich um ein Instrument der Außenhandelspolitik.

Exposure

Exposure bezeichnet grundsätzlich die Tatsache, einem Risiko ausgesetzt zu sein. In der Praxis wird Exposure meist bezogen auf das Wechselkursrisiko (Währungsrisiko).

1. Man *unterscheidet* a) das *transaction exposure,* welches sich auf Wechselkursrisiken bei einzelnen Geschäften bezieht, beispielsweise das Risiko der Abwertung einer auf USD lautenden Exportforderung bzw. der Aufwertung einer Dollarverbindlichkeit. Das transaction exposure kann sicher und einfach abgesichert werden, z. B. durch ein Devisentermingeschäft.

b) Das *translation exposure* (*book exposure*) beschreibt das Risiko, dass in ausländischer Währung denominierte Aktiva oder Passiva, die über den

Wechselkurs in die in Inlandswährung ausgewiesene Unternehmensbilanz umgerechnet („übersetzt") werden, sich ungünstig entwickeln. Das translation exposure kann nicht abgesichert werden.

c) Als *strategic exposure* bezeichnet man Risiken, dass sich Wechselkursänderungen auf die Export- oder Importchancen eines Unternehmens auswirken. Beispielsweise erschwert die Aufwertung der Inlandswährung die Exportchancen des betreffenden Unternehmens bzw. Landes. Befürchtete oder tatsächliche Exportnachteile beispielsweise aus der Dollarkursentwicklung können zumindest teilweise kompensiert werden durch Produktionsverlagerungen in den Dollarraum oder den Einkauf von Inputs aus dem Dollarraum.

2. Als *Bruttoexposure* bezeichnet man die Gesamtheit bestimmter Exposure-Elemente, beispielsweise sowohl auf der Aktivseite (z. B. Exportforderungen) als auch der Passivseite (z. B. Importverbindlichkeiten) der Bilanz. Das *Nettoexposure* ergibt sich durch Saldierung z. B. von Aktiv- und Passiv-Exposure, jeweils auf eine Währung zu einem bestimmten Zeitpunkt bezogen.

Externe Größenvorteile

Besondere Form der Größenvorteile, bei der die Stückkosten eines Gutes bei ansonsten gleichbleibenden Bedingungen (vor allem konstanten Inputpreisen) mit der Gesamtproduktion einer Industrie abnehmen (Economies of Scale, Economies of Scope). Größenvorteile stellen neben komparativen Vorteilen eine wichtige *Grundlage des internationalen Handels* dar. Unter sonst gleichen Bedingungen ist eine Spezialisierung auf Güter mit externen Größenvorteilen vorteilhafter als eine Spezialisierung auf Güter mit konstanten Skalenerträgen.

F

Faktorintensität

Faktorintensität dient zur Klassifizierung von Gütern. Unterschieden wird z. B. zwischen arbeits- und kapitalintensiven Gütern. Ein Gut ist arbeitsintensiv (kapitalintensiv), wenn bei seiner Produktion relativ mehr Arbeit (Kapital) eingesetzt wird als bei der Produktion eines anderen Gutes.

Faktorintensitätsumkehrung

Umkehrung in der Reihung der Güter bezüglich ihrer Kapitalintensität (kapitalintensives Gut, arbeitsintensives Gut). Kommt immer dann zustande, wenn die Substituierbarkeit zwischen den Faktoren Kapital und Arbeit in der Produktion des einen Gutes viel leichter gegeben ist als in der Produktion des anderen Gutes. Dann kann z. B. ein Gut sich als kapitalintensiv erweisen, wenn Kapital im Vergleich zu Arbeit sehr billig ist, wohingegen es arbeitsintensiv wird, wenn Kapital über ein bestimmtes Ausmaß hinaus relativ teuer wird. Kann zur Verletzung des Heckscher-Ohlin-Theorems führen.

Faktorpreisausgleichstheorem

Lerner-Samuelson-Theorem; Aussage über die Bedingungen, unter denen internationaler Güterhandel zu internationalem Faktorpreisausgleich zwischen Ländern mit unterschiedlicher Faktorausstattung führt. Diese Bedingungen sind: (1) *Vollständige Konkurrenz,* (2) international ausgeglichene Güterpreise (Freihandel ohne Transportkosten), (3) international identische Produktionstechnologien mit konstanten Skalenerträgen und ohne Faktorintensitätsumkehrungen sowie (4) in den betrachteten Ländern gleichzeitig erfolgende Produktion positiver Mengen von mind. ebenso vielen technologisch verschiedenen Gütern, wie es Faktoren gibt. Ist eine dieser Bedingungen für zwei beliebige Länder nicht erfüllt, so entsteht zwischen diesen kein vollständiger Faktorpreisausgleich. Diese Bedingungen sind unter sonst gleichen Umständen umso eher erfüllt, je geringer die Faktorausstattungsunterschiede zwischen den betrachteten Ländern, und je ausgeprägter die Faktorintensitätsunterschiede zwischen den verschiedenen Gütern sind.

Faktorproportionen

Verhältnis des mengenmäßigen Einsatzes der verschiedenen Einsatzgüter (Faktoreinsatzmengen) eines Produktionsprozesses.

Fester Wechselkurs

Von Regierung oder Zentralbank festgesetzter Wechselkurs. Man unterscheidet entsprechend feste Wechselkurse durch Interventionen der Zentralbanken bei freien Finanz- und Kapitalmärkten einerseits sowie feste Wechselkurse durch administrative Maßnahmen des Staates ohne Freiheit auf Finanz-, Devisen- und Kapitalmärkten andererseits. Zwischen reinen flexiblen bzw. floatenden Wechselkursen und festen Wechselkursen gibt es verschiedene Stufen, die auf eine begrenzte Flexibilität *(managed floating)* oder auf eine Leitkursanpassung im Falle grundlegender fundamentaler Zahlungsbilanzungleichgewichte *(Realignment)* hinweisen.

Finanzzoll

Fiskalzoll; Zoll auf Waren, bei dem die Erzielung von steuerlichen Einnahmen für den Staatshaushalt im Vordergrund steht. Finanzzoll belastet die Waren wie eine Steuer (Zölle – sogenannte Einfuhr- und Ausfuhrabgaben – sind in Deutschland Steuern nach § 3 III Abgabenordnung, AO). Finanzzoll ist mit der Politik der Nichteinmischung des Staates in den Außenhandel vereinbar.

Fixer Wechselkurs

Fester Wechselkurs; nomineller Wechselkurs, der entweder im Rahmen eines internationalen Währungssystems, oder auch über einseitige Wechselkurspolitik auf einem bestimmten Niveau fixiert ist. Die Aufrechterhaltung eines fixen Wechselkurses erfordert entsprechende Devisenmarktinterventionen.

Flexibler Wechselkurs

Nomineller Wechselkurs, der sich ohne wirtschaftspolitisch motivierte Devisenmarktinterventionen frei nach Angebot und Nachfrage bildet.

Floating

Ausdruck für die freie Beweglichkeit der nominellen Wechselkurse. Bei Beeinflussung der Wechselkursbewegung durch Devisenmarktinterventionen spricht man auch vom *schmutzigen Floating*.

Forderungen Gebietsansässiger an Gebietsfremde

Analog *Verbindlichkeiten Gebietsansässiger bei Gebietsfremden*.

1. Forderungen (Verbindlichkeiten) durch alle Gebietsansässige (ausgenommen Kreditinstitute) gegenüber Gebietsfremden sind bei der Deutschen Bundesbank zu melden, wenn diese innerhalb eines Monats mehr als 5 Mio. EUR übersteigen (§ 62 I AWV).

2. Meldefrist für Forderungen und Verbindlichkeiten aus dem *Dienstleistungs- und Warenverkehr (Ausfuhrforderungen bzw. -verbindlichkeiten)* einschließlich der geleisteten und entgegengenommenen Anzahlungen gemäß § 62 III AWV: monatliche Meldung bis zum 20. Tag des Folgemonats nach dem Stand des letzten Werktages des Vormonats.

3. Meldefrist für Forderungen und Verbindlichkeiten aus *Finanzbeziehungen mit Gebietsfremden* gemäß § 62 II AWV: monatliche Meldung bis zum 10. des Folgemonats nach dem Stand des letzten Werktages des Vormonats.

Freihandel

Internationaler Güterhandel (Außenhandel), der frei von jeglicher handelspolitischer Beeinflussung ist. In der Außenhandelstheorie theoretisch angestrebtes Ziel. Die Welthandelsorganisation World Trade Organization (WTO) und das GATT gehen ebenfalls vom Ziel des Freihandels aus, weswegen keine neuen *tarifären Maßnahmen*

(Einfuhrzoll) erhoben werden dürfen. Neben den Einfuhrzöllen können mengenmäßige Beschränkungen *(Kontingente)* den freien Handel behindern. In der realen Wirtschaft behindern weltweit zahlreiche *tarifäre* und *nicht tarifäre Maßnahmen* den freien Handel.

Freihandelsabkommen

Bilaterale oder multilaterale Handelsabkommen zur Schaffung von Freihandelszonen, z. B. der EFTA, NAFTA/USMCA, des CETA, der TTIP oder der CPTPP. Sie gelten als Teil des Bilateralismus und Regionalismus als Gegenentwurf zum Multilateralismus und dem gegenwärtigen Welthandelssystem der WTO.

Freihandelszone

Spezifisches Konzept zur regionalen Handelsliberalisierung. Bei einer Freihandelszone werden zwischen den Partnerländern schrittweise alle Zölle und Kontingente, d. h. alle tarifären und nicht-tarifären Handelshemmnisse, abgebaut – innerhalb der Freihandelszone werden keine Zölle erhoben; im Unterschied zur Zollunion behält jedes Mitgliedsland einer Freihandelszone weiterhin die volle Autonomie bei der Gestaltung seiner Handelspolitik (Drittlandszollsatz, Einfuhrzoll, Kontingent, etc.) gegenüber Drittstaaten.

Damit verhindert wird, dass Importe aus Drittstaaten den Umweg über dasjenige Mitgliedsland nehmen, das den geringsten Zoll für das jeweilige Gut erhebt, bedarf es im Binnenhandel einer Freihandelszone der Vorlage von Ursprungsnachweisen (administrativ aufwendig bei Produkten, die in einem Mitgliedsland weiterverarbeitet wurden) und der Anwendung kompensatorischer Binnenzölle.

Eine Freihandelszone (z. B. die EFTA, NAFTA/USMCA, CPTPP) verstößt prinzipiell gegen das Meistbegünstigungsgebot (Meistbegünstigung) des GATT; Art. XXIV GATT definiert die Voraussetzungen, unter denen eine Freihandelszone zwischen Mitgliedern der Wolrd Trade Organization (WTO) zulässig ist.

Freiwillige Exportbeschränkung

Voluntary Export Restriction (VER); besondere Form eines nicht tarifären Handelshemmnisses. Das exportierende Land beschränkt die Exportmenge für ein bestimmtes Partnerland auf ein bestimmtes Niveau. Der Umstand, dass das Ausland auf diese Weise durch eine protektionistische Maßnahme profitiert, macht die freiwillige Exportbeschränkung gelegentlich politisch attraktiv. Mengenbeschränkungen führen aber mitunter nicht nur zu heimischen Preiserhöhungen. Es kann seitens der Anbieter der betroffenen Güter ein Anreiz bestehen, die zugestandenen Mengen mit höherwertigen Gütern auszunutzen *(quality upgrading).*

Freizonenfiktion

Bezeichnung dafür, dass sich Waren in räumlich durch Zollzäune abgetrennten Freizonen und Freilagern zwar geografisch im Zollgebiet der EU befinden, aber zollrechtlich als außerhalb des Zollgebiets der Union befindlich anzusehen sind. Die Waren in Freizonen *gelten* als nicht im Zollgebiet befindlich. Es handelt sich nach dieser rechtlichen *Fiktion* um Nicht-Unionswaren, die an der Zollgrenze beim Verlassen der Freizone zollrechtlich behandelt werden müssen. Sofern ein *Statusnachweis* über den zollrechtlichen Status einer *Unionsware* erbracht werden kann, ist das Verlassen ohne weitere Zollbehandlung möglich.

Fundamentaldaten

Langfristige, grundlegende Informationen über die realen Produktionsmöglichkeiten, über die Strukturen der Wirtschaft sowie über den Vermögensstatus der Wirtschaftseinheiten.

G

Gains-from-Trade-Theorem

Theoretische Aussage über die Wohlfahrtswirkungen des internationalen Handels im Vergleich zur Autarkie. Danach bewirkt internationaler Handel eine Wohlfahrtsverbesserung gegenüber der hypothetischen Autarkiesituation. Diese Verbesserung gilt allerdings nicht von vornherein für jedes Individuum. Es ist vielmehr zu erwarten, dass einzelne Individuen besser, andere jedoch schlechter gestellt werden (z. B. Stolper-Samuelson-Theorem). Dennoch kann insgesamt von einer Wohlfahrtsverbesserung gesprochen werden, und zwar in dem Sinn, dass die zunächst schlechter Gestellten durch ein geeignetes System von Pauschalsteuern und Pauschaltransfers *kompensiert* werden können, und dass danach immer noch einzelne Individuen bei Handel besser gestellt sind als bei Autarkie.

Der Unterschied zwischen beiden Situationen kann mithilfe eines sogenannten *Äquivalenzmaßes* zum Ausdruck gebracht werden. Das ist jenes Ausmaß an Einkommenskompensation, das die Konsumenten bei Autarkiepreisen in eine Lage brächte, die sie gleich bewerten würden wie Freihandel *(equivalent variation),* bzw. jene Einkommenskompensation, die sie bei Freihandelspreisen erhalten müssten, um in eine Lage zu kommen, die sie gleich bewerten wie die Autarkie *(compensating variation)*. Die *Gains-from-Trade-Theoreme* hängen auf entscheidende Weise von den Terms of Trade ab. Sie setzen sich aus dem Konsumgewinn (Konsumgewinne aus internationalem Handel) und dem Produktionsgewinn (Produktionsgewinn aus internationalem Handel) zusammen.

Garantien für Kapitalanlagen im Ausland

Absicherung von Direktinvestitionen gegen politische Risiken im Anlageland. Auch die Erträge können einbezogen werden. Instrumente werden angeboten von nationalen und internationalen Institutionen; zu Letzteren gehört die Weltbanktochter Multilaterale Investitions-Garantie-Agentur (MIGA) für Direktinvestitionen in Entwicklungsländern.

Gebietsansässige

1. *Außenwirtschaftsrecht, Außenwirtschaftsgesetz (AWG);* Gebietsansässige waren natürliche Personen (ohne Rücksicht auf Staatsangehörigkeit) mit Wohnsitz oder gewöhnlichem Aufenthalt im Wirtschaftsgebiet sowie juristische Personen und Personenhandelsgesellschaften mit Sitz oder Ort der Leitung im Wirtschaftsgebiet. Zweigniederlassungen Gebietsfremder im Wirtschaftsgebiet (§ 4 I Nr. 1 AWG a.F.) galten als Gebietsansässige, wenn sie hier ihre Leitung und gesonderte Buchführung haben. Betriebsstätten Gebietsfremder im Wirtschaftsgebiet galten als Gebietsansässige, wenn sie hier ihre Verwaltung haben (§ 4 I Nr. 5 AWG a.F.).

2. *Zollrecht:* Das EU-Zollrecht stellt zur Bestimmung der Ansässigkeit auf das Zollgebiet der Gemeinschaft ab und orientiert sich am Wohnsitz natürlicher Personen oder dem satzungsgemäßen Sitz juristischer Personen. Vielfach dürfen nur Ansässige Bewilligungen zu Zollverfahren beantragen und Waren anmelden oder als Vertreter handeln.

Gegensatz: Gebietsfremde.
Seit dem 1.9.2013 ersetzt durch den Begriff Inländer (§ 2 XV AWG n.F.).

Gebietsfremde

Begriff aus dem deutschen Außenwirtschaftsrecht, dem Außenwirtschaftsgesetz (AWG) (§ 4 I Nr. 7 AWG a.F.). Gebietsfremde waren natürliche Personen mit Wohnsitz oder gewöhnlichem Aufenthalt in fremden Wirtschaftsgebieten sowie juristische Personen und Personenhandelsgesellschaften mit Sitz oder Ort der Leitung in fremden Wirtschaftsgebieten. Zweigniederlassungen Gebietsansässiger in fremden Wirtschaftsgebieten galten als Gebietsfremde, wenn sie dort ihre Leitung haben und für sie eine gesonderte Buchführung besteht; Betriebsstätten Gebietsansässiger in fremden Wirtschaftsgebieten galten als Gebietsfremde, wenn sie dort ihre Verwaltung haben.
Gegensatz: Gebietsansässige.
Wurde mit Wirkung vom 1.9.2013 ersetzt durch den Begriff Ausländer (§ 2 V AWG n.F.).

Gebundener Zahlungsverkehr

Zahlungsverkehr, dessen Abwicklung aufgrund des Zahlungsabkommens zwischen zwei Ländern an die im bilateralen Abkommen vereinbarte(n) Währung(en) gebunden ist.

Gemeinschaftsfremde

Begriff aus dem deutschen Außenwirtschaftsrecht, § 4 I Nr. 8 Außenwirtschaftsgesetz (AWG); alle anderen Personen als Gemeinschaftsansässige.

Gespaltener Wechselkurs

Multipler Wechselkurs.

1. *Begriff:* Festsetzung verschiedener Wechselkurse für verschiedene außenwirtschaftliche Transaktionen, Instrument interventionistischer Außenwirtschaftspolitik mit dem Ziel, entsprechend den von der Regierung gesetzten Prioritäten bestimmte Transaktionen zu erleichtern, andere zu belasten. Die Einführung gespaltener Wechselkurse ist nach dem IWF *genehmigungsbedürftig.*

2. *Formen:* Differenzierung in der Regel nach Handels- und Finanztransaktionen, aber auch nach Gütergruppen sowie Trägern und Richtungen der außenwirtschaftlichen Aktivitäten. Anwendung vor allem in Entwicklungsländern, gelegentlich auch in Industrieländern.

3. *Beurteilung:* Gespaltene Wechselkurse erfordern aufwendige Kontrollen; sie verfehlen vielfach die erstrebten Ziele, indem sie z. B. zur Bildung von Devisenschwarzmärkten führen. Da die verschiedenen Kurse die Devisenknappheit nicht widerspiegeln, sind sie Ursache von Fehlallokationen.

Gleichgewicht

1. *Gleichgewicht aus methodischer Sicht:* Ein methodisches Gleichgewicht kennzeichnet einen Beharrungszustand, in dem Wirtschaftssubjekte keine Veranlassung haben, ihr Verhalten zu ändern, weil sie sich optimal an die relevanten Daten angepasst haben. Eine Revision wird nach dieser Sicht erst dann wieder vorgenommen, wenn sich die „Daten" exogen ändern.

In *evolutorischer Perspektive* kann jedoch jederzeit durch einen schöpferischen Einfall oder durch eine neue Interpretation der Situation oder der Zukunft (Erwartungsänderung) ein Handlungsimpuls ausgelöst werden, ohne dass sich die äußeren Daten geändert haben. Es liegt dann ein temporäres Gleichgewicht vor, das sich z. B. durch Erwartungsanpassungen fortlaufend verändert. Durch diese endogen bestimmten Antriebsmomente wird die Nützlichkeit des Gleichgewichtskonzepts zumindest in prognostischer Hinsicht eingeschränkt.

In einem sogenannten Erwartungsgleichgewicht finden keine Erwartungsanpassungen (als Folge von Erwartungsirrtümern) mehr statt; ein solches Gleichgewicht ist bei Konstanz der Datenvariablen dauerhafter Natur.

2. *Gleichgewicht im theoretischen Sinne:* In der vom Gleichgewicht bestimmten *Wirtschaftstheorie* wird das Gleichgewichtskonzept auf Individuen *(Haushalts- und Unternehmensgleichgewicht),* auf der (Güter-)Marktebene im Sinne der Übereinstimmung von geplantem aggregierten Angebot und geplanter aggregierter Nachfrage *(Marktgleichgewicht)* oder auf das Marktsystem als Ganzes *(allgemeines oder simultanes Gleichgewicht auf allen Märkten)* angewendet. Setzt man voraus, dass sich alle Akteure optimal an die weiterhin für gegeben gehaltenen Strategien der jeweils anderen Akteure angepasst haben, liegt ein sogenanntes *Nash-Gleichgewicht* vor. Ein Sonderfall liegt vor, wenn Marktteilnehmer auf einzelnen Märkten mengenmäßig rationiert sind und ihre eigentlichen, aus einem unbeschränkten Optimierungsansatz resultierenden Pläne nicht voll realisieren können. Passen sie sich dann mit ihren Angebots- oder Nachfrageplänen der jeweiligen Rationierungsschranke an, d. h. gehen zu effektiven Plänen über, kommt durch diese Planrevision ein temporäres Gleichgewicht bei Mengenrationierung zustande. Dies ist der Gleichgewichtsbegriff der Neokeynesianischen Theorie.

In keynesianischen makroökonomischen Totalmodellen können Gleichgewichtskonstellationen auftreten, bei denen simultan ein Marktgleichgewicht auf dem Güter-, Geld- und Wertpapiermarkt vorliegt, auf dem Arbeitsmarkt dagegen ein dauerhafter Zustand der Unterbeschäftigung herrscht. Dieser Mix aus theoretischem und methodischem Gleichgewicht wird auch als Unterbeschäftigungs-Gleichgewicht bezeichnet.

In dynamischen ökonomischen Systemen versteht man unter Gleichgewicht den Steady State des Systems, d. h. die Ruhelage, die sich ergibt, wenn sich die zu erklärenden Variablen in der Zeit nicht mehr ändern.

Gleitzoll

Form des Mischzolls, bei der die Zollbelastung mit steigendem (sinkendem) Einfuhrpreis sinkt (steigt). Ziel ist eine flexible Abschirmung des Marktes vor Preisveränderungen am Weltmarkt zur Protektion der inländischen Anbieter bzw. zur Preisstabilisierung im Inland.
Nachteile: Technische Probleme begünstigen bei der Anpassung des Zolltarifs an neue Einfuhrpreise die Spekulation an den Warenmärkten; Produktivitätsfortschritte im Ausland können beim Gleitzoll im Gegensatz zum Wertzoll oder zum spezifischen Zoll nicht weitergegeben werden, die internationale Arbeitsteilung wird dadurch behindert.

Globalkontingent

Allgemeine mengen- oder wertmäßige Begrenzung der Einfuhr ohne Festsetzung der Länder, von denen die einzelnen Waren bezogen werden müssen, unter Umständen sogar ohne Festsetzung der Waren, die bezogen werden dürfen. Globalkontingente sind ein Mittel, die Enge des Bilateralismus zu vermeiden und den Welthandel freier zu gestalten.
Gegensatz: Länderkontingent.

Gold-Devisen-Standard

Abgeschwächte Variante des Goldstandards. Eine Währung folgt dem Goldstandard (Leitwährung), und für die anderen Währungen werden feste Wechselkurse zur Leitwährung vereinbart. Entspricht der ursprünglichen Konzeption des Bretton-Woods-Systems.

Goldstandard

Dadurch charakterisiert, dass die Geldmenge eines Landes entweder buchstäblich in Gold definiert ist – sei es, indem geprägtes Gold als Geld fungiert, oder sei es, indem Papiergeld auf Goldeinheiten lautet –, oder dass die Notenbank einen bestimmten Preis zwischen der Geldeinheit

(z. B. Euro) und Gold garantiert und jederzeit in unbeschränkter Menge zu entsprechenden Umtäuschen bereit ist. Wenn dies mehrere Länder zugleich tun, dann sind auch die relativen Preise zwischen den verschiedenen nationalen Währungen, d. h. die nominellen Wechselkurse fixiert. Bei einem reinen Goldstandard wäre die Geldmenge wertgleich dem monetär genutzten Goldbestand eines Landes.

Gravitationsmodell

Modell zur Beschreibung und Erklärung von räumlichen Interaktionen.

Größenvorteile

Besondere Eigenschaft der Produktionstechnologie, wonach die Gesamtfaktorproduktivität mit zunehmender Produktionsmenge zunimmt (Economies of Scale). Impliziert, dass die gesamten Stückkosten bei konstanten Faktorpreisen mit zunehmendem Output abnehmen. Bei *internen Größenvorteilen* hängen die Stückkosten bei konstanten Faktorpreisen nur vom Output der betrachteten Firma ab, bei *externen Größenvorteilen* vom Output der gesamten Industrie. Ist dabei der Output nur der heimischen Industrie relevant, so spricht man auch von *nationalen Größenvorteilen,* ist die weltweite Produktion der betreffenden Industrie gemeint, dann liegen *internationale Größenvorteile* vor. Größenvorteile stellen eine wichtige Grundlage für internationale Spezialisierung dar, allerdings ergibt sich dabei nicht von vornherein eine eindeutige Handelsstruktur.

Großes Land

Land, das durch sein Angebots- und Nachfrageverhalten auf den Weltmärkten die Weltmarktpreise beeinflusst und nicht als gegeben hinzunehmen hat. Es handelt sich um ein Land mit großer Marktmacht,

tatsächlich muss es sich nicht um ein Land mit geografisch großer Ausdehnung handeln.
Gegenteil: kleines Land.

Güterwirtschaftliche Außenwirtschaftstheorie

Reale Außenwirtschaftstheorie. Erklärung und Analyse der Ursachen und Wohlfahrtswirkungen des Freihandels; bedeutende Ökonomen waren *David Ricardo, Torrens, Heckscher, Ohlin.*

H

Handelbare Güter

Güter, die international gehandelt werden können und deswegen in verschiedenen Ländern, abgesehen von Transportkosten und *Handelshemmnissen,* denselben Preis aufweisen. Die Preise der handelbaren Güter werden durch Angebot und Nachfrage auf dem Weltmarkt und nicht durch nationale Gegebenheiten bestimmt.
Gegensatz: nicht handelbare Güter.

Handelsabkommen

1. *Begriff:* Zwischenstaatliche (völkervertragsrechtliche) Vereinbarung zur Regelung des Güterverkehrs in einem bestimmten Zeitraum (meist ein Jahr), meist in Verbindung mit einem den Zahlungsverkehr und die Höhe des Swing regelnden Zahlungsabkommen *(Handels- und Zahlungsabkommen).*

2. *Inhalt:* In den Handelsabkommen wird das gesamte Handelsvolumen vereinbart. Handelsabkommen enthalten meist Listen der Waren, die im Lauf des Vertragsjahres zur Einfuhr zugelassen werden sollen.

3. *Durchführung:* Vorgesehene Importkontingente stellen keine Verpflichtung zur Abnahme der aufgeführten Waren dar; die Verpflichtung erstreckt sich nur auf die Erteilung von Importlizenzen. Wenn jedoch (z. B. aufgrund eines verzerrten Wechselkurses) kein kommerzielles Interesse der Importeure an den ausländischen Produkten besteht, werden die Kontingente nicht ausgeschöpft. Daraus kann sich eine einseitige Verschuldung eines Partners ergeben, der zur Entlastung seiner Zahlungsbilanz die noch nicht zur Einfuhr ausgeschriebenen Kontingente so lange zurückhält, bis der andere Vertragspartner durch entsprechende Einkäufe einen Ausgleich der Lieferungen und damit der Zahlungsverpflichtungen hergestellt hat. Ist ein Swing vereinbart, so kann erst nach dessen Überschreitung eine weitere Kreditierung der Exporte verweigert werden.

4. Eine *wichtige Form* des Handelsabkommens sind *Selbstbeschränkungsabkommen* (freiwillige Exportbeschränkung; *Voluntary Export Restraints, VER*).

Handelsablenkung

Handelsumlenkung; Verlagerung des Imports eines Produktes von einem kostengünstigeren Drittland zu dem weniger kostengünstigen, aber durch Zollabbau preisgünstigeren Integrationspartner, wenn z. B. zwei Länder eine Zollunion bilden. Die Bildung der Zollunion hat in diesem Fall eine Fehlallokation zur Folge, da die Produktion des betreffenden Gutes beim Integrationspartner zunimmt, obwohl dies sowohl für das betreffende Drittland als auch für das Importland nachteilig ist. Handelsablenkung bewirkt also eine negative Wohlfahrtswirkung der wirtschaftlichen Integration zwischen Volkswirtschaften. Zu beachten ist der positive Effekt der Handelsschaffung, der sich durch die Reallokation der Produktionsfaktoren von den teuren Eigenerstellung hin zur preiswerteren Herstellung im Partnerland ergibt.

Handelsbilanz

Zahlungsbilanz, Teil der Leistungsbilanz, in der die Warenausfuhr als Zahlungseingang und die Wareneinfuhr als Zahlungsausgang erfasst wird. Daneben gibt es in der Leistungsbilanz die Dienstleistungsbilanz, die Einkommensbilanz sowie die Bilanz der laufenden Übertragungen.

Handelsgewinn

Außenhandelsgewinn; Begriff der realen Außenwirtschaftstheorie: Gesamtheit der Vorteile, die die Handel treibenden Länder durch Freihandel realisieren.

1. *Statischer Handelsgewinn:* Zu unterscheiden:

a) *Tauschgewinn:* Ergibt sich schon durch die internationale Angleichung der Preise gehandelter Güter; daraus folgt die Wohlfahrtssteigerung durch Angleichung der Grenznutzen bei der Verwendung der betreffenden Güter.

b) *Spezialisierungsgewinn:* Ergibt sich über den Tauschgewinn hinaus, indem infolge der Preisverschiebungen die Produktionsstruktur in effizientere Verwendungen gelenkt wird, d. h. die Produktionsstruktur sich ändert. Das Ergebnis derartiger Reallokationsprozesse wird auch als „relatives Maximum der Produktion" bezeichnet. Wird über die nationale Mobilität der Produktionsfaktoren hinaus auch noch die internationale Mobilität zugelassen (gemeinsamer Markt), tritt eine weitere Änderung der Produktionsstruktur ein, man spricht dann von „absolutem Maximum der Produktion".

2. *Dynamischer Handelsgewinn:* Weitere Handelsvorteile, und zwar vor allem: (1) Technologietransfer; (2) Einfuhr von benötigten, aber im betreffenden Land nicht produzier- bzw. verfügbaren Gütern; (3) Intensivierung des Wettbewerbs durch Öffnung der eigenen Märkte für die ausländische Konkurrenz; (4) bessere Nutzung der

Größenvorteile (Economies of Scale) durch Ausweitung der Märkte; (5) Beschleunigung des Wirtschaftswachstums durch steigende Kapitalbildung; (6) Mobilisierung brachliegender Ressourcen bzw. nicht genutzter Produktionskapazitäten durch Ausdehnung der Nachfrage (Vent-for-Surplus- Theorie).

Handelsindifferenzkurve

Begriff der Außenhandelstheorie; Ort aller Kombinationen von Import- und Exportgütern, die einem Land den gleichen Nutzen stiften.

Handelsliberalisierung

Befreiung des internationalen Handels von tarifären Handelshemmnissen und nicht tarifären Handelshemmnissen. Für den Fall des Alleingangs eines einzelnen Landes spricht man von *unilateraler* Liberalisierung, während die Abstimmung mehrerer bzw. vieler Länder als *plurilaterale* bzw. *multilaterale* Liberalisierung bezeichnet wird. Im Rahmen der World Trade Organization (WTO) wird der völkervertraglich geregelte Abbau der Handelshemmnisse und damit die Handelsliberalisierung gefördert.

Handelspolitik

1. *Begriff:* Unter Handelspolitik versteht man einerseits die gezielte wirtschaftspolitische Beeinflussung des internationalen Güterhandels durch tarifäre Handelshemmnisse bzw. nicht tarifäre Handelshemmnisse, bzw. auch die Reduktion oder Beseitigung derselben (Handelsliberalisierung).
Unter Handelspolitik versteht man andererseits auch jenen Teilbereich der realen Außenwirtschaftstheorie, in dem die Wirkungen der verschiedenen Maßnahmen der Handelspolitik untersucht werden (auch *Theorie der Handelspolitik*).

2. *Maßnahmen:* Man unterscheidet allgemein zwischen tarifären und nicht tarifären Handelshemmnissen.

a) *Tarifäre Hemmnisse* setzen an den *Preisen* der international gehandelten Güter an, indem sie einen Keil zwischen den Weltmarktpreis und den im Inland zustandekommenden Preis treiben. Das bekannteste Beispiel dafür ist ein Zoll, der den heimischen Preis des importierten Gutes über den Weltmarktpreis anhebt. Nun können auch die heimischen Produzenten des Importersatzgutes einen höheren Preis erzielen. Ähnliches gilt für eine Exportsubvention, wenn der Weltmarktpreis unter dem Binnenmarktpreis liegt.

b) *Nicht tarifäre Handelshemmnisse* können sehr viele verschiedene Formen annehmen. Am bekanntesten sind Importquoten und freiwillige Exportbeschränkungen. Andere Formen nicht tarifärer Handelshemmnisse sind administrative Barrieren, diskriminierende Regulierungen, etc. Mengenbeschränkungen ziehen ähnliche Preiseffekte nach sich, wie sie bei tarifären Hemmnissen direkt eingeführt werden. Eine Importquote kann z. B. ähnlich wie ein Zoll den heimischen Preis über den Weltmarktpreis erhöhen. Bei geringer Anzahl heimischer Anbieter von Importersatzgütern führen Mengenbeschränkungen viel leichter zur Erhöhung der Marktmacht als tarifäre Maßnahmen.

3. *Handelspolitik bei vollständiger Konkurrenz:* Die Theorie der Handelspolitik untersucht die Wirkungen verschiedener handelspolitischer Maßnahmen. Dabei interessiert vor allem, unter welchen Bedingungen ein Land durch solche Maßnahmen eine *Wohlfahrtssteigerung* erreichen kann, und mit welcher Konsequenz dies für die anderen Länder verbunden ist. Das älteste und vielleicht wichtigste Ergebnis ist, dass ein *kleines Land* weder durch die Einführung eines Zolls noch durch die Einführung einer Exportsubvention eine Wohlfahrtssteigerung erzielen kann, vorausgesetzt, es herrscht vollkommene Konkurrenz, und vorausgesetzt, es gibt keine Verzerrungen. Ein *großes Land* hingegen kann *ceteris paribus* durch handelspolitische Maßnahmen Wohlfahrtssteigerungen erzielen.

Handelsschaffung

Verstärkung des Handels zwischen zwei Ländern als Ergebnis der Verringerung oder Beseitigung der zwischen ihnen bestehenden tarifären Handelshemmnisse (z. B. in einer Freihandelszone oder einer Zollunion) bei Aufrechterhaltung von *Handelsbarrieren* gegenüber Drittländern. Dieser Effekt ist für sich genommen mit den positiven Wohlfahrtswirkungen des internationalen Handels verbunden. Dazu kommt jedoch ein negativer Effekt der Handelsablenkung.

Handelssteuern

Steuern, die an grenzüberschreitenden Gütertransaktionen anknüpfen. Können positiv (z. B. Einfuhrzoll) und negativ (z. B. Exportsubvention) sein.

Handelsstruktur

Struktur der internationalen Handelsströme zwischen zwei oder mehreren Ländern. Zentrales Erkenntnisziel der realen Außenwirtschaftstheorie und der Handelspolitik.

Handelsverlust

Außenhandelsverlust; in der realen Außenwirtschaftstheorie aufgezeigte Möglichkeit, dass sich die Wohlfahrtsposition eines Landes durch Übergang zum Freihandel nicht erhöht, sondern verringert, z. B. möglicherweise dann, wenn die sozialen und privaten Kosten voneinander abweichen oder durch Aufnahme des Außenhandels Arbeitskräfte freigesetzt werden, die aufgrund unzulänglicher Mobilität und unzureichender Flexibilität der Löhne unbeschäftigt bleiben.

Handelsverzerrung

Statischer Integrationseffekt; die Errichtung eines regional begrenzten Handelsliberalisierungsprojekts (Zollunion, Freihandelszone, regionale Integration, Regionalismus) bewirkt für die nichtbeteiligten Volkswirtschaften (Drittländer) zusätzliche Diskriminierungseffekte. Diese entstehen dann, wenn Güter, die vor der Blockbildung von den Wirtschaftssubjekten des Gemeinsamen Marktes aus der restlichen Welt importiert wurden, fortan jedoch bei Produzenten aus Partnerländern bezogen werden, obwohl diese jene Produkte weniger effizient erzeugen, nun aber infolge des internen Freihandelsvorteils preiswerter anbieten können. Die damit verbundene Verschlechterung der weltweiten Faktorallokation hat wohlfahrtsmindernde Auswirkungen. Der Effekt der Handelsablenkung kann nur bei denjenigen Gütern eintreten, bei denen die Höhe der Außenprotektion des Präferenzraums größer ist als der Produktionskostenvorteil der Drittländer.

Harmonisiertes System zur Bezeichnung und Codierung von Waren (HS)

Abkürzung *HS, Harmonized Commodity Description and Coding System;* das Harmonisierte System ist eine aus ca. 9500 Codenummern bestehende Klassifikation oder *Nomenklatur* der Weltzollorganisation (WZO) zur Einteilung von Waren (Dienstleistungen nicht eingeschlossen) hauptsächlich für zolltarifliche Zwecke und zur Klassifizierung von Außenhandelsdaten. Die Nomenklatur des HS ist Basis des Gemeinsamen Zolltarifs der Europäischen Gemeinschaften (GZT) bzw. der Europäischen Union (EU), des Integrierten Zolltarif der EU (TARIC) und des Elektronischen Zolltarifs (EZT) (Verfahrensteil des IT-Verfahren ATLAS), der Grundlage für die Erhebung der Einfuhrabgaben und Ausfuhrabgaben ist und die Aufgabe hat, alle Waren systematisch zu erfassen und die jeweilige Position für eine Abgabenerhebung festzulegen. Das HS wurde unter der Leitung der Weltzollorganisation als Zolltarifschema erarbeitet und Mitte 2017 sind

156 WZO-Mitglieder Vertragsparteien; es wird weltweit in mehr als 200 Staaten, Ländern und Gebieten (Zollunionen, Freihandelszonen) angewendet und 98 % des weltweiten Handels werden mithilfe der HS-Nomenklatur klassifiziert. Das HS fungiert zunehmend als Definitions- und Beschreibungsklassifikation für verschiedene Wirtschaftsklassifikationen, z. B. Güterklassifikationen. Es ist weltweit seit 1988 in Kraft, Revisionen gab es mit dem HS 1996, HS 2002, HS 2007, HS 2012 und HS 2017. Seit dem 1.1.2017 gilt das HS 2017. Eine Revision erfolgt im Abstand von fünf Jahren. Der Revisionszyklus des HS 2022 hat begonnen. Nach dem HS-Übereinkommen kann die sechsstellige HS-Nomenklatur nach eigenen Notwendigkeiten weiter gefächert werden. So hat die EU, um zolltariflichen und statistischen Belangen gerecht zu werden, eine zusätzliche Untergliederung vorgenommen, was zur Kombinierten Nomenklatur (KN) (achtstellige Codierungen) geführt hat. Ebenfalls abgeleitet wurde der integrierte Zolltarif der EU, TARIC (zehnstellige Codierungen). Die Mitgliedsstaaten bauen auf diesem TARIC ihre Gebrauchs-Zolltarife auf, so auch den deutschen Elektronischen Zolltarif (EZT). In Deutschland wird eine weitere Unterteilung mit 11-stelligen Codierungen vorgenommen (außer Deutschland wird diese nationale Unterteilung noch in Frankreich vorgenommen).

Heckscher-Ohlin-Handel

Handel auf der Grundlage von internationalen Faktorausstattungsunterschieden. Länder spezialisieren sich auf solche Güter, zu deren Produktion in besonderem Maße jene Faktoren verwendet werden, mit denen sie auch reichlich ausgestattet sind. Exakte Formulierung des Zusammenhangs im Heckscher-Ohlin-Theorem. Heckscher-Ohlin-Handel birgt eine Tendenz zum internationalen Ausgleich der Faktorpreise. Dieser Zusammenhang wird im Faktorpreisausgleichstheorem exakt formuliert.

Heckscher-Ohlin-Theorem

In der Außenhandelstheorie logisch stringente Fassung des Zusammenhangs zwischen internationalen Faktorausstattungsunterschieden und der Handelsstruktur.

Einfachster Fall: Gegeben sind zwei Länder mit identischen, linear homogenen Produktionstechnologien und identischen, homothetischen Präferenzen, vollkommene Konkurrenz, perfekte intersektorale Faktormobilität, Vollbeschäftigung und Freihandel. Land A besitze pro Arbeiter mehr Kapital als Land B (die absoluten Faktorausstattungen sind irrelevant). Gut 1 sei das relativ kapitalintensive Gut, und es gebe keine Faktorintensitätsumkehrungen. Unter diesen Annahmen wird das relativ kapitalreiche Land das relativ kapitalintensive Gut 1 exportieren. Umgekehrtes gilt für das Land B bzw. das Gut 2.

Beweis: Freihandel impliziert einheitliches Güterpreisverhältnis in beiden Ländern. Dabei muss das kapitalreiche Land im Vergleich zum Gut 2 mehr vom Gut 1 erzeugen als das arbeitsreiche Land, um seine Produktionsfaktoren voll auszulasten (Rybczynski-Theorem). Die Konsumstruktur ist aber in beiden Ländern gleich, sodass die erwähnte Handelsstruktur folgt. Für den (realistischen) Fall mehrerer Güter gilt das Heckscher-Ohlin-Theorem nicht mehr zwingend für jeden beliebigen paarweisen Vergleich, sondern nur mehr im Durchschnitt. Bei beliebig vielen Gütern, Faktoren und Ländern wird die Betrachtung erleichtert, indem man nicht mehr den Güterhandel selbst, sondern den damit indirekt erfolgenden Faktorhandel betrachtet.

Homothetische Präferenzen

Wertschätzung verschiedener Güter seitens eines Konsumenten so geartet, dass er diese Güter bei gleichbleibenden relativen Preisen immer in denselben Mengenrelationen nachfragt, auch wenn sein Einkommen variiert. Homothetische Präferenzen werden in der realen Außenwirtschaftstheorie häufig unterstellt, um das Augenmerk konsequent auf angebotsseitige Grundlagen des internationalen Handels zu legen.

Imperfekte Kapitalmobilität

Situation, in der entweder internationale Kapitalverkehrskontrollen oder Risikoaversion der internationalen Anleger vorliegen. Das Kapital ist nicht vollständig mobil.
Beispiele: Bankenkrise, Weltwirtschaftskrise.

Import

Alle Waren- und Dienstleistungsumsätze mit Wirtschaftseinheiten, die ihren ständigen Sitz außerhalb Deutschlands haben. Aus Sicht des Zollrechts alle Einfuhren in das Zollgebiet der EG (EU).

Importkontingentierung

Maßnahmen zum Zwecke der Einfuhrbeschränkung.

1. *Arten:* Die Einfuhr bestimmter Waren wird für einen festen Zeitraum auf eine Höchstmenge *(Mengenkontingent)* oder auf einen Höchstwert *(Wertkontingent)* beschränkt. Die Höhe der Kontingente wird entweder in Handelsverträgen mit den einzelnen Partnerländern vereinbart *(Länderkontingent)* oder für alle Länder zusammen festgesetzt *(Globalkontingent)*.

2. *Wirkungen:* Die Einfuhrbeschränkung bedeutet im Gegensatz zu den Zöllen einen systemfremden Eingriff in den marktwirtschaftlichen Ablauf, da sie den Wettbewerb zwischen inländischen und ausländischen Produzenten ausschließt. Während eine Zollmauer durch Kostensenkung im Ausland „übersprungen" werden kann, bleibt beim Mengenkontingent die Einfuhrmenge (beim Wertkontingent die auszugebende Devisenmenge) stets gleich, gleichgültig ob die inländische Produktion teurer und die ausländische Produktion billiger geworden ist oder nicht. Die Preisbildung auf dem Inlandsmarkt wird beim Mengenkontingent vollständig, beim Wertkontingent weitgehend unabhängig vom Weltmarktpreis festgelegt.

3. Von verschiedenen Organisationen, vor allem World Trade Organization (WTO)/GATT, OECD und UNCTAD, wird die *Beseitigung* des Systems der Einfuhrbeschränkung durch zunehmende Liberalisierung der Einfuhr oder durch Umrechnung der Mengenrestriktionen in entsprechende Zollprozente angestrebt.

Importmultiplikator

Messzahl, die (in Analogie zum Exportmultiplikator) die Änderung des Volkseinkommens infolge einer Importänderung um eine Geldeinheit angibt.
Kommt z. B. eine Importsteigerung aufgrund einer Präferenzverschiebung von inländischen zu im Ausland erstellten Konsumgütern

zustande, nimmt das inländische Volkseinkommen entsprechend dem Importmultiplikator um ein Mehrfaches der ursprünglichen Importsteigerung ab, soweit eine Anpassung durch Veränderung der Güter- und Faktorpreise nicht erfolgt *(negativer Importmultiplikator)*. Das Umgekehrte gilt bei Substitution von Importen durch Inlandsproduktion, wobei nicht ausgelastete Produktionskapazitäten unterstellt werden *(positiver Importmultiplikator)*.

Modelltheoretisch lassen sich Import- und Exportmultiplikator mithilfe makroökonomischer Gütermarktmodelle berechnen.

Importquote

Besondere Form eines nicht tarifären Handelshemmnisses, bei dem das importierende Land die Importmenge auf ein bestimmtes Niveau beschränkt.

Importstruktur

Güterzusammensetzung der Importe (Einfuhr) eines Landes.

Importsubstitution

1. *Begriff:*

a) *Allgemein:* Ersetzen von Importen durch inländische Produktion.

b) Importsubstitution liegt *(nach Chenery)* vor, wenn der Importanteil am inländischen Gesamtangebot sinkt. Im Fall einer wachsenden Wirtschaft kann Importsubstitution also auch bei absolut zunehmenden Importen als gegeben angesehen werden.
Zu unterscheiden:

a) *Natürliche Importsubstitution:* Ergebnis des Strukturwandels unter Freihandelsbedingungen, verursacht durch internationale Verschiebungen der Angebots- und Nachfragebedingungen.

b) *Wirtschaftspolitisch induzierte Importsubstitution* (Importsubstitution-Strategie): In der Regel (wie auch im Folgenden) mit dem Begriff gemeint; vor allem für Entwicklungsländer diskutiert.

2. *Charakteristik:*

a) *Ziele* vor allem: (1) Förderung von Wirtschaftszweigen, die möglichst nachhaltige Entwicklungseffekte bzw. positive Effekte entfalten, vor allem des industriellen Sektors; (2) Gewährung von Entwicklungschancen für junge Industrien, die zwar kurzfristig der ausländischen Konkurrenz unterlegen sind, jedoch längerfristig international wettbewerbsfähig zu werden versprechen; (3) Entlastung der Zahlungsbilanz; (4) (gelegentlich erhoffte) Nationaleinkommens- und Wachstumswirkungen durch positive Multiplikator- und Akzeleratorwirkungen.

b) *Maßnahmen:* (1) Einfuhrrestriktionen, wie Zölle, Kontingente und Devisenbewirtschaftung; (2) allgemeine Maßnahmen der Produktions- und Investitionsförderung, wie Subventionen und steuerliche Vergünstigungen.

3. *Ergebnisse:*

a) Entwicklungsländer, die auf Importsubstitutionen mittels einer interventionistischen Politik setzen, verzeichnen in der ersten Phase in der Regel *Wohlfahrtseinbußen,* da sie auf einen Teil der Handelsgewinne verzichten. Längerfristig sind *positive Wirkungen* möglich, wenn die geförderten Industrien tatsächlich ausgeprägte positive externe Effekte entfalten bzw. die erhoffte Wettbewerbsreife erlangen.

b) Die *bisherigen Erfahrungen* sind in vielen Fällen negativ, da unter anderem folgende *Politikfehler* gemacht wurden:

(1) Die Verbesserung der Angebotsbedingungen (Sach-, Humankapital- und Infrastrukturausstattung u. a.) als wichtige Ergänzung zu den Maßnahmen der Importsubstitutionen wird oft vernachlässigt.

(2) Positive Wirkungen der Schutz- bzw. Förderungsmaßnahmen für die betreffenden Wirtschaftszweige werden oft konterkariert, indem z. B. benötigte Inputs und Investitionsgüter durch Einfuhrrestriktionen verteuert werden oder die internationale Wettbewerbsfähigkeit durch Inflation und Überbewertung der eigenen Währung beeinträchtigt wird.

(3) Im Rahmen der Importsubstitution-Politik werden vielfach Investitionen induziert, die nur bei anhaltendem Schutz bzw. dauerhafter Förderung überleben können und daher ständige gesamtwirtschaftliche Verluste bedingen.

Importsubvention

Staatliche Förderung (Zuschuss, Zollkontingent etc.) zur Förderung bzw. Erleichterung der Einfuhr eines Gutes (sogenannte Wareneinfuhr von Sachgütern).

Importüberschuss

Einfuhrüberschuss; Überschuss der Ausgaben für den Import von Waren und Dienstleistungen, berechnet durch den aggregierten Saldo der Handelsbilanz und der Dienstleistungsbilanz, an das Ausland über die Einnahmen aus Exporten von Waren und Dienstleistungen (negativer Außenbeitrag).
Gegensatz: Exportüberschuss.

Importvordepot

Von devisenschwachen Ländern angewandtes Instrument. Die (erwünschten) Importgüter werden in einer „Freiliste" ausgewiesen. Vor Ausfuhr aus dem Stamm- bzw. Exportland muss der Importeur (Zielland) die Einfuhr anmelden. Er erhält für die Dauer eines bestimmten Zeitraumes ein „registro". Während dieser Frist muss dann auch die Lieferung erfolgen. Bei der Registro-Erteilung muss vom Importeur ein

Importvordepot in Landeswährung gestellt werden, dessen Höhe den Gegenwert des Importvolumens darstellen kann. Die zinslos zu hinterlegende Summe kann aber auch – je nach Zielsetzung der Landespolitik – höher oder niedriger sein. Gleichzeitig erhält der Importeur die Genehmigung zum Devisenerwerb in Höhe der registrierten Einfuhr. Durch den gezielten Einsatz von Importvordepots können Warenströme qualitativ und quantitativ – und somit auch Exportmöglichkeiten in diese Länder – beeinflusst werden. Administrativ aufwendig.

Industriestaat

Staat, dessen Arbeitsbevölkerung zum größten Teil im Handwerk, im Gewerbe, vor allem aber in der Industrie beschäftigt ist.
Gegensatz: Agrarstaat.

Inflationsimport

Durch den steigenden Preis importierter Güter, die mit in die Berechnung des Warenkorbs zur Bestimmung des Preisniveaus eingehen, steigt der Gesamtwert des Warenkorbs (Inflation). Importpreise können u. a. steigen aufgrund von Preiserhöhungen im Exportland oder durch Abwertung der Inlandswährung des Importlandes.

Initiative für Europa

Titel der Initiative für eine Reform der Europäischen Union (EU) vom französischen Präsidenten *Emmanuel Macron*.

Inspektionszertifikat

Bei Akkreditiven, aber auch aufgrund amtlicher Importvorschriften ist oft ein Waren-Kontroll-Zertifikat (Pre-Shipment Inspection Certificate (PSI)) erforderlich, das durch dazu befugte Stellen/Behörden ausgefertigt wird und die Übereinstimmung der verpackten und verschifften Ware mit der Bestellung bzw. den Importvorschriften des Einfuhrlandes bescheinigt.

Integration

Zusammenführung zweier oder mehrerer Volkswirtschaften. Dies reicht von der Verringerung bzw. dem Abbau von tarifären Handelshemmnissen und nicht tarifären Handelshemmnissen bis zur Vereinheitlichung verschiedener Bereiche der Wirtschaftspolitik.

Als *handelspolitische Maßnahme* bedeutet Integration die Verringerung oder Beseitigung von Handelshemmnissen zwischen den integrierenden Ländern, bei Aufrechterhaltung der Handelshemmnisse gegenüber Drittländern. Behalten die Länder ihre eigenen Handelspolitiken gegenüber Drittländern, spricht man von einer *Freihandelszone,* gehen sie zu einer gemeinsamen Handelspolitik nach außen über, spricht man von einer *Zollunion.* In einem gemeinsamen Markt (in der EU auch Binnenmarkt genannt, vgl. EU und EG, EEA) werden die sogenannten vier Freiheiten realisiert: Freiheit des Waren- und Dienstleistungsverkehrs, Kapitalmarktintegration sowie die Freizügigkeit der Arbeitnehmer und Niederlassungsfreiheit. In einer Wirtschaftsunion als dann folgende Stufe der Integration ist die Wirtschaftspolitik (Fiskal- und Strukturpolitik, Sozialpolitik) zumindest koordiniert. Findet zudem eine gemeinsame Zentralbank mit einer gemeinsamen Währung Anwendung, dann ist mit der Wirtschafts- und Währungsunion die höchste Stufe der wirtschaftlichen Integration realisiert (Beispiel EU, EWWU).

Wirkungen: Handelsschaffung, Handelsablenkung.

Interimsabkommen

Zwischenabkommen, völkerrechtliches Vertragswerk, das nicht endgültig in Kraft getreten ist.

Beispiele: Europa-Abkommen, regionale Integration.

Internationale Arbeitsteilung

1. *Begriff:* Bezeichnung für die weltweite Struktur des Einsatzes der Produktionsfaktoren und die Spezialisierung einzelner Länder auf die Produktion verschiedener Güter. Internationale Arbeitsteilung stellt sich mit der Aufnahme des Außenhandels bzw. der Beseitigung von tarifären und nicht-tarifären Handelshemmnissen ein. Eine *Verzerrung* der internationalen Arbeitsteilung durch Handelshemmnisse beeinträchtigt die Handelsgewinne.

2. *Wirkungen:* Internationale Arbeitsteilung impliziert eine Verflechtung der Volkswirtschaften untereinander, die u. a. auch eine Übertragung von Konjunktur- und Preisniveauimpulsen positiver wie negativer Art mit sich bringen kann (internationaler Konjunkturverbund, Inflation). Ziel internationaler Abkommen im Bereich der Handels- und Währungspolitik (GATT bzw. World Trade Organization (WTO), IWF) ist es deshalb, solche negativen Wirkungen auszuschalten und eine volle Nutzung der Handelsgewinne zu erreichen.

3. Bedeutung:

a) Für *Industrieländer* gilt der weitgehend unumstrittene Grundsatz, dass eine ungestörte internationale Arbeitsteilung allen Beteiligten Vorteile bringt; gleichwohl wird auch hier verschiedentlich staatlicher Einfluss auf die Entwicklung der internationalen Arbeitsteilung befürwortet (Protektionismus).

b) Für *Entwicklungsländer* wird die Vorteilhaftigkeit stärker infrage gestellt und oft für diese Länder mit verschiedenen Begründungen eine mehr oder weniger stark interventionistische Außenwirtschaftspolitik bis hin zur Abkopplung vom Weltmarkt empfohlen (Dependencia-Theorien).

Internationale Direktinvestition

1. *Begriff:* Besondere Form der internationalen *Kapitalanlage* von Ersparnissen, die mit der Managementkontrolle über das investierte Kapital verbunden ist. In der Regel mit der Entstehung von multinationalen Unternehmungen verbunden.

2. *Faktoren:* Internationale Direktinvestition kann durch das Zusammenwirken dreier Faktoren erklärt werden:

(1) Der Investor muss in irgendeiner Weise einen organisatorischen oder *Know-how-Vorteil (organizational advantage)* besitzen, an den die Wirksamkeit des investierten Kapitals gebunden ist.

(2) Das Gastland muss über einen örtlichen Vorteil (z. B. billige Arbeitskräfte) verfügen *(locational advantage)*.

(3) Es muss vorteilhaft sein, das erwähnte organisatorische Know-how über firmeninterne Kontrolle anstelle von Markttransaktionen zum Einsatz zu bringen. Diese drei Faktoren werden gelegentlich mit dem Kürzel *OLI* zusammengefasst.

Internationale Einfuhrbescheinigung

Importzertifikat (IC), Einfuhrzertifikat; Bescheinigung, auf Anforderung des ausländischen Käufers von den in seinem Land zuständigen Behörden ausgestellt. Die internationale Einfuhrbescheinigung dient bei genehmigungs- und überwachungspflichtigen Waren der End User Control (EUC).

Internationale Faktormobilität

Grad der Reagibilität internationaler Faktorwanderungen (Arbeit, Kapital) auf internationale *Faktorpreisunterschiede*. Bei perfekter Faktormobilität würden Faktorwanderungen sofort und in solchem Ausmaß erfolgen, dass internationaler *Faktorpreisausgleich* erfolgt.

Internationale Faktorwanderungen

Internationale Bewegungen von originären Produktionsfaktoren. *Unterscheidung:*

(1) *bei Arbeit:* Migration.

(2) *Bei Kapital:* Unterscheidung zwischen Finanzkapitalbewegungen und Sachkapitalwanderungen. *Sachkapitalbewegungen* verändern – wie Migration – die Faktorausstattung eines Landes. *Finanzkapitalbewegungen* können auch ohne Veränderung der Realkapitalausstattung eines Landes stattfinden, und zwar einfach durch Erwerb oder Verkauf von Eigentumsrechten an bestehendem Sachkapital und den damit verbundenen Einkommensansprüchen.
In einem *statischen Kontext* beinhaltet die internationale Bewegung von Sachkapital den Abbau, den Transport, und die Wiederinbetriebnahme von schon einmal installierten Produktionsanlagen.
Im *dynamischen Kontext* bedeutet die internationale Beweglichkeit von Finanzkapital u. a. die Verfügbarkeit von ausländischen Ersparnissen zur Installation neuer Anlagen im Inland (Nettoinvestitionen).
Auf diese Weise wird die internationale Kapitalmobilität mitunter von großer Bedeutung für die Entwicklung der Sachkapitalausstattung eines Landes.
Bei internationaler Kapitalmobilität wird die internationale Verteilung des Sachkapitalbestandes der ganzen Welt von der internationalen Verteilung der Eigentumsansprüche auf diesen Kapitalbestand entkoppelt. Werden heimische Ersparnisse nicht im Inland, sondern im Ausland investiert, so spricht man von *internationalen Investitionen*.
Die internationale Faktormobilität kann durch die subjektive Bindung der Faktoreigner an einzelne Länder oder durch wirtschaftspolitische

Maßnahmen (Migrationspolitik, internationale Kapitalverkehrskontrollen) beschränkt sein.
Wanderungsanreize: Ob und in welchem Ausmaß bei Abwesenheit solcher Barrieren internationale Faktorbewegungen auch tatsächlich stattfinden, hängt von den Wanderungsanreizen ab. Die Außenwirtschaftstheorie sieht einen wesentlichen Bestimmungsgrund für internationale Faktorbewegungen in *internationalen Faktorpreisunterschieden.*

Internationale Kapitalbewegungen

1. *Begriff:* Transaktionen zwischen Volkswirtschaften, die in der Regel Änderungen von Höhe und/oder Struktur ihrer *Nettoauslandsposition* bewirken. Sie werden in der Zahlungsbilanz erfasst.

2. Systematisierung nach verschiedenen Kriterien:

a) *Autonome vs. induzierte internationale Kapitalbewegungen:* Autonome internationale Kapitalbewegungen beruhen auf unabhängig gefassten Entscheidungen, d. h. werden losgelöst von anderen internationalen Transaktionen bzw. anderen Zahlungsbilanzposten durchgeführt. Induzierte internationale Kapitalbewegungen resultieren aus Saldenänderungen anderer Positionen der Zahlungsbilanz (z. B. Finanzierung eines Leistungsbilanzdefizits, Devisenmarktinterventionen der Zentralbank).

b) *Kurzfristige vs. langfristige internationale Kapitalbewegungen:* Als kurzfristige internationale Kapitalbewegungen zählen solche mit einer Laufzeit bis zu einem Jahr, solche mit längerer Laufzeit gelten als langfristige internationale Kapitalbewegungen. Diese Abgrenzung ist allerdings nicht unproblematisch, weil Positionen der einen Kategorie relativ leicht in die andere umgewandelt werden können. Bei den langfristigen internationalen Kapitalbewegungen wird weiter unterschieden zwischen Direktinvestitionen und Portfolio-Investitionen.

c) *Unentgeltliche vs. entgeltliche internationale Kapitalbewegungen:* Im Gegensatz zu unentgeltlichen internationalen Kapitalbewegungen (z. B. verlorene Zuschüsse im Rahmen von Entwicklungshilfe, Beiträge an internationale Organisationen; einseitige Übertragungen) ziehen entgeltliche (zweiseitige) internationale Kapitalbewegungen kompensierende Leistungszuflüsse bzw. -verpflichtungen nach sich.

d) *Nach der Erfassung in der Zahlungsbilanz:* Internationale Kapitalbewegungen von privaten Wirtschaftssubjekten, Wirtschaftsunternehmen und öffentlichen Haushalten werden in der Bundesrepublik Deutschland in der Kapitalbilanz bzw. Übertragungsbilanz erfasst, solche der Zentralbank in der Devisenbilanz.

3. Motive für autonome internationale Kapitalbewegungen:

a) Bei *entgeltlichen internationalen Kapitalbewegungen:* Internationale Divergenzen der ökonomischen, sozialen und politischen Bedingungen, z. B. hinsichtlich Geld- und Kapitalmarktzinsen, steuerlicher Behandlung, Wechselkurserwartungen, internationale Devisenspekulation, Grenzproduktivität des Kapitals in der Gegenwart und deren erwarteter zukünftiger Entwicklung, Marktzugangsbeschränkungen durch Zölle, Kontingente u. a., sozialer und politischer Stabilität (Sicherheit für Person und Eigentum, Verstaatlichungstendenzen), sonstiger wirtschaftspolitischer Maßnahmen (Gewährleistung monetärer Stabilität, staatliche Lohn- und Preiskontrollen, Devisenbewirtschaftung u. a.).

b) Bei *unentgeltlichen* internationalen Kapitalbewegungen politische, moralische, humanitäre, aber auch wirtschaftliche Motive (Entwicklungshilfe).

Internationale Kapitalmobilität

In der monetären Außenwirtschaftstheorie verwendeter Begriff für den Grad der internationalen Verflechtung der Kapitalmärkte. Bei Abwesenheit von internationalen Kapitalverkehrskontrollen und bei Risikoneutralität der Anleger liegt perfekte Kapitalmobilität vor, es kommt zur ungedeckten Zinsparität. Andernfalls entstehen Risikoprämien.

Internationale Kapitalverkehrskontrollen

Administrative Behinderungen des internationalen Kapitalverkehrs. Diese können in Gestalt von Steuern auf Kapitalimporte bzw. Kapitalexporte vorliegen, oder in Form von *Mengenrestriktionen, Genehmigungspflichten* oder *Meldepflichten* für internationalen Kapitalverkehr.

Internationale Portfolioinvestition

Rein renditeorientierte grenzüberschreitende Veranlagung von Ersparnissen (Finanzkapital), die in keiner Weise mit der Managementkontrolle über das investierte Kapital verbunden ist.

Internationale Transfers

Einseitige, d. h. ohne unmittelbare Gegenleistung erfolgende *Übertragungen* von Gütern, Dienstleistungen oder Finanzaktiva.
Beispiele: Entwicklungshilfeleistungen in realer Form (z. B. unentgeltliche Lieferung von Gütern) oder in monetärer Form (Übertragung von Finanzaktiva).

Internationaler Kapitalverkehr

Grenzüberschreitender Tausch von in inländischer oder ausländischer Währung denominierten Finanzaktiva, entweder in Form eines Kapitalexports oder eines Kapitalimports.

Internationaler Konjunkturverbund

Internationale Übertragung von Konjunkturschwankungen.
Bei *festen Wechselkursen* ist der internationale Konjunkturverbund stärker ausgeprägt. Nach der *Lokomotivtheorie* überträgt sich ein Konjunkturaufschwung (über die Zunahme der Importe) auch auf die Partnerländer.
Bei *flexiblen Wechselkursen* ist der internationale Konjunkturverbund schwach.

Internationales Währungssystem

Sammelbegriff für alle rechtlichen und organisatorischen Regelungen, welche die monetären Aspekte der internationalen Wirtschaftsbeziehungen betreffen. Betrifft das Ausmaß der Wechselkursflexibilität (Devisenmarktgleichgewicht) im Fall fixer Wechselkurse: Detailgestaltung der Verpflichtung zu Devisenmarktinterventionen, Ausmaß an internationaler Kapitalmobilität bzw. Ausmaß und Art der internationalen Kapitalverkehrskontrollen.

Intertemporaler Handel

Ein Land betreibt *intertemporalen Handel,* wenn es ein bestimmtes Gut in der Gegenwart exportiert, um dieses Gut in einer späteren Periode wieder zu importieren, oder umgekehrt. Betrachtet man die Gesamtheit aller Güter, so entsteht intertemporaler Handel, wenn ein Land in der gegenwärtigen Periode einen Handelsbilanzüberschuss aufweist, um in der Zukunft Handelsbilanzdefizite haben zu können.
Intertemporaler Handel unterliegt einer *intertemporalen Budgetrestriktion:* Der Gesamtwert der Leistungsbilanzsalden aller Perioden, abdiskontiert zu einem gemeinsamen Zeitpunkt, muss null sein.

Interventionspflicht

Verpflichtung der Zentralbank im System fixer Wechselkurse, durch Devisenkäufe bzw. -verkäufe am Devisenmarkt einzugreifen (zu intervenieren), wenn der Wechselkurs am Markt von dem administrativ festgelegten Festkurs abweicht (s. auch Kaufkraftparität) bzw. die Grenzen der Bandbreite um die Parität (Interventionspunkte) erreicht. Im Falle einer drohenden Abwertung (Aufwertung) der heimischen Währung wird die Notenbank Devisen verkaufen (kaufen), um den festen Wechselkurs zu verteidigen.
Im System frei flexibler Wechselkurse besteht keine Interventionspflicht der Zentralbank.

Interventionspunkte

In einem System fixer Wechselkurse die fixierten Grenzen der Bandbreite um den Leitkurs, bei deren Erreichen die Zentralbank verpflichtet ist, durch Devisenkäufe bzw. -verkäufe den Wechselkurs innerhalb der Bandbreite zu halten (Interventionspflicht).

Intra-industrieller Handel

Weist ein Land innerhalb ein und derselben Industrie sowohl Exporte als auch Importe auf, so nennt man dies *intra-industrieller Handel*. Empirisch vor allem für Industrieländer, und zwar selbst für sehr eng gefasste Industriedefinitionen beobachtbar.
Erfassung: Intra-industrieller Handel wird gemessen als Anteil des Absolutbetrags des Nettohandels (Exporte – Importe) innerhalb eines Sektors am gesamten Bruttohandel (Exporte + Importe) dieses Sektors. Diese sektoralen Anteile können über ein gewichtetes Mittel zu einem Gesamtmaß des intra-industriellen Handels aggregiert werden. Eine auf komparativen Vorteilen beruhende internationale Spezialisierung generiert im Unterschied dazu *inter-industriellen Handel*. Dabei

exportiert ein Land bestimmte Güter und importiert dafür Güter eines anderen Sektors (Industrie). Intraindustrieller Handel wird in der realen Außenwirtschaftstheorie v. a. über Produktdifferenzierung und Größenvorteile erklärt.

Inverser Handel

1. *Begriff:* In der realen Außenwirtschaftstheorie diskutierte Konstellation, in der die Struktur des Außenhandels verschiedener Länder nicht ihren komparativen Vorteilen entspricht, indem z. B. Güter mit einem komparativen Kostenvorteil nicht exportiert, sondern importiert werden. Ursache dieses inversen Handels kann sein, dass ein Gut, das faktisch einen komparativen Vorteil aufweist, zu einem überhöhten Preis angeboten wird, etwa aufgrund von Faktorpreisen, die wesentlich über den gesamtwirtschaftlichen Opportunitätskosten liegen.

2. Bei manchen Autoren wird von inversem Handel (z. T. auch von Handel ohne komparative Kostenvorteile) auch dann gesprochen, wenn die divergierenden Grenzkosten bzw. marginalen Opportunitätskosten sich aufgrund unterschiedlicher *Nachfragefunktionen* in den Handel treibenden Ländern und nicht in erster Linie aufgrund unterschiedlicher Transformationskurven ergeben.

Investitionsschutzabkommen

Zwischenstaatliches (völkervertragsrechtliches) Abkommen, in welchem das Gastland Kapitalanlegern aus dem Ausland Entschädigungsleistungen garantiert, falls Vermögensteile enteignet werden. Weltweit bestehen mehr als 3000 Investitionsschutzabkommen. Deutschland hat bilaterale Investitionsschutzabkommen mit 147 Staaten (Stand 2020). Privatwirtschaftliche Investitionsschutzabkommen können Investoren abschließen. Die zur Weltbankgruppe (Weltbank) gehörende Multilateral Investment Guarantee Agency (MIGA) bietet gleichfalls Schutzinstrumente für Direktinvestitionen in Entwicklungsländern an.

ITO

Abkürzung für *International Trade Organization, Internationale Handelsorganisation, Organisation Internationale du Commerce;* gemäß Art. I der Havanna- Charta vorgesehene Handelsorganisation der UN zur Verwirklichung der in der Charta niedergelegten Ziele des Wiederaufbaus und der Integration der Weltwirtschaft auf handelspolitischem Gebiet. Die Nichtratifizierung der Charta durch die USA führte dazu, dass die ITO nicht institutionalisiert wurde. Die handelspolitischen Abschnitte der Havanna-Charta traten am 1.1.1948 als *General Agreement on Tariffs and Trade* (GATT) in Kraft.

Durch die Schlussakte der achten Welthandelsrunde (Uruguay-Runde) wurde im April 1994 in Marrakesch die World Trade Organization (WTO) gegründet, die seit 1995 die ursprünglichen Aufgaben der *ITO* und des *GATT* wahrnimmt.

J

J-Kurven-Effekt

Eine Abwertung der heimischen Währung führt bei gegebenen nominellen Güterpreisen zu einer sofortigen Verteuerung der Importgüter bzw. Verbilligung der Exportgüter. Angenommen wird, dass die Importgüter in ausländischen Währungseinheiten fakturiert und mithilfe des Wechselkurses in inländischen Währungseinheiten umzurechnen sind, während die Exportgüter in inländischer Währung gehandelt werden. Daraus resultiert kurzfristig eine Verschlechterung der Leistungsbilanz. Reagieren mittel- bis langfristig bzw. nach Ablauf der Kontraktphase jedoch die gehandelten Gütermengen gemäß den Elastizitätsbedingungen, verbessert sich die Leistungsbilanz wieder, sodass sich im Zeitverlauf eine J-Kurvenartige Entwicklung der Leistungsbilanz ergibt.

Japan-EU Free Trade Agreement

Abgekürzt JEFTA, dt. umfassendes Wirtschafts-, Partnerschafts- und Handelsabkommen zwischen der Europäischen Union (EU) und Japan (auch EU-Japan-Partnerschaftsabkommen, engl. EU-Japan Partnership Agreement, EPA oder Wirtschaftspartnerschaftsabkommen EU-Japan). Das Freihandelsabkommen wurde seit 2013 in fünf Jahren in 18 intensiven Verhandlungsrunden geheim verhandelt und war seit Dezember 2017 fertig ausgehandelt. Es wurde am 17.7.2018 auf dem EU-Japan-Gipfel in Tokio unterzeichnet. Das JEFTA ist seit dem 1.2.2019 in Kraft getreten. Nach übereinstimmenden Mitteilungen sprechen die Unterzeichner von „der Geburt der größten Wirtschaftszone der Welt." Das JEFTA gilt für 635 Mio. Menschen (EU-28 und Japan; nach dem Brexit verringert sich diese Zahl auf 575 Mio. Menschen). Es handelt sich um das bislang größte Freihandelsabkommen der EU. Politische Beobachter bewerten dieses Abkommen als wichtiges Signal des freien Welthandels an die protektionistische US-Regierung von Donald Trump.

1. *Ziel:* Das JEFTA ist ein Freihandelsabkommen in Kombination mit einem Wirtschaftspartnerschaftsabkommen, das zwischen der EU und Japan im Rahmen des Bilateralismus (im weiteren Sinne) und Regionalismus mit dem Ziel der Gründung einer Freihandelszone ausgehandelt worden ist. 99 % der Zölle zwischen beiden Vertragsparteien sollen nach Ablauf verschiedener Übergangsfristen abgebaut werden.

2. *Inhalt:* Der Vertragstext des JEFTA (noch als EPA) ist am 7.12.2017 von der Europäischen Kommission in der Generaldirektion Handel auf Englisch, Deutsch und den anderen Amtssprachen der EU veröffentlicht worden. Es hat eine Struktur von 23 Artikeln und 27 Anhängen (der Entwurf für das Übereinkommen ist auf dem Datenserver der EU veröffentlicht worden als Vorschlag für einen Ratsbeschluss „über die Unterzeichnung des Wirtschaftspartnerschaftsabkommens zwischen der Europäischen Union und Japan im Namen der Europäischen Union" – COM/2018/193 final – 2018/0092 (NLE)). Ein Investitionsschutzabkommen ist nicht enthalten, da sich die Vertragsparteien nicht über

einen Streitbeilegungsmechanismus einigen konnten. Damit handelt es sich um ein sogenanntes „EU-only"-Abkommen, das nur durch die EU ratifiziert werden muss.

3. *Zollabbau im Detail:* Mit Inkrafttreten des JEFTA werden für 91 aller EU-Exporte die Zölle in Japan abgeschafft. Nach Ablauf verschiedener Übergangsfristen werden 99 % aller EU-Exporte nach Japan zollfrei beim Import in Japan bleiben. Die EU wird mit Inkrafttreten des JEFTA Zoll auf 75 % der japanischen Importe in die EU abschaffen. Nach Ablauf verschiedener Übergangsfristen werden 99 % aller EU-Importe aus Japan zollfrei beim Import in der EU bleiben.
Die Übergangsfristen sind auf sieben Jahre nach Inkrafttreten ausgelegt, in Ausnahmefällen auf 15 Jahre. Neben den Zöllen (tarifäre Handelshemmnisse) werden sogenannte nicht-tarifäre Handelshemmnisse abgebaut, vor allem zahlreiche japanische Vorschriften und Regelungen, die von internationalen Standards und Gepflogenheiten abweichen.

4. *Ökonomische Prognosen:* Die Kommission hat wirtschaftliche Prognosen zur Umsetzung des JEFTA gemacht: Erwartet wird der langfristige Anstieg des BIP für die EU auf 0,76 %. Die bilateralen Ausfuhren dürften sich um 34 % erhöhen, während bei den weltweiten Ausfuhren insgesamt für die EU mit einer Steigerung von 4 % zu rechnen ist. Europäische Unternehmen würden infolge des Zollabbaus jährlich rund 1 Mrd. EUR einsparen. Die Ausfuhren nach Japan werden sich nach einer Prognose um ein Drittel steigern. Besonders in der EU betroffen Branchen sind Automobilindustrie, Landwirtschaft und Nahrungsmittel, Chemie, Medizinprodukte und andere Transportmittel. Im ersten Jahr der Anwendung (2019) hat der Handel auf beiden Seiten um mehr als 6 % zugenommen.

5. *Kritik:* Verschiedene Non-Governmental-Organizations (NGOs) und Globalisierungsgegner kritisieren das JEFTA nachdrücklich wegen der erneut geheimen Verhandlungen und der möglichen Gefahr der Privatisierung von Wasserrechten. Die Kommission weist diese Kritik zurück. Die Deutsche Bundesregierung ging noch 2017 von einem gemischten Abkommen aus, welches einer Zustimmung der nationalen

Länderparlamente bedarf. Die Europäische Kommission hat das JEFTA im Mai 2018 als „EU only"-Abkommen eingestuft und die Unterzeichnung ohne Zustimmung der nationalen Parlamente der Mitgliedstaaten auf den Weg gebracht (in Einklang mit dem EuGH-Gutachten 2/2015 zum Freihandelsabkommen mit Singapur).

6. *Zeitstrahl:* Aushandlung von 2013 bis zum 7.12.2017. Veröffentlichung der deutschen Texte am 07.12.2017. Die Unterzeichnung von EU und Japan war auf dem gemeinsamen EU-/Japan-Gipfel am 11.7.2018 vorgesehen, der jedoch wegen einer Flugkatastrophe in Japan auf den 17.7.2018 nach Tokio verschoben worden war, wo die Unterzeichnung vorgenommen worden ist. Das Europäische Parlament hat am 12.12.2018 dem JEFTA zugestimmt, sodass nur noch der Europäische Rat zustimmen muss. Das JEFTA ist seit 1.2.2019 in Kraft getreten. Die Übergangsfristen für den Zollabbau dauern z. T. für bis zu sieben Jahre an, bis Ende 2026.

K

Kapitalbilanz

Teil der Zahlungsbilanz, in dem seit 1995 mit dem Europäischen System Volkswirtschaftlicher Gesamtrechnungen (ESVG) der Kapitalverkehr, unterteilt in vier Arten, dargestellt wird. Man differenziert zwischen den ausländischen Direktinvestitionen, den Portfolio-Investitionen, dem Kreditverkehr und den Finanzderivaten.

Kapitalexport

Kauf einer auf ausländische Währung lautenden Forderung durch inländische Wirtschaftssubjekte. Dadurch erhöht sich die Gläubigerposition des Inlandes gegenüber dem Ausland. Kapitalexporte können auch dadurch erfolgen, dass Inländer von Ausländern auf inländische Währung lautende Aktiva kaufen (Abnahme der Auslandsverschuldung).

Kapitalflucht

Transfer von liquiden Mitteln ins Ausland, ohne Rücktransfer in absehbarer Zeit. Nicht zur Kapitalflucht zählen normale internationale Kapitalbewegungen, wie z. B. Direktinvestitionen. Motive für die *Kapitalflucht* sind häufig eine hohe Abgabenlast, Vermeidung und Hinterziehung von Steuern, eine inländische Niedrigzinspolitik, die Verweigerung staatsbürgerlicher Solidarität, oder krimineller Art wie Geldwäsche etc. Die Kapitalflucht wird durch die Globalisierung und immer intensivere Verflechtung der verschiedenen Volkswirtschaften begünstigt.

Kapitalimport

Kapitalaufnahme im Ausland zur Finanzierung von Importen oder Investitionen im Inland. Bedeutet Auslandsverschuldung.

Kapitalintensives Gut

Ein Gut, für dessen Erzeugung unabhängig vom Faktorpreisverhältnis stets mehr Kapital pro Arbeit eingesetzt werden muss als für ein anderes Gut, wird als *relativ* kapitalintensiv bezeichnet. Dieses andere Gut ist dann *relativ* arbeitsintensiv.

Kapitalverkehr

Gesamtheit der finanziellen Transaktionen, die nicht direkt durch den Waren- und Dienstleistungsverkehr bedingt sind (sonst: Zahlungsverkehr).

Kaufkraftparität

Situation, in der die Kaufkraft zweier Währungen, gemessen anhand eines Index von verschiedenen Güterpreisen, gleich ist.
Arten: (1) *Absolute Kaufkraftparität:* Schreibt man P* bzw. P für den in ausländischer bzw. heimischer Währung ausgedrückten Preis des im Ausland bzw. Inland erzeugten identischen Gutes, und w für den nominellen Wechselkurs in Preisnotierung, so impliziert die Kaufkraftparität: P = wP*. Bei fixem Wechselkurs folgt aus der Kaufkraftparitätenbedingung, dass sich das Inland nicht vor Preisniveauschocks aus dem Ausland abschotten kann *(internationaler Preiszusammenhang)*. Hebt man die Fixierung des Wechselkurses auf, so folgt aus der Kaufkraftparitätenbedingung eine Theorie zur Erklärung von Wechselkursbewegungen bei exogen determinierten Preisniveaus.
(2) *Relative Kaufkraftparität:* Absolute Kaufkraftparität kommt dann nicht zustande, wenn die Güter in den beiden Ländern nicht zu denselben Preisen, ausgedrückt in identischer Währung, angeboten werden. Hierfür verantwortlich sind Transportkosten, Handelshemmnisse, Marktsegmentierung, nicht handelbare Güter. In diesen Fällen kann die Kaufkraftparität gleichwohl in relativer Form erfüllt sein, sodass die Veränderungsrate des nominellen Wechselkurses in Preisnotierung gleich ist der Inflationsdifferenz zwischen dem Inland und dem Ausland.

Kaufkraftparitätentheorie

Versuch, den Wechselkurs bei freien Währungen durch die Kaufkraftverhältnisse in den entsprechenden Ländern zu erklären.

1. *Naive Kaufkraftparitätentheorie:* Entwicklung der Wechselkurse zwischen zwei Ländern wird durch die Entwicklung des Verhältnisses des Inlandspreisniveaus zum Auslandspreisniveau determiniert. Die Schwäche dieses Ansatzes liegt z. B.: (1) In der Vernachlässigung nationaler Güter (unbebaute Grundstücke, Immobilien, Wohnungsmieten, Dienstleistungen), die sehr wohl das Preisniveau, aber nicht

den Wechselkurs beeinflussen können; (2) in der Ausblendung anderer Faktoren neben Exporten und Importen, die Devisenangebot und -nachfrage beeinflussen; (3) Abweichungen vom Modell der vollkommenen Konkurrenz, wie Präferenzen, Monopole, Transaktionskosten und Informationskosten.

2. *Modifizierte Kaufkraftparitätentheorie:* Veränderung des Wechselkurses pro Zeiteinheit entspricht längerfristig der Veränderung der Preisniveaurelation der betrachteten Länder, ohne dass der Wechselkurs in jedem Zeitpunkt unbedingt mit dem Verhältnis des Preisniveaus übereinstimmen muss. Steigt z. B. das Inlandspreisniveau, so wertet die Inlandwährung ab (d. h., der Preis für eine ausländische Währungseinheit, ausgedrückt in heimischen Währungseinheiten, steigt). Dies wird mit sinkender Nachfrage nach relativ teurer gewordenen Inlandsgütern und damit entsprechend geringer Nachfrage nach der inländischen Währung auf dem Devisenmarkt erklärt.

3. *Kritik:* Der grundlegende Einwand gegen die Kaufkraftparitätentheorie stellt darauf ab, dass Devisenangebot und -nachfrage und der Wechselkurs zwischen zwei Währungen nicht nur von Preisentwicklungen und Güterströmen bestimmt wird, sondern wesentlich auch von Spekulationen, Zinsdifferenzen, Konjunkturentwicklungen im In- und Ausland sowie von politischen Faktoren (Streiks, Skandale, Wahlergebnisse etc.).

Kleines Land

Ein Land, das zu den auf dem Weltmarkt bestimmten Terms of Trade aus seiner Sicht beliebige Mengen exportieren bzw. importieren kann, ohne die Weltmarktpreise zu beeinflussen, wird als kleines Land bezeichnet. Es handelt sich um ein Land mit geringer Marktmacht, tatsächlich muss es sich nicht um ein Land mit geografisch geringer Ausdehnung handeln. Verursachen hingegen Veränderungen der Importnachfrage bzw. des Exportangebots eines Landes Weltmarktpreisveränderungen (Veränderungen der Terms of Trade), so handelt es sich um ein großes Land.

Koexistenz

Politischer Begriff für ein friedliches Nebeneinanderleben von Völkern oder Menschen verschiedener politischer Weltanschauungen.

Komparative Vorteile

1. *Begriff:* Eine von mehreren Grundlagen der internationalen Spezialisierung und des internationalen Handels. Hypothetische Referenzsituation ist die Autarkie. Wenn in einem Land bei Autarkie der Preis des Gutes 1 im Vergleich zum Gut 2 geringer ist als in einem anderen Land, dann hat dieses Land einen komparativen Vorteil beim Gut 1.

2. *Ursachen* komparativer Vorteile sind Produktivitätsunterschiede (Ricardianisches Modell) oder internationale *Faktorausstattungsunterschiede* (Heckscher-Ohlin-Handel). Länder exportieren bei Freihandel Güter bei denen sie komparative Vorteile aufweisen, und importieren Güter bei denen andere Länder komparative Vorteile aufweisen. Wenn man mehr als zwei Güter und mehr als zwei Länder betrachtet, dann ist allerdings die Verbindung zwischen komparativen Vorteilen und der Handelsstruktur nicht mehr für jedes beliebige Güter- und Länderpaar eindeutig gegeben. Der eben erwähnte Zusammenhang zwischen komparativen Vorteilen und der Handelsstruktur gilt dann nur im Durchschnitt.

Komplementärer Handel

Beim komplementären Handel ergänzen sich die Handelsstrukturen der beteiligten Länder, indem gegenseitig Waren gehandelt werden, die im Empfängerland nicht produziert werden. *Beispiel:* Erdöl – High-Tech-Maschinen.
Gegensatz: substitutiver Handel.

Konsumgewinne aus internationalem Handel

Internationaler Handel beinhaltet die Möglichkeit, die von einer Volkswirtschaft erzeugten Güter zu bestimmten Tauschverhältnissen gegen andere Güter zu tauschen. Dies eröffnet zusätzliche Konsummöglichkeiten, die immer dann zu positiven Wohlfahrtswirkungen führen, wenn die verschiedenen Güter in den Augen der Konsumenten gegeneinander substituierbar sind.

Kontingent

Vom Staat festgesetzte wert- oder mengenmäßige Quote zur Begrenzung eines Warenangebots, etwa bei der Ausfuhr oder Einfuhr oder im Zug planwirtschaftlicher Maßnahmen.
Im internationalen Handel haben vor allem *Einfuhrkontingente* handelspolitische Bedeutung. Diese werden entweder *autonom* fixiert oder in zwischenstaatlichen Verhandlungen *vertraglich* vereinbart (Handelsabkommen).

Konvertibilität

Konvertierbarkeit.

1. *Begriff:* Element liberaler Außenwirtschaftspolitik, bei der das Recht besteht, Währungsguthaben in andere Währungen umzutauschen und zu transferieren. Realisierung der Konvertibilität ist eines der Ziele des IWF.

2. *Arten:*

a) *Volle Konvertibilität:* Konvertibilität ohne jede Einschränkung, d. h. für in- und ausländische natürliche und juristische Personen, für laufende Zahlungen und Kapitaltransaktionen sowie sämtliche Währungen.

b) *Beschränkte Konvertibilität:*

(1) bezogen auf Person bzw. Institution: Das Recht zum Umtausch inländischer in fremde Währung kann auf Ausländer bzw. ausländische Zentralbanken (bzw. Inländer bzw. inländische Zentralbanken) beschränkt werden *(Ausländerkonvertibilität bzw. Inländerkonvertibilität).*

(2) Bezogen auf Verwendungszweck: Die Konvertibilität gilt lediglich für Zahlungen aus laufenden Transaktionen (Waren- und Dienstleistungsverkehr) sowie Schuldendienste; Kapitaltransaktionen unterliegen dagegen Beschränkungen.

(3) Bezogen auf Währungen: Nur bestimmte Währungen können gegen einheimische Währung eingetauscht werden.

3. *Wirtschaftliche Bedeutung:* Förderung der internationalen Arbeitsteilung durch Verzicht auf Beeinträchtigung des Waren- und Dienstleistungsaustausches sowie Ermöglichung internationaler Kapitalbewegungen.

Kooperation

Zwischenbetriebliche Kooperation.

1. *Begriff:* Zusammenarbeit zwischen meist wenigen, rechtlich und wirtschaftlich selbstständigen Unternehmungen zur Steigerung der gemeinsamen Wettbewerbsfähigkeit.

Intensitätsstufen der Zusammenarbeit: (1) Informationsaustausch; (2) Erfahrungsaustausch; (3) Absprachen; (4) Gemeinschaftsarbeiten ohne Ausgliederung einer (mehrerer) Unternehmensfunktion(en); (5) Gemeinschaftsarbeiten mit Ausgliederung einer (mehrerer) Unternehmensfunktion(en); (6) Gütergemeinschaft; (7) Bildung eines Kooperationsmanagements; (8) Gemeinschaftsgründung; (9) rechtliche Ausgliederung des Kooperationsmanagements.

Die Intensitätsstufen (7) und (9) beziehen sich auf die gesamte Kooperationsinstitution und deren Organisationsgrad, die restlichen Intensitätsstufen auf die Art und Weise der Kooperationsbeziehungen.

2. *Formen:*

a) Nach den *beteiligten Wirtschaftsstufen:*

1) *Horizontale Kooperation:* Zusammenarbeit zwischen Wettbewerbern der gleichen Wirtschaftsstufe, die gleichartige oder eng substituierbare Güter anbieten, z. B. zwischen Herstellern von Haushaltsgeräten oder zwischen Lebensmittel-Einzelhändlern.
Die Horizontal-Kooperation kann die gesamte Branche (Branchen-Kooperation) oder nur wenige Unternehmen eines Wirtschaftszweiges umfassen (Gruppen-Kooperation).

2) *Vertikale Kooperation:* Zusammenarbeit zwischen Betrieben, die unterschiedlichen Wirtschaftsstufen angehören, z. B. Kooperation zwischen Industrie und Handel bei Vertriebsbindungen, bei der vertikalen Preisbindung oder innerhalb des Handels, etwa zwischen Großhandel und gewissen Einzelhändlern bei den freiwilligen Ketten.

b) Nach den *gemeinschaftlich durchgeführten Funktionen:*

1) Die Kooperation kann sich auf nahezu alle betrieblichen Funktionen erstrecken, z. B. auf Beschaffung, Produktion, Absatz und Finanzierung: *gesamtfunktionelle Kooperation.*

2) Meist bleibt die Zusammenarbeit auf einzelne Funktionen beschränkt: *Teilfunktionelle* bzw. *sektorale Kooperation,* z. B. Beschaffungs-, Produktions-, Absatz-, Verwaltungs- oder Finanz-Kooperation.

c) Nach den *Marktgebieten, auf die sich die kooperative Tätigkeit erstreckt:*

1) Zusammenarbeit auf regionalen oder überregionalen *Inlandsmärkten.*

2) Zusammenarbeit auf *Auslandsmärkten,* und zwar im Hinblick auf die Beschaffung (Import-Kooperation) und bezüglich des Absatzes (Export-Kooperation).

d) Nach der *beabsichtigten Dauer kooperativer Aufgabenerfüllung:*

1) Zusammenarbeit beim Erhalt bzw. der Erfüllung eines Einzelauftrags *(Auftrags-Kooperation).*

2) Zusammenarbeit in bestimmten Bereichen auf längere Sicht *(kurz-, mittel- oder langfristige Kooperation).*

3. *Kartellrechtliche Beurteilung:* Mit der Kooperation von Unternehmungen sind vielfältige volks- und betriebswirtschaftliche sowie steuer-, gesellschafts- und kartellrechtliche Probleme verbunden. Während manche Kooperationen, etwa von kleinen und mittleren Unternehmen, zu einer spürbaren Wettbewerbsbelebung führen, können von anderen Kooperationen Wettbewerbsbeschränkungen ausgehen, die das Marktergebnis negativ beeinflussen. Aufgrund der oben aufgezeigten großen Vielfalt an Formen und Intensitätsstufen von Kooperationen ist daher von den Kooperationsteilnehmern in jedem Einzelfall selbst zu prüfen, ob die Kooperation gegen das Verbot des § 1 GWB und des Art. 101 I AEUV verstößt oder ob eine Legalisierung gemäß der §§ 2 f. GWB und Art. 101 III AEUV in Betracht kommt. Sie können dabei auf Merkblätter und Leitlinien des Bundeskartellamts und der Europäischen Kommission zurückgreifen, die Hilfestellung bei der Selbsteinschätzung sowie bei der Auslegung der einschlägigen kartellrechtlichen Bestimmungen geben. Ferner besteht die Möglichkeit, die Kartellbehörde um eine Entscheidung zu bitten, nach der bezüglich der Kooperation die Voraussetzungen des § 1 GWB und des Art. 101 I AEUV nicht vorliegen, sodass die Kartellbehörde keinen Anlass zum Tätigwerden sieht (§ 32c GWB).

Kooperationsabkommen

Völkervertragsrechtliches Abkommen zwischen zwei Staaten oder Staatengemeinschaften, geht über die in Handelsabkommen üblichen Vereinbarungen über eine Förderung des gegenseitigen Warenaustausches hinaus und umfasst außerdem Absprachen über eine politische, wirtschaftliche, finanzielle und technische Zusammenarbeit in den Bereichen der industriellen Fertigung, der landwirtschaftlichen Erzeugung und des Handels.

Kriegswaffenkontrolle

Kontrolle der Einfuhr, Durchfuhr und Ausfuhr von Kriegswaffen auf Grundlage des Kriegswaffenkontrollgesetzes (KWKG), die zu den gesetzlichen Verboten und Beschränkungen (VuB) des grenzüberschreitenden Warenverkehrs zählen. Genehmigungen für Einfuhr, Durchfuhr und Ausfuhr erteilt auf Antrag das Bundesamt für Wirtschaft und Ausfuhrkontrolle (BAFA). Die tatsächliche Überwachung der genehmigungsbedürftigen Warenbewegung über die Grenze des Zollgebiets der Europäischen Union wird von der Zollverwaltung vorgenommen.

Kriegswaffenkontrollgesetz (KWKG)

Erlassen worden in Ausführung von Art. 26 II GG. „Zur Kriegsführung bestimmte Waffen dürfen nur mit Genehmigung der Bundesregierung hergestellt, befördert und in Verkehr gebracht werden. Das Nähere regelt ein Bundesgesetz." Aufgrund dieses Verfassungsauftrages beinhaltet das Kriegswaffenkontrollgesetz als Ausführungsgesetz die Regelungselemente der Definition von Kriegswaffen, der Statuierung eines Genehmigungsvorbehaltes – inklusive inhaltlicher Ausgestaltung – und die Festlegung der Genehmigungskompetenz aufseiten der Bundesregierung.

Inhalt des Kriegswaffenkontrollgesetzs sind u. a. Genehmigungspflichten für jeden Umgang mit Kriegswaffen (z. B. auch für den Erwerb/Überlassung der tatsächlichen Gewalt über Kriegswaffen in der Kriegswaffenliste). Daneben bestehen Kriegswaffenbuchführungs- und Bestandsmeldepflichten für Kriegswaffenhersteller und -besitzer. Die Kontrolle erfolgt unmittelbar durch das Bundesamt für Wirtschaft und Ausfuhrkontrolle (BAFA), u. a. durch Genehmigungserteilung und Betriebsprüfungen sowie mittelbar durch die Zollverwaltung bei der Prüfung jeder Verbringung innerhalb der EU und jeder Einfuhranmeldung bei der Einfuhr von Waren aus Drittländern oder Ausfuhranmeldung bei der Ausfuhr von Waren in Drittländer außerhalb der EU. Näheres regelt die Verordnung zur Durchführung des Gesetzes über die Kontrolle von Kriegswaffen und die Verordnung über Meldepflichten bei der Einfuhr und Ausfuhr bestimmter Kriegswaffen.

Kurssicherung

Absicherung gegen mögliche Verluste, welche aus einer Abweichung des erwarteten Wechselkurses vom tatsächlichen Wechselkurs resultieren. Es kann zwischen operativer Kurssicherung und strategischem Wechselkursmanagement unterschieden werden. Im Rahmen der operativen Kurssicherung werden Zahlungsströme gegen ein Wechselkursrisiko gesichert. Gängige Instrumente sind Fremdwährungsfinanzierung, Devisentermingeschäfte, Devisenfutures, Währungsswaps und Währungsoptionen. Das strategische Währungsmanagement verfolgt die gezielte Steuerung von Transaktions-, Translations- und ökonomischen Wechselkurspositionen.
Beispiel: Ein deutscher Exporteur hat eine in drei Monaten fällige Forderung in US-Dollar. Diese offene Position birgt ein Risiko. Eine bis dahin erfolgende Aufwertung des Euro würde den Wert der Forderung reduzieren. Die Kurssicherung kann dadurch erfolgen, dass der Exporteur auf dem Devisenterminmarkt in Höhe der Forderung US-Dollar verkauft. Bei einem Swapsatz von Null würde ein potenzieller Verlust (Gewinn) aus der offenen Position vollständig durch den Gewinn (Verlust) aus dem Termingeschäft kompensiert werden.

Alternativ zu dem Einsatz von Devisentermingeschäften als Instrument der Kurssicherung können vom Exporteur *Devisenoptionen* verwendet werden, die ihm ein höheres Maß an Flexibilität bei begrenztem Verlustpotenzial verschaffen.

L

Lagging

Bewusstes Hinauszögern einer vertraglich fälligen Zahlung, im Auslandsgeschäft besonders, um einen erwarteten oder konkreten Wechselkursvorteil auszunutzen. Im Gegensatz zum *Leading* (bewusstes vorzeitiges Zahlen) ist Lagging vertragswidrig.

Länderkontingent

Einfuhrkontingent (Einfuhrkontingentierung) für die Einfuhr allgemein oder die Einfuhr bestimmter Waren aus einem bestimmten Ursprungsland, das sich aus der unterschiedlichen Situation eines Landes gegenüber anderen Produktionsländern ergibt. Für einzelne Länder nach unterschiedlichen Maßstäben aufgestellte Länderkontingente stellen eine Diskriminierung dar.
Gegensatz: Globalkontingent.

Länderlisten

Anlagen zum Außenwirtschaftsgesetz (AWG) (Einfuhrliste) und zur Außenwirtschaftsverordnung (AWV) (Anlage AL, Ausfuhrliste). Weitere *Länderlisten* dienen neben Ausfuhrliste und Einfuhrliste zur Regelung des Außenwirtschaftsverkehrs: *Länderliste K* betrifft Länder (früher zahlreiche Länder, 2012 nur noch Kuba) in die die Ausfuhr von Gütern nach § 7 I AWG wegen ihrer militärischen Endverwendung genehmigungsbedürftig ist.
Weitere Länder sind direkt in den Normen der §§ 5c, 5d und 7 IV AWV enthalten.

Laufende Übertragungen

Teil der einseitigen Übertragungen, die regelmäßig stattfinden und die vom laufenden Einkommen z. B. der Inländer finanziert werden.

Leading

Bewusste Zahlung einer Verpflichtung vor vertraglicher Fälligkeit, im Auslandsgeschäft, um einen erwarteten oder konkreten Wechselkursvorteil auszunutzen. Im Gegensatz zum *Lagging* (Verzögerung der Zahlung über den Fälligkeitstermin hinaus) ist Leading vertragskonform.

Learning by Doing

Dynamische Größenvorteile; Ergänzung um Erfahrungs- und Lerneffekte, z. B. effizientere Ausnutzung der vorhandenen Produktionsfaktoren, z. B. besserer Einsatz der Maschinen.

Leistungsbilanz

Zusammenfassung der Handelsbilanz, der Dienstleistungsbilanz, der Einkommensbilanz sowie der Bilanz der laufenden Übertragungen.

Leitkurs

Meist vertraglich im Rahmen eines Währungssystems vereinbarter fixer Orientierungskurs, von dem die Devisenkassakurse (Marktkurse) nach oben und unten innerhalb einer bestimmten Bandbreite abweichen dürfen.

Leitwährung

Jene Währung innerhalb eines internationalen Währungssystems, die als internationales Zahlungsmittel und Reservemittel sowie als internationale Anlagewährung verwandt wird. Die Leitwährung wird auch als *Ankerwährung* bezeichnet, weil die Wechselkurse der Währungen aller anderen Länder in einer relativ stabilen Beziehung zur Leitwährung gehalten werden. Die Leitwährung dient somit auch als Recheneinheit zur Bestimmung des Wertes aller Währungen.

Leontief-Paradoxon

Ergebnis einer 1953 von *Wassiliy Leontief* vorgelegten empirischen Untersuchung, wonach die Kapitalintensität der US-amerikanischen Exporte im Jahr 1947 geringer war als die Kapitalintensität der US-Importe. Nachdem die USA nach dem Zweiten Weltkrieg international fraglos ein relativ kapitalreiches Land waren, stand dieses Ergebnis im völligen Widerspruch zum Heckscher-Ohlin-Handel.
Erklärungsansätze für das Paradoxon:

a) *Verletzung des Heckscher-Ohlin-Theorems,* hervorgerufen durch umschlagende Faktorintensitäten, unterschiedliche Nachfragepräferenzen, unterschiedliche Produktionstechnologien, Marktunvollkommenheiten, Handelsbilanzungleichgewichte.

b) *Mängel im Testverfahren:* Verzerrung der Daten, Nichtberücksichtigung von Humankapital und natürlichen Ressourcen. Das *Leontief-Paradoxon* bildete die Grundlage für zahllose weitere empirische Untersuchungen, die den Widerspruch zwischen Theorie und Empirie wieder etwas abschwächten, aber auch bestätigten. In den 1980-er Jahren wurde gezeigt, dass *Leontiefs* Ergebnisse dem *Heckscher-Ohlin-Vanek-Modell* in gewissem Sinn durchaus entsprachen. Gleichwohl aber bleibt der Eindruck, dass die *Heckscher-Ohlin-Theorie* des internationalen Handels nur sehr beschränkt empirische Bestätigung erfahren kann.

Lerner-Samuelson-Theorem

Das *Lerner-Samuelson-Theorem* (Faktorpreisausgleichstheorem). Benannt nach *Abba P. Lerner,* (dem die Ausformulierung 1933 gelang) und *Paul A. Samuelson* (der im Jahr 1948 das *Lernersche* Symmetrietheorem wiederentdeckt hat).

Lernersches Symmetrietheorem

Das Theorem besagt, dass der Effekt einer Exportsteuer (Ausfuhrzoll) in jeder Hinsicht derselbe ist wie der Effekt eines Einfuhrzolls vom selben *Ad-Valorem-(Wertzoll-)*Ausmaß. Bei realwirtschaftlicher Betrachtung spielen nur die relativen Preise eine Rolle, und der relative Preis des importierten Gutes kann im Inland nicht nur durch einen Importzoll über die Terms of Trade angehoben werden, sondern auch durch eine Exportsteuer *(Ausfuhrzoll).* Eine Exportsteuer (ein *Ausfuhrzoll*) bewirkt, dass der für den heimischen Produzenten relevante Preis des exportierten Gutes unter den Weltmarktpreis sinkt. Zu diesem geringeren Preis ist er dann auch bereit im Inland anzubieten, und es entsteht im Inland eine relative Verbilligung des exportierten Gutes. Dies aber ist gleichbedeutend mit einer relativen Verteuerung des importierten Gutes wie sie bei einem *Einfuhrzoll* zustande kommt.

Liberalisierung

1. *Begriff:* Befreiung des Außenhandels von mengenmäßigen Beschränkungen (Kontingente und andere nicht tarifäre Handelshemmnisse). Der Begriff der Liberalisierung wurde von der OECD eingeführt, deren Mitglieder sich am 18.8.1950 auf ein Liberalisierungsprogramm, niedergelegt im sog. Liberalisierungskodex, einigten, das den schrittweisen Abbau aller intraeuropäischen Mengenbeschränkungen vorschrieb. Unter Liberalisierung des Außenhandels im weiteren Sinne wird gelegentlich auch die Befreiung des Handels von allen *Handelshemmnissen* und damit die Wiederherstellung des Freihandels verstanden.

2. *Durchführung* der Liberalisierung zwischen den OECD-Ländern wurde ermöglicht und gestützt durch die gleichzeitige Multilateralisierung des Zahlungsverkehrs (IWF). Die Liberalisierungsvorschriften erstrecken sich nur auf den Privathandel zwischen den Staaten, jedoch wurde der nichtliberalisierungsfähige Staatshandel wesentlich eingeschränkt. Ferner wurde die Liberalisierung des Warenverkehrs durch eine analoge Befreiung des Dienstleistungsverkehrs (Liberalisierung der „unsichtbaren Einfuhren") ergänzt (1955). Schutzklauseln ermöglichen den Ländern im Fall von Zahlungsbilanzschwierigkeiten den Rückgriff auf neue Beschränkungen (Entliberalisierung unter bestimmten Bedingungen). Sie wurden jedoch immer seltener in Anspruch genommen. Auch die Welthandelsorganisation (engl. *World Trade Organization (WTO))* sorgt sich um die Liberalisierung des Warenverkehrs (GATT) und des Dienstleistungsverkehrs (GATS). Zudem wird im Rahmen der WTO ein handelsbezogener Schutz geistiger Eigentumsrechte gewährt.

Linder-Hypothese

Hypothese zur Handelsstruktur. Sie bezieht sich auf den industriellen Bereich, und hier wiederum vor allem auf Sektoren mit einem gewissen Potenzial an Produktdifferenzierung. Zentrales Element dieser Hypothese ist die aus der Produktzyklus-Theorie entlehnte Vorstellung, dass die Entwicklung differenzierter industrieller Güter zumindest anfangs eine gewisse Nähe zu den Nachfragern erfordert. Die Produktion solcher Güter erfordert mithin die Existenz eines hinreichend großen heimischen Marktes. Erst nach Aufnahme der heimischen Produktion können Exporte in andere Länder entstehen, in denen ebenfalls Nachfrage nach solchen Gütern besteht. Dies sind v. a. Länder mit einem ähnlichen Pro-Kopf-Einkommen, jedenfalls dann, wenn die Nachfragestruktur unter sonst gleichen Bedingungen sehr stark mit der Nachfrage variiert. Erst mit zunehmendem Einkommen entsteht eine verstärkte Nachfrage nach Produkten mit einem hohen Potenzial an Produktdifferenzierung.

Da dieselben Überlegungen für die Entstehung der Produktion und des Exports in anderen Ländern gelten, entsteht intra-industrieller Handel. Das Handelsvolumen zwischen zwei Ländern wird umso größer sein, je höher die Pro-Kopf-Einkommen der beiden Länder sind, je ähnlicher die beiden Länder in ihren Einkommensniveaus sind, und je geringer die Distanz zwischen den beiden Ländern ist.

Linder-These

1. *Begriff:* Die Linder-These besagt, dass der Export von Industrieprodukten ohne bereits bestehenden Binnenmarkt für diese Güter kaum möglich ist. Beitrag zur Erklärung der ausgeprägten Intensität des Außenhandels zwischen Ländern mit vergleichbar hohem Pro-Kopf-Einkommen und deshalb ähnlichen Nachfragestrukturen, so vor allem zur Erklärung des intensiven Handels zwischen den Industriestaaten.

2. *Begründung:*

a) Um neue Produktionsbereiche aufzunehmen, muss der Unternehmer von der Existenz einer latenten Nachfrage überzeugt sein. Dies abzuschätzen fällt zunächst auf dem Inlandsmarkt leichter.

b) Internationale Wettbewerbsfähigkeit erfordert kostengünstige Produktion, die oft (wegen hoher fixer Kosten) nur bei großen Stückzahlen realisierbar ist. Ohne Inlandsmarkt für dieses Produkt liegt darin ein erhebliches Risiko für potenzielle Investoren.

c) Exportfähig sind oft nur qualitativ hochwertige Produkte. Diese Standards sind ohne inländische Erprobungs- und Reifephase kaum erreichbar.

d) Argument für wirtschaftliche Integration zwischen Entwicklungsländern (Süd-Süd-Kooperation), da zwischen diesen Ländern die Ähnlichkeit der Nachfragestrukturen und Entwicklungsniveaus eher gegeben ist und deshalb die Märkte der Integrationspartner leichter überschaubar und die Absatzchancen für Güter minderer Qualität größer sind.

Liquidität

1. *Betriebswirtschaftslehre:*

a) *Begriff:* Fähigkeit und Bereitschaft eines Unternehmens, seinen bestehenden Zahlungsverpflichtungen termingerecht und betragsgenau nachzukommen. Die Sicherung der Liquidität besteht in der Aufgabe, Geld und liquidisierbare Vermögensgegenstände (Fungibilität) zum Zweck der zeitpunktgerechten Kapitalbeschaffung bereitzustellen.

b) *Determinanten:*

1) *Güterwirtschaftliche Liquidität:* Tausch- bzw. Veräußerungsfähigkeit von Wirtschaftsgütern. Güter haben – abhängig von ihren technischen Eigenschaften und Zeit- bzw. Kostenaufwand der Käufersuche – unterschiedliche Liquiditätsgrade.

2) *Verliehene Liquidität:* Mögliche Beleihbarkeit eines Wirtschaftsguts durch ein Kreditinstitut (Stütze). Diese Art der Gewinnung von Liquidität hat den Vorteil, dass das entsprechende Wirtschaftsgut nicht veräußert werden muss und so Verluste durch schnelle erzwungene Veräußerung nicht auftreten.

3) *Zukünftige Liquidität:* Fähigkeit, durch zukünftige Erträge zu einem späteren Zeitpunkt Liquidität zu erlangen. Sie wird anhand des Finanzplans gemessen.

4) *Antizipierte Liquidität:* Ein Unternehmen lässt seine zukünftigen Überschüsse durch ein Kreditinstitut beleihen. Diese Bereitstellung von Kapital ohne Sicherheiten durch das Kreditinstitut erfordert eine strenge Kreditwürdigkeitsprüfung.

c) *Arten:*

1) *Vertikale Liquidität:* Prozess der Geldwerdung von Vermögensgegenständen („Verflüssigung") entsprechend den Zahlungsverpflichtungen.

2) *Horizontale Liquidität:* Grad der Belastung von Kapitalansprüchen (Zins, Tilgung).

2. *Wirtschaftstheorie/Geldtheorie:*

a) **Allgemein:** Liquidität stellt die durch Geld oder andere Tauschmittel repräsentierte Verfügungsmacht über Bedarfsgüter dar. Mittels Aufrechterhaltung der Liquidität bei einzelnen Wirtschaftssubjekten wird gesamtwirtschaftlich der Kreislauf von Gütern und Nutzleistungen ermöglicht; die Liquidität verschafft die Verfügungsmacht über knappe Güter und bestimmt wirtschaftliche Entscheidungs- und Handlungsfreiheit. Die volkswirtschaftliche Liquidität ist abhängig von der *optimalen Versorgung der Wirtschaft mit Zahlungsmitteln bzw. Geld.* Aufgabe der Notenbank ist es, die Liquidität der Volkswirtschaft den Erfordernissen der Konjunktur zur Sicherung der Stabilität anzupassen (Geldpolitik).

b) *Liquidität der Kreditinstitute (Bankenliquidität):*

1) Kreditinstitute müssen ihre Mittel so anlegen, dass eine ausreichende Zahlungsbereitschaft jederzeit gewährleistet ist. Für die Beurteilung sind die von der Bundesanstalt für Finanzdienstleistungsaufsicht (BaFin) aufgestellten Grundsätze maßgebend (§ 11 KWG).

2) Falls erforderlich, kann die staatliche Aufsichtsbehörde zur Sicherung der Liquidität Entnahmen durch die Inhaber oder Gesellschafter, Gewinnausschüttung und Kreditgewährung untersagen oder beschränken (§ 45 KWG).

3) *Messung/Beurteilungskriterien:* Die Liquidität der Kreditinstitute wird gemäß der Verordnung über die Liquidität der Institute (LiqV) gemessen. Die LiqV konkretisiert die Anforderungen des § 11 I KWG, wonach Kreditinstitute jederzeit ausreichend zahlungsfähig sein müssen.

c) *Internationale Liquidität:* Die in der Regel nicht vom Inland zu schaffenden Zahlungsmittel, mit denen Zahlungen an das Ausland geleistet werden können. Hierzu gehören in erster Linie die Währungsreserven des betreffenden Landes (Gold, Sonderziehungsrechte (SZR), Reservetranche, Devisen und Sorten), aber auch z. B. der nicht genutzte Teil der Kreditlinien bei internationalen Organisationen (außerhalb des IWF) oder Banken.
Lediglich die sog. „Hartwährungsländer" können internationale Liquidität selbst schaffen, da ihre Währungen als internationales Zahlungsmittel akzeptiert werden.

Lohnveredelung

Form des Dienstleistungsverkehrs. Rechtsgeschäfte über Lohnveredelung sind auch im Außenwirtschaftsverkehr frei; Rechtsgeschäfte über aktive Lohnveredelung konnten nach § 15 AWG a. F. beschränkt werden, um einer Gefährdung der Deckung des lebenswichtigen Bedarfs im Wirtschaftsgebiet entgegenzuwirken; diese Ermächtigungsgrundlage ist mit der Außenwirtschaftsverordnung (AWV) a. F. nicht genutzt worden und mit der Novellierung des Außenwirtschaftsrechts 2013 weggefallen.

M

Marginale Importneigung

Gibt an, in welchem Ausmaß die Importnachfrage eines Landes bei einer Zunahme des Bruttoinlandsprodukts (BIP) um eine marginale Einheit zunimmt.

Marginale Importquote

Änderung der Ausgaben für Importe, die durch eine Änderung des Volkseinkommens um eine Einheit induziert wird (ausgehend von der Annahme, dass die Importe vom Volkseinkommen determiniert sind). Nach empirischen Untersuchungen ist die marginale Importquote großer Länder (z. B. USA) in der Regel kleiner als diejenige kleinerer Länder (z. B. Niederlande), was nicht zuletzt mit der Größe und Vielfältigkeit des inländischen Angebots großer Länder erklärt wird, die eine wachsende Inlandsnachfrage eher befriedigen können.

Marktzerrüttung

Dem Dumping verwandter Begriff für eine Marktsituation mit folgenden Voraussetzungen: (1) bedeutende Zunahme der Einfuhr eines bestimmten Produkts aus einem bestimmten Land; (2) Preisforderungen dafür, die stark unter den entsprechenden Preisen im Importland liegen; (3) effektive oder drohende ernsthafte Schädigung einer Produktion des Importlandes; (4) Verursachung der Preisdifferenzen durch Subventionen oder Dumpingpraktiken. Die Gefahr einer Marktzerrüttung stellt die Voraussetzung für die Einführung von nicht-tarifären Handelshemmnissen Maßnahmen dar, welche eine Störung des Marktes verhindern soll, z. B. durch die Einführung eines Antidumpingzolls oder einer mengenmäßigen Beschränkung/Quote oder eines Kontingents.

Marshall-Lerner-Bedingung

Elastizitätsansatz. Bedingung für eine Normalreaktion der Leistungsbilanz: Summe der Absolutwerte der Importnachfragefunktionen beider Länder ist größer als 1, wenn das Angebot beider Länder vollständig preiselastisch ist.

Matching

Netting, Covering. Um eine Netto-Exposure von Null bei den laufenden Transaktionen zu erreichen, können offene Positionen durch entsprechende spiegelbildliche Positionen geschlossen (kompensiert) werden, z. B. indem einer Dollarforderung eine Dollarverbindlichkeit gegenübergestellt wird. Dabei sollten Währungsbeträge und Termine möglichst deckungsgleich sein.

Mengennotierung

Bei der Mengennotierung gibt der Wechselkurs die Menge an ausländischen Währungseinheiten an, die erforderlich sind um eine Einheit inländischer Währung zu erwerben.
Beispiel: 1 € = 1,05 US$.

Mengenwechselkurs

Wechselkurs, welcher ausdrückt, welche Menge an ausländischer Währung einer Einheit der inländischen Währung entspricht (z. B. 1 € = 1,0582 US$). Der spiegelbildliche Preiswechselkurs drückt rechnerisch das exakt gleiche Wertverhältnis aus.

Mengenzoll

Zoll, der auf Mengenbasis berechnet wird (spezifischer Zoll oder Wertzoll), z. B. Euro pro Stück oder Gewicht *Beispiel:* 102,4 EUR/100 kg). Die wertmäßige Belastung eines Gutes durch einen Mengenzoll sinkt mit zunehmendem Preis.

Metzler-Paradoxon

Wenn ein Land als Importeur oder Exporteur auf dem Weltmarkt von großer Bedeutung ist, dann wird die Einführung eines Einfuhrzolles oder einer Exportsubvention den Weltmarktpreis des importierten Gutes verringern (Optimalzoll). Dieser Terms-of-Trade-Effekt kann so stark und unerwünscht sein, dass sogar der zollinklusive Inlandspreis dieses Gutes sinkt. Man spricht vom *Metzler-Paradoxon,* benannt nach *Lloyd Metzler,* der 1949 diese theoretische Möglichkeit im Rahmen der Analyse mithilfe des *Heckscher-Ohlin-Theorems* postulier hat. Diese Situation wird in der realen Wirtschaft für wenig wahrscheinlich angesehen.

MFN-Zollsatz

Drittlandszollsatz; engl. *Most Favoured Nations*. Nach dem Meistbegünstigungsprinzip der WTO (GATT) der anzuwendende Vertragszollsatz.

Migration

Wanderungsbewegungen von Menschen (Arbeitskräften) zwischen Staaten oder administrativen Untereinheiten eines Staates (Binnenwanderung), die zu einem längerfristigen oder dauernden Wechsel des ständigen Aufenthaltsortes der daran beteiligten Personen führen. Häufig durch politische, soziale oder wirtschaftliche Not der sogenannten *Migranten* hervorgerufen.

Misalignment

Fehlanpassung des Wechselkurses, die dadurch zustande kommt, dass der reale Wechselkurs durch die Veränderung des nominellen Wechselkurses von seinem Gleichgewichtswert abweicht.
Der Gleichgewichtswert des realen Wechselkurses ist allerdings nicht einfach zu ermitteln. Bei empirischen Betrachtungen wird als Vergleichsmaßstab meist die Kaufkraftparität verwendet. Der gleichgewichtige reale Wechselkurs verändert sich im Laufe der Zeit, und zwar einerseits aufgrund von realwirtschaftlichen Veränderungen im Bereich der Produktion und der Nachfrage, andererseits aber auch aufgrund von Bestandsanpassungsprozessen zur Erreichung des außenwirtschaftlichen Gleichgewichts.

Mischzoll

Kombination aus Wertzoll und spezifischem Zoll, wobei einer dieser Zollsätze die Höchst- oder Mindestgrenze des anzuwendenden Zollsatzes angibt. Mischzölle sollen bei Preisschwankungen eine Mindest- oder Höchstzollbelastung gewährleisten. Sie werden bei Einfuhr in das Zollgebiet der Union vorwiegend auf landwirtschaftliche Waren angewendet.
Form: Gleitzoll.

MOEL

Abkürzung der EU für *mittel- und osteuropäische Länder (MOE-Staaten);* Bezeichnung für folgende Staaten: Albanien, Bulgarien, Estland, Litauen, Lettland, Polen, Rumänien, Slowakische Republik, Kroatien, Serbien, Slowenien, Tschechische Republik, Ungarn (u. a.). Mit diesen *MOE-Staaten* wurden Europa-Abkommen zur Assoziierung an die EU geschlossen (sogenanntes Assoziierungsabkommen). Die meisten MOE-Staaten sind am 1.5.2004 und 1.1.2007 der EU beigetreten. Kroatien ist am 1.7.2013 als 28. Mitgliedstaat der EU beigetreten; Albanien und Serbien steht der Beitritt zur EU nach dem Thessaloniki-Gipfel von 2003 – wie allen Nachfolgestaaten des Westbalkan (des ehemaligen Jugoslawien) – offen. Montenegro stellte im Dezember 2008, Mazedonien bereits im März 2004, Albanien im April 2009, Serbien im Dezember 2009 den Antrag auf EU-Mitgliedschaft. Bosnien und Herzegowina hat im Februar 2010 einen Beitrittsantrag zur EU angekündigt, aber bislang noch nicht gestellt. EU-Beitrittskandidaten sind 2017: Albanien, Mazedonien, Montenegro und Serbien. Problematisch bleibt das Gebiet Kosovo nach der UN-Resolution 1244, das seine Unabhängigkeit erklärt hat und von zahlreichen Staaten (mehr als 130) anerkannt worden ist.

Monetäre Außenwirtschaftstheorie

1. *Begriff:* Teilbereich der Außenwirtschaftstheorie, in dem die Rolle des Geldes im Zentrum des Interesses steht. Die monetäre Außenwirtschaftstheorie widmet sich im Sinn einer wissenschaftlichen Arbeitsteilung genau jenen Problemen, die in der realen Außenwirtschaftstheorie durch geschickte Wahl der Annahmen aus der Betrachtung ferngehalten werden. Die explizite Berücksichtigung des Geldes rückt nun die Existenz *unterschiedlicher Währungen* ins Zentrum der Analyse. Damit zusammenhängend wird die Betrachtung über den internationalen Handel von Gütern und Dienstleistungen auch auf den internationalen Kapitalverkehr ausgedehnt.

2. *Problembereiche:* Die wichtigsten Probleme, denen sich die monetäre Theorie widmet, sind:

(1) Erklärung von unausgeglichenen Handelsbilanzen über makroökonomische Zusammenhänge sowie deren Beziehung zum internationalen Kapitalverkehr und dem Geschehen auf dem Devisenmarkt.

(2) Detaillierte Analyse der Bestimmungsgründe des internationalen Kapitalverkehrs.

(3) Definition des außenwirtschaftlichen Gleichgewichts in einer Welt mit internationalem Kapitalverkehr sowie Analyse der entsprechenden Anpassungsmechanismen bei unterschiedlichen Wechselkurssystemen.

(4) Wirksamkeit der Stabilitätspolitik in Ökonomien mit internationaler Verflechtung auf den Güter- und Kapitalmärkten bei unterschiedlichen Wechselkurssystemen.

(5) Die Wechselkurstheorie als Teilbereich der monetären Außenwirtschaftstheorie untersucht die Bestimmungsgründe des Wechselkursverhaltens für flexible Wechselkurssysteme.

(6) Schließlich will die monetäre Außenwirtschaftstheorie die Vor- und Nachteile der Wechselkursflexibilität aufzeigen, um so Hinweise für die Gestaltung des internationalen Währungssystems zu gewinnen.

(7) Erklärung der Währungskrisen. In Modellen verschiedener Generationen wird der Zusammenbruch von Festkursmodellen analysiert. Im Mittelpunkt der spekulativen Attacken stehen die Erwartungen der Anleger, die auch mit den Fundamentaldaten vereinbare Festkurssysteme zum Einsturz bringen können. Es können sog. multiple Gleichgewichte entstehen.

3. *Methoden:* Bei der Analyse dieser Fragen verwendet die monetäre Theorie weitgehend einen *makroökonomischen Ansatz.* Damit verschwinden zwangsläufig die von der der realen Außenwirtschaftstheorie untersuchten Fragen der Allokation und Verteilung aus dem Blickfeld. Aufgrund der Konzentration auf Probleme der Unterbeschäftigung spielen *Preisstarrheiten* verschiedenster Art in der monetären Theorie eine viel bedeutendere Rolle als in der realen Theorie.

Monetärer Ansatz zur Zahlungsbilanztheorie

Ansatz zur Erklärung eines Anpassungsprozesses, der im Fall eines fixen Wechselkurses zu Leistungsbilanzausgleich führt. Ursprünglich entwickelt für Situationen ohne internationale Kapitalmobilität. Die Bezeichnung *monetär* soll andeuten, dass unausgeglichene Leistungsbilanzen zu Veränderungen der heimischen *Geldmenge* führen, die ihrerseits auf die Leistungsbilanz zurückwirken, und zwar mit der langfristigen Konsequenz des Leistungsbilanzausgleichs. Der Leistungsbilanzausgleich ist hier ein monetärer Prozess. Die Geldmengenveränderung als Resultat einer unausgeglichenen Leistungsbilanz ergibt sich aus der bei *fixem Wechselkurs* erforderlichen Devisenmarktintervention. Die Rückwirkung dieser Geldmengenveränderung auf die Leistungsbilanz ergibt sich aufgrund der Abhängigkeit der Absorption von der Geldmenge. Gemäß dem monetären Ansatz zur Zahlungsbilanztheorie ist die Geldmenge also endogen.

Monetaristisches Wechselkursmodell

Spezielles Modell zur Erklärung des nominellen Wechselkurses zwischen zwei Währungen.
Annahmen: Es unterstellt perfekte Preisflexibilität, perfekte Kapitalmobilität, sowie Kaufkraftparität, und es betont die Relation zwischen Geldangebot und Geldnachfrage zweier Länder als entscheidenden Bestimmungsgrund für den Wechselkurs zwischen den Währungen dieser Länder.
Erläuterung: Schreibt man w für den nominellen Wechselkurs aus der Sicht des Inlandes, M bzw. M* für die Geldmenge des In- bzw. Auslandes, und I(.) bzw. I*(.) für die reale Geldnachfrage des In- bzw. Auslandes, so ergibt sich gemäß dem monetaristischen Wechselkursmodell:

$$w = \frac{[M/I(\cdot)]}{[M^*/I^*(\cdot)]}.$$

Wächst die Geldmenge des Inlandes unter sonst gleich bleibenden Bedingungen stärker als jene des Auslandes, so muss die heimische Währung abwerten, es sei denn, es wächst auch die reale Geldnachfrage im Inland stärker als im Ausland.
Determinanten: Die reale Geldnachfrage hängt aus der Sicht des monetaristischen Wechselkursmodells vom Realeinkommen und vom Zinssatz ab.
Daraus ergibt sich letztlich, dass der Wechselkurs von dem Verhältnis der beiden Geldmengen (M/M*) dem Verhältnis der beiden Realeinkommen und von der Zinsdifferenz zwischen dem Inland und dem Ausland abhängt. Die Zinsdifferenz ist jedoch über die *ungedeckte Zinsparität* (perfekte Kapitalmobilität) mit der Abwertungserwartung für die heimische Währung verknüpft. Die Abwertungserwartung kann über die relative *Kaufkraftparität* auch in die Differenz zwischen den Inflationserwartungen im In- und Ausland überführt werden. Während üblicherweise in makroökonomischen Modellen der offenen Volkswirtschaft Geldmengenerhöhungen mit einer Zinssenkung einhergehen (Mundell-Fleming-Modell, Dornbusch-Modell, Portfolio-Ansatz), kann

es im monetaristischen Wechselkursmodell im Anschluss an eine Geldmengenexpansion zu einem sofortigen Nominalzinsanstieg kommen, der durch höhere Inflationserwartungen zustande kommt.

Multilaterale Liberalisierung

Alle Vertragspartner der Welthandelsorganisation (World Trade Organization (WTO)) nehmen an den völkerrechtlichen Verträgen zur Beseitigung der tarifären und nicht-tarifären Handelshemmnisse teil (GATT, GATS, etc.); es gibt aber völkervertragsrechtliche Abkommen z. B. für Agrarprodukte oder Textilien, an denen nicht alle WTO-Mitglieder teilnehmen, man spricht dann von plurilateralen Abkommen.

Multilateralismus

System mehrseitiger (multilateraler) Handelsabkommen und Zahlungsabkommen im internationalen Handel (multilateraler Handel); Grundsatz des GATT und der WTO.

Mundell-Theorem

Aussage der Außenhandelstheorie über die Wirkung eines Zolls bei Heckscher-Ohlin-Handel mit internationaler Kapitalmobilität, benannt nach *Robert A. Mundell*.

N

Neo-Faktorproportionen-Theorie

Weiterentwicklung des Faktorproportionentheorems im Anschluss an das Leontief-Paradoxon. *Wassily Leontief* hatte 1947 für die USA nachgewiesen, dass kapitalintensive Güter importiert und arbeitsintensive Güter exportiert werden. Das erschien widersprüchlich, da die USA als hochentwickeltes Industrieland über relativ viel Sachkapital verfügten. Eine Erklärung für diesen Widerspruch ist die mangelnde Berücksichtigung des Humankapitals. Die Neo-Faktorproportionen-Theorie spezifiziert die Produktionsfunktion so, dass neben den Produktionsfaktoren Sachkapital und Arbeit auch Humankapital erfasst werden.

Netting

1. *Allgemein:* Verrechnung gegenläufiger Zahlungsbewegungen, um Anzahl und Volumen von Zahlungsbewegungen innerhalb von nationalen oder multinationalen Konzernen zu verringern (Cash-Management-Systeme).

2. *Verrechnung von Zinszahlungen:* Interest Netting.

3. *Verrechnung von sich aufhebenden Positionen* bei Swapgeschäften, Futures-Kontrakten und Optionen an Terminbörsen.

4. *Netting von Währungspositionen:* Wird eingesetzt, um gegensätzliche Währungsrisiken gleicher Fälligkeit miteinander aufzurechnen und nur die verbleibende Nettoposition kurszusichern. Hierdurch lässt sich das risikobehaftete Fremdwährungsvolumen und damit vermeintlich das Währungsrisiko reduzieren.

5. *Netting durch Novation:* Das Ersetzen zweier bestehender Kontrakte zwischen zwei Parteien über die Lieferung von Beträgen in einer bestimmten Währung an einem bestimmten Tag durch einen einzigen Kontrakt, durch den die ursprünglichen Kontrakte erfüllt werden und damit erlöschen. Das Netting kann in verschiedenen Formen ausgestaltet sein: a) bilaterales Netting durch Novation: Netting zwischen nur zwei Parteien (z. B. FXNET), b) multilaterales Netting durch Novation und c) Substitution: Netting zwischen mehr als zwei Parteien (eine dritte Partei tritt als Gläubiger bzw. Schuldner in die Kontrakte zwischen zwei Parteien ein). Eine rechtlich weniger klar ausgestaltete Form des Netting stellt die Positionenaufrechnung dar.

Nettoauslandsaktiva

Nettobestand an Forderungen des Inlandes gegenüber dem Ausland. Erhöht durch Kapitalexporte und Zunahme der Devisenreserven der Zentralbank, verringert durch Kapitalimporte sowie durch Abnahme der Devisenposition der Notenbank.

Nicht handelbare Güter

Güter, die nicht international gehandelt werden können und deswegen in verschiedenen Ländern auch unterschiedliche Preise aufweisen können (z. B. Grundstücke). Diese Preise werden allein durch die *nationalen* Angebots- und Nachfragebedingungen bestimmt.
Gegensatz: handelbare Güter.

Nicht tarifäre Handelshemmnisse

Alle Arten von Handelshemmnissen, die nicht die Form von tarifären Handelshemmnissen haben wie z. B. technische Vorschriften, industrielles Sicherheitsrecht, Lebensmittelrecht, Arzneimittelrecht, Zulassungsbedingungen für KfZ u. a. staatliche Maßnahmen. Sie verzerren den Handel bestimmter Güter oder Dienstleistungen auf internationaler Ebene hinsichtlich seiner Zusammensetzung, seiner regionalen Ausrichtung und nicht zuletzt in seinem Umfang. Nicht-tarifäre Handelshemmnisse spielen in der realen Wirtschaft eine große Rolle. Weitere Beispiele nicht-tarifärer Handelshemmnisse: Maßnahmen, die direkt Warenströme beeinflussen (wie Anmeldeformalitäten für Importe, technische Qualitätsanforderungen an Produkte, Import- und Exportverbote, mengenmäßige Beschränkungen, Importquoten, freiwillige Exportbeschränkungen, Ausfuhrsubventionen, Exportabgaben, staatliche Exportabsicherungen – in Deutschland HERMES-Kredite, Förderungen von Direktinvestitionen), Maßnahmen, die nicht mit handelspolitischen Motiven verknüpft sind, sich aber dennoch auf die Warenströme auswirken (Normen und Standards, z. B. umweltpolitische Produktnormen, Abgasvorgaben, Verpackungsvorschriften, Sicherheitsvorschriften, aber auch Verwaltungsvorschriften und Öffnungszeiten von Behörden) und Antidumpingzoll, Retorsionszoll, Ausgleichszoll (auch Strafzoll) und Bevorzugungen in der staatlichen Auftragsvergabe. Nicht tarifäre Handelshemmnisse stellen all jene Behinderungen im Außenhandel dar, die sich aus Vorschriften und internen Anweisungen für die Verwaltung – insbesondere der Zollverwaltung – ergeben und so gegebenenfalls zu Verzögerungen der Zollabwicklung führen können; verwaltungsbedingte Handelshemmnisse werden „administrative Handelshemmnisse" oder „administrativer Protektionismus" genannt. Nicht-tarifäre Handelshemmnisse führen ebenso wie tarifäre Hemmnisse zu Verzerrungen zwischen den Weltmarktpreisen (Terms of Trade) und den heimischen Güterpreisen. Bei tarifären Handelshemmnissen führt diese Verzerrung zu Steuereinnahmen, bei mengenmäßigen Restriktionen fallen Quotenrenten an.

Nominalzoll

Zollsatz (Einfuhrzoll), so wie er dem Zolltarif zu entnehmen ist. Weichen die Nominalzölle für die verschiedenen Fertigungsstufen eines Gutes voneinander ab, ergibt sich faktisch ein anderer (meist höherer) Zollschutz (effektive Protektion) bei der Einfuhr.

Nord-Nord-Handel

Außenhandel zwischen Industrieländern, in Abgrenzung zum Süd-Süd-Handel zwischen Entwicklungsländern.

Nord-Süd-Handel

Handel zwischen Industrieländern und Entwicklungsländern, in Abgrenzung zum Nord-Nord-Handel und Süd-Süd-Handel.

Normalwert

Wert einer Ware, anhand dessen festgestellt wird, ob die Ware bei Einfuhr in die Europäische Union (EU) zu gedumpten Preisen verkauft wird. Der Normalwert wird normalerweise anhand der Preise festgestellt, die im Ausfuhrland der Ware normalerweise von unabhängigen Abnehmern gezahlt werden. Sind brauchbare Preise dieser Art nicht vorhanden, kann der Normalwert subsidiär anhand der Kosten oder des Preises in einem vergleichbaren dritten Land bestimmt werden (Antidumping-VO (EG) Nr. 1225/2009).

1. *Zollrecht:* Zollwert.

2. *Umsatzsteuer:* in der Mehrwertsteuersystemrichtlinie (und damit auch in der Rechtsprechung des EuGH zur Umsatzsteuer) Bezeichnung für einige Unterarten der Mindestbemessungsgrundlage, vgl. Art. 77, 80 MWStSystRL.

O

Offene Volkswirtschaft

Volkswirtschaft, die außenwirtschaftliche Beziehungen auf den Güter- und Faktormärkten unterhält.

Offenheit Offset Account

Verrechnungskonto, das im Verrechnungsverkehr zwischen zwei Ländern in einer Drittwährung (meist in US-Dollar) geführt wird.

Optimaler Währungsraum

Begriff: Die Theorie des optimalen Währungsraums betont, dass die Abwägung der Vor- und Nachteile der Wechselkursflexibilität nur unter Bezugnahme auf konkrete Besonderheiten der jeweils infrage stehenden Länder erfolgen kann, und sie kommt auf diese Weise zum Schluss, dass es Regionen mit gemeinsamer Währung bzw. intern fixierten Kursen geben soll, während zwischen diesen Regionen die Wechselkurse flexibel sein sollen. Dies scheint genau jener Weg zu sein, der auch in der Praxis beschritten wird, zweifelhaft aber scheint, ob die Praxis dabei die von der Theorie betonten Kriterien für einen optimalen Währungsraum beachtet.

(1) *Das Mundellsche Kriterium* betont die Faktormobilität. Wenn zwei (oder auch mehrere) Länder auf asymmetrische Weise durch Nachfrage- oder Angebotsschocks getroffen werden, so kann die Anpassung entweder auf der Mengen- oder auf der Preisseite erfolgen. Das Mundellsche Kriterium besagt, dass eine Wechselkursfixierung bei fixen nominellen Güterpreisen die Preisanpassung unmöglich macht, und dass die dann erforderliche Mengenanpassung entweder Faktorwanderungen zwischen diesen Ländern erfordert, oder aber zu Unterbeschäftigung in einzelnen Regionen führen wird. Optimale Währungsräume sind danach durch ein hohes Maß an interner Faktormobilität gekennzeichnet.

(2) *Das McKinnonsche Kriterium* betont, dass die Verwendung des nominellen Wechselkurses als Instrument der Preisanpassung mit einem Inflationseffekt für das abwertende Land verbunden ist, und dass dieser Inflationseffekt umso größer ist, je größer die *Offenheit* dieser Ökonomik auf den Gütermärkten ist. Dabei ist Offenheit zu interpretieren als Anteil der mit dem anderen Land gehandelten Güter im Warenkorb der Verbraucher.
Das Mundellsche Kriterium ist also nach *R. McKinnon* dergestalt zu ergänzen, dass Länder dann keine flexiblen Wechselkurse haben sollten, wenn sie über die *Gütermärkte* sehr stark verflochten sind.

(3) *Das Kriterium von Kenen* betont die Wahrscheinlichkeit, mit der zwei (oder mehrere) Länder durch asymmetrische Schocks getroffen werden.
Länder mit sehr stark diversifizierten Produktionsstrukturen werden durch Nachfrageveränderungen bei einzelnen Gütern im Allgemeinen weniger hart getroffen, als Länder mit stark konzentrierten Produktionsstrukturen. Demnach stellt die Wechselkursfixierung eine umso

geringere Gefahr dar, je *stärker diversifiziert die Produktionsstruktur* eines Landes ist.

(4) *Ingarm* stellt ab auf die Integration von Finanzmärkten. Länder mit hoher Finanzintegration sind eher für feste Wechselkurse prädestiniert.

Optimalzoll

Jener Zollsatz, der den positiven Terms of Trade-Effekt des Zolls für ein großes Land auf optimale Weise ausnutzt. Im *Fall eines großen Landes* entsteht als Wirkung eines Zolls neben den angebots- und nachfrageseitigen Verzerrungen auch ein positiver Terms-of-Trade-Effekt. Für sehr kleine Zollsätze überwiegt dieser positive Effekt, für sehr große Zollsätze (z. B. Prohibitivzoll) überwiegt der negative Verzerrungseffekt. Dazwischen liegt der Optimalzoll bei dem die beiden Effekte einander die Waage halten. Im Optimum ist der Zollsatz gleich dem Kehrwert der Preiselastizität des Importangebots.

Die Terms-of-Trade-Verbesserung für das importierende Land ist natürlich eine Terms-of-Trade-Verschlechterung für das Ausland. Die Optimalzollpolitik geht also zulasten des Auslandes.

Aus der Sicht eines kleinen Landes ist die Preiselastizität des Importangebots unendlich, sein optimaler Zollsatz ist also null.

Overshooting

Überschießen des nominellen Wechselkurses über seinen langfristigen, durch die Kaufkraftparitätentheorie vorgegebenen Gleichgewichtswert.

P

Pandemie

Pandemien (länderübergreifende, kontinentübergreifende, weltweite Verbreitungen) von Krankheiten, die durch Erreger wie Viren (Virus-Erkrankung) verursacht werden, haben das Potenzial zu großen gesellschaftlichen Krisen und insbesondere Wirtschaftskrisen. Pandemien sind insbesondere bekannt von Influenza-Viren, z. B. Spanische Grippe (1918, H1N1), Asiatische Grippe (1957, H2N2), Hongkong-Grippe (1968, H3N2) Russische Grippe (1977, H1N1), und Schweinegrippe (2009, H1N1), Corona-Viren (SARS, SARS-CoV-2, COVID-19-Pandemie), HIV und bakteriellen Erkrankungen wie der Pest im Mittelalter. Auch die Pocken-Viren haben bis zu ihrer Ausrottung 1978 zu Pandemien geführt. Weitere bakterielle Erreger die weltweit zu Pandemien führen sind Cholera und Typhus. Ein einzelliger Erreger der zu weltweiten Pandiemen führt ist das *Plasmodium falciparum,* das Malaria verursacht. Neue Zoonosen (Übertragungen von Tieren auf Menschen) treten regelmäßig auf und führen zu neu entstehenden Erkrankungen.

Parität

Gleichheit des Wertes zweier Währungen oder auch Tauschverhältnis zwischen zwei Währungen; in der Regel (vertraglich) festgelegtes Verhältnis (Wechselkurs) zwischen zwei Währungen.

Paritätstabelle

Paritätentabelle; Zusammenstellungen aller Kursparitäten der einzelnen Währungen. Wichtig bei Arbitrage.

Pazifik-Allianz

Auch Pazifische Allianz (span. *Allianca del Pacífico*); ist eine Freihandelszone, die am 6.6.2012 von den vier Gründungsmitgliedern Chile, Peru, Mexiko und Kolumbien gegründet worden ist. Sie wird auch als Handels-Block bezeichnet.

1. *Ziele:* Die Freihandelszone dient der regionalen wirtschaftlichen Integration im Rahmen des Regionalismus, da das Welthandelssystem der Welthandelsorganisation (WTO) weiter nicht entscheidend vorankommt (Krise des Multiltateralismus). Neben der Förderung des regionalen Handels und der wirtschaftlichen Integration sind spätere Ziele eine Zollunion, die Sicherstellung der Reise- und Visafreiheit sowie der Garant eines gemeinsamen Börsenplatzes. Nach außen treten die Nationen der Pazifik-Allianz in vielen Ländern gemeinsam auf, sodass auch gemeinsame Botschaften entstehen sollen.

2. *Bedeutung:* Die Pazifik-Allianz umfasst eine Bevölkerung von 210 Mio. Menschen und eine gemeinsame Wirtschaftsleistung von 39 % Lateinamerikas.
Würden die vier Staaten als gemeinsamer Staat im weltweiten Vergleich auftreten, wäre das Ergebnis die (kombiniert) achtgrößte Wirtschaftsnation (noch vor Indien). Die vier Gründungsmitglieder der Pazifik-

Allianz exportierten im Jahr 2010 zusammengenommen 60 % mehr Waren als der MERCOSUR. Im Mai 2016 wurden 92 % aller Zölle zwischen den Gründungsmitgliedern abgeschafft. Bis Ende 2020 sollen alle Zölle und sonstigen Handelsschranken (nicht tarifäre Handelshemmnisse) zwischen den Gründungsmitgliedern abgeschafft werden.

3. *Erweiterung:* Nach den vier Gründungsmitgliedern sind bereits zwei Beitrittskandidaten benannt worden: Costa Rica und Panama. Beitrittsverhandlungen mit Costa Rica laufen bereits seit Februar 2014. Honduras hat im Oktober 2016 den Beitritt beantragt, Guatemala hat konkretes Interesse am Beitritt geäußert und Ecuador hat im Juni 2018 den Beitritt angekündigt. Uruguay wurde eingeladen beizutreten und Kanada hält einen Beitritt für natürlich und notwendig. Assoziierte Mitglieder sind Australien, Kanada, Neuseeland und Singapur. Insgesamt 55 Staaten haben einen Beobachterstatus, u. a. Deutschland und die USA.

4. *Entwicklung und Perspektiven:* Der pazifische Raum ist wirtschaftsgeographisch von großer Bedeutung für den Welthandel und die regionale Integration. Neben der Asiatischen Freihandelszone AFTA, der ASEAN sind insbesondere die Trans-Pacific Partnership (TPP), die Comprehensive and Progressive Agreement for Trans-Pacific Partnership (CPTPP) sowie die Regional Comprehensive Economic Partnership (RCEP) von Bedeutung, wobei die TPP gescheitert ist und die CPTPP und die RCEP Mitte 2018 noch nicht in Kraft getreten sind. Durch die Schaffung weiterer und funktionierender Freihandelszonen werden die Mitbewerber und Konkurrenten unter Druck gesetzt. Auch Kanada und Australien sowie Neuseeland und Singapur müssen sich mit der Pazifik-Allianz als neuem Handels-Block auseinandersetzen. Sollte eine Erweiterung gelingen, was angesichts des kurzfristigen Erfolgs und der bereits laufenden Beitrittsverhandlungen zu erwarten ist, entsteht in Mittel- und Südamerika ein ernstzunehmender Handels-Block, der nach Nordamerika, Ostasien und Europa ausstrahlt. Für den freien Welthandel wird dieser Handels-Block in der Zeit von Handelskriegen und der Blockade des Multilateralismus nützlich sein.

Petrodollar

1. *Begriff:* Dollareinnahmen aus dem Verkauf von Erdöl (Rohöl). Wesentliche Einnahmquelle in resourcenabhängigen Volkswirtschaften, z. B. Iran, Irak, Nigeria, Russland, Venezuela.

2. *Funktion:* Seit dem Zweiten Weltkrieg wird der Handel mit Rohöl vorwiegend in US-Dollar abgerechnet.

3. *Bedeutung:* Die große und konstante Abhängigkeit der Weltwirtschaft vom Rohöl hat zur Folge, dass der Wechselkurs jedes Landes gegenüber dem US-Dollar eine entscheidende ökonomische Größe ist – schließlich beeinflusst er in großem Maß die Rohstoffpreise eines Landes. Andererseits verursacht die fast ausschließliche Dollarfakturierung Verbindlichkeiten der US-Zentralbank gegenüber den erdölexportierenden Ländern in enormem Umfang, da diesen Ländern durch den Ölexport große Dollarbestände zufließen. Politisch ist die USA daran interessiert, Dollarbeträge in Länder zu transferieren, deren politisches System den USA gewogen ist. Einige Staaten versuchen inzwischen der Fixierung auf den US-Dollar durch Fakturierung der Rohöllieferungen in Euro entgegenzuwirken (v. a. China, Iran, Syrien, Venezuela), sogenannter *Petroeuro*.

4. *Notierung an Rohstoffmärkten:* Rohöl wird an den Rohstoffmärkten in US-Dollar notiert (pro Barrel Rohöl, das sind 159 L).

Politische Ökonomie der Protektion

Ein besonderes Forschungsprogramm der realen Außenwirtschaftstheorie, das die real existierenden Formen der Protektion bzw. Handelspolitik durch eigennütziges Verhalten politischer Akteure im Rahmen bestimmter politischer Systeme zu erklären versucht. Die konkrete Gestaltung der Handelspolitik – wie im Prinzip auch beliebiger anderer Bereiche der Wirtschaftspolitik – wird nicht über deren Gesamtwohlfahrtswirkung erklärt, sondern über deren Einkommensverteilungswirkung, in Verbindung mit Besonderheiten des politischen Prozesses, welche der einen oder anderen Gruppe von Nutznießern einer bestimmten Politik zum Durchbruch verhilft.

Portfolio-Ansatz

1. *Begriff:* Theoretischer Ansatz zur Wechselkursbestimmung (z. B. das *Branson-Modell*) für Situationen mit hoher, aber nicht perfekter internationaler Kapitalmobilität. Resultiert aus der *bestandsgrößenorientierten* Betrachtung des Devisenmarktes.

2. *Darstellung:* Der gleichgewichtige nominelle Wechselkurs ist nach dem Portfolio-Ansatz jener Kurs, bei dem renditeorientierte Anleger die gegebenen Bestände der in verschiedenen Währungen notierten Finanzaktiva, die annahmegemäß als imperfekte Substitute betrachtet werden, zu halten bereit sind *(Portfoliogleichgewicht)*. Dies erfordert – in Abhängigkeit vom Grad der internationalen Kapitalmobilität – ganz bestimmte Risikoprämien. Diese wiederum hängen bei gegebenen Zinssätzen und gegebenen Wechselkurserwartungen vom Wechselkurs ab, sodass ein Portfoliogleichgewicht nur bei einem ganz bestimmten Wechselkurs erreicht wird.
Bedingt durch die für den Portfolio-Ansatz charakteristische Annahme der imperfekten Substitutionalität in- und ausländischer zinstragender Assets besteht für die Zentralbank diskretionärer Spielraum zur Beeinflussung des heimischen Zinssatzes und des Wechselkurses. Verbindung von Strom- und Bestandsgleichgewichten dadurch, dass Ungleichgewicht der Leistungsbilanz mit entsprechenden, aber entgegen gesetzten Veränderungen der Bestände an ausländischen Wertpapieren einhergehen. Hierdurch werden Rückwirkungen auf die Assetmärkte ausgelöst.

Positionswechsel

Ursprungserwerb einer Ware nach den sogenannten *Listenkriterien* in den Anhängen der Ursprungsregeln. Gilt für den außenwirtschaftsrechtlichen Ursprung und präferenzrechtlichen Ursprung. Mit der Position ist die vierstellige Codierung der Nomenklatur des Harmonisierten Systems zur Bezeichnung und Codierung von Waren (HS).

Präferenzabkommen

Preferential Trade Agreement (PTA); vertraglich geregelte Vorzugsbehandlung. In der Außenwirtschaft Einräumung eines Präferenzzolls/Vorzugszolls (Einfuhrzoll, Reduzierung bis auf Null in Abweichung vom Drittlandszollsatz/MFN-Zollsatz), entweder einseitig (z. B. EU gegenüber Waren aus Entwicklungsländern) oder gegenseitig. Präferenzabkommen verstoßen grundsätzlich gegen den WTO-/GATT-Grundsatz der Meistbegünstigung (MFN), allerdings sind für die regionale Handelsintegration Ausnahmen aufgrund von Art. XXIV GATT möglich. Meist werden in den Präferenzabkommen auch Regelungen getroffen bezüglich der zulässigen Kumulation, d. h. ob und welche Wertschöpfungsvorgänge in verschiedenen Ländern (Präferenzzonen) für die Ursprungsbestimmung in einem anderen Präferenzabkommen anerkannt werden.

Präferenzspanne

Unterschied zwischen der Höhe des Präferenzzolls und dem höheren Zollsatz nach dem Meistbegünstigungsprinzip des GATT (Drittlandszollsatz), der auf Waren aus anderen Länder, die nicht in das Präferenzsystem einbezogen sind, angewandt wird.

Präferenzzoll

Vorzugszoll; Zoll auf die Einfuhr von Waren aus bestimmten Länder, der niedriger ist als der Zoll auf die betreffende Ware bei Importen aus anderen Ländern; *Gegenteil:* Drittlandszollsatz. Präferenzzölle verstoßen eigentlich gegen das Prinzip der Meistbegünstigung (Most Favoured Nations, MFN), werden vom GATT bzw. World Trade Organization (WTO) aber trotzdem in großem Umfang zugelassen. Präferenzzölle ergeben sich zum einen aus bi- oder multilateralen Abkommen. So hat die Europäische Union (EU) gleich oder ähnlich lautende Abkommen

u. a. mit den EFTA-Staaten (EFTA), Mittelmeeranrainern, Mexiko, Chile, Südafrika und Südkorea geschlossen. Zum anderen gewährt die EU einseitig Entwicklungsländern (den AKP-Staaten) Präferenzen für die Einfuhr deren Waren in die EU.

Preisdumping

Liegt vor, wenn auf Exportmärkten für dieselben Güter niedrigere Preise verlangt werden als auf dem Inlandsmarkt (regionale Preisdifferenzierung).

Preisnotierung

Wechselkurs, bei dem der Preis für eine (bzw. 100) ausländische Währungseinheiten in einheimischer Währung ausgedrückt wird (z. B. 1 US$ = 0,9546 €). Der spiegelbildliche Mengenwechselkurs drückt rechnerisch das exakt gleiche Wertverhältnis aus.

Produktionsgewinn aus internationalem Handel

Wenn das Tauschverhältnis im internationalen Handel (Terms of Trade) von der bei Autarkie relevanten Grenzrate der Transformation abweicht, dann kann eine Volkswirtschaft durch Reallokation immer eine Erhöhung ihres gesamten Outputwertes erzielen. Dies bezeichnet man als *Produktionsgewinn durch internationalen Handel*.

Produktzyklustheorie

Die Produktzyklustheorie betont die Veränderung komparativer Vorteile für einzelne Güter im Zeitverlauf. In der *Einführungsphase* ist das technische Know-how für den komparativen Vorteil entscheidend. Die

Produkteinführung solcher Güter erfordert gute Kommunikationsmöglichkeiten zwischen Produzenten und Nachfragern, und diese sind im Inland eher gegeben als international (Linder-Hypothese). Nach der erfolgreichen Einführung solcher Produkte entsteht in der *Reifephase* die Möglichkeit des Exports in Länder mit ähnlicher Nachfragestruktur. Elemente der Produktdifferenzierung und Größenvorteile können diesen Effekt noch verstärken. Nach einer gewissen Zeit wird das Produkt standardisiert, und die erwähnten Kommunikationserfordernisse verlieren ihre Bedeutung. An deren Stelle bestimmen Kostenüberlegungen die komparativen Vorteile. Je nach Faktorausstattung der einzelnen Länder kann dann die Produktion solcher Güter in der *Stagnationsphase* in das Ausland wandern, und das Gut wird in weiterer Folge zu einem Importgut (Heckscher-Ohlin-Handel). Schließlich kann das Gut durch die Einführung neuer Güter im Inland vollständig ersetzt werden *(Degeneration).*

Prohibitivzoll

Jener Zollsatz, bei dem die Importe des betreffenden Gutes wegen der extremen Zollbelastung zum Erliegen kommen. Wirkt faktisch wie ein Einfuhrverbot.

Protektion

1. *Allgemeiner Begriff* für verschiedene handelspolitische Maßnahmen (tarifäre Handelshemmnisse oder nicht tarifäre Handelshemmnisse), deren Zweck es ist, einzelne Sektoren einer Volkswirtschaft vor Importkonkurrenz zu schützen oder der eigenen Exportwirtschaft Vorteile auf dem internationalen Markt zu verschaffen.

2. *Das klassische Instrument* ist der *Einfuhrzoll,* mit dem die Preise für Importprodukte so weit angehoben werden können, dass sie keine Konkurrenz für heimische Produkte mehr darstellen. Im Rahmen mehrerer allgemeiner Zölle jedoch weltweit derart gesenkt worden, dass

sie als Handelshemmnis unter Industrieländern kaum noch eine Rolle spielen. Zunehmendes Gewicht haben allerdings Antidumpingzölle, die gezielt als Abwehrmaßnahme auf bestimmte Warenimporte aus einzelnen Ländern erhoben werden. Diese Ausnahmeregel wird verstärkt zur Umgehung allgemeiner Zollregeln missbraucht.

3. Beim *Agrarzoll* (der ehemaligen *Abschöpfung*), wie sie in der EU-Agrarpolitik (GAP) verwendet wird, ist der Inlandspreis fest vorgegeben, und die Einfuhrabgabe wird als Differenz zum Weltmarktpreis berechnet. Dieser variable Zoll kann auch von bes. kostengünstigen Auslandsproduzenten nicht unterlaufen werden, da von ihnen eine entsprechend höhere Abschöpfungsabgabe erhoben wird.

4. *Außerhalb des Agrarbereichs* ist mittlerweile das *Einfuhrkontingent* zum wichtigsten Instrument aufgerückt. Dabei wird ausländischen Produzenten entweder eine feste Einfuhrmenge oder ein fester Anteil am gesamten Inlandsabsatz vorgegeben. Im Unterschied zum Zoll fließt hier die Differenz zwischen dem Inlandspreis und dem Weltmarktpreis nicht dem Staat des Importlandes zu, sondern entweder den Importeuren oder den ausländischen Produzenten.

5. *Einfuhrkontingente* sind nur eines unter vielen Instrumenten aus dem Bereich der nicht tarifären Handelshemmnisse. Daneben sind v. a. die *„freiwilligen" Exportselbstbeschränkungen* (Voluntary Eyport Restraints) zu nennen, bei denen sich das Exportland in Absprache mit dem Importland verpflichtet, seine Lieferungen auf bestimmte Höchstmengen zu beschränken. Analog dazu werden mit *„freiwilligen" Importausweitungsabkommen* Mindestmengen für die Importe eines Landes aus einem anderen Land festgelegt. Schließlich können auch technische Normen und Standards dazu missbraucht werden, heimischen Produzenten einen künstlichen Wettbewerbsvorteil zu verschaffen.

Protektionismus

Handelspolitische Konzeption, die durch eine ausgeprägte Neigung zu Protektion geprägt ist.

Q

Quote

Zuteilungsmenge hinsichtlich Einfuhrlizenzen, Devisen sowie Waren der Einfuhr im Fall von mengenmäßigen Beschränkungen (Importkontingentierung, Verteilungsverfahren).

Quotenreferenzverfahren

Referenzverfahren. Methode der Verteilung z. B. von Importlizenzen im Falle einer mengenmäßigen Beschränkung der Einfuhr bestimmter Waren.

R

Reale Außenwirtschaftstheorie

Reine Außenwirtschaftstheorie, güterwirtschaftliche Außenwirtschaftstheorie;
1. *Begriff:* Teilbereich der Außenwirtschaftstheorie, in dem von der Existenz des Geldes abstrahiert wird.
Gegensatz: monetäre Außenwirtschaftstheorie.
Die reale Außenwirtschaftstheorie behandelt folgende *Problembereiche:*

(1) Erklärung der Handelsstruktur.

(2) Untersuchung der Wohlfahrtswirkungen des internationalen Handels (Gains-from-Trade-Theorem), wie auch der internationalen Faktorbewegungen.

(3) Erklärung der internationalen Tauschverhältnisse (Terms of Trade) und deren Bedeutung für die Wohlfahrtswirkungen des internationalen Handels.

(4) Klärung der Frage, ob und unter welchen Bedingungen der internationale Güterhandel zu internationalem Faktorpreisausgleich führt.

(5) Analyse der Wirkung von wirtschaftspolitisch motivierten Beeinflussungen des internationalen Handels durch künstliche – tarifäre und nicht tarifäre – Handelshemmnisse.

(6) Untersuchung der Konsequenzen des internationalen Güterhandels bzw. internationalen Faktorwanderungen, sowie deren wirtschaftspolitischen Beeinflussung, für die Einkommensverteilung innerhalb eines Landes.

(7) Erklärung der empirisch beobachtbaren Formen der Protektion durch eine ökonomische Analyse des politischen Prozesses.
Methoden: Bei der Beschäftigung mit diesen Problemen setzt die reale Außenwirtschaftstheorie *mikroökonomische Methoden* ein, und dabei wiederum vorwiegend die *Theorie des allgemeinen Gleichgewichts* (auch Totalanalyse). Diese unterscheidet sich von der Partialanalyse durch die Berücksichtigung der für die gesamte Volkswirtschaft gegebenen Knappheit der Produktionsfaktoren. Dadurch entsteht typischerweise ein komplexes System der Interdependenz aller Güter- und Faktormärkte, die in der Partialanalyse jeweils isoliert betrachtet werden. Nachdem die reale Außenwirtschaftstheorie sich vorwiegend den Fragen der effizienten *Allokation* von knappen Faktoren widmet, abstrahiert sie ferner weitgehend von Problemen der *Preisstarrheit,* die ihrerseits oft Ursache von Unterbeschäftigung sind. Aus der Abstraktion von der Existenz des Geldes ergibt sich zwangsläufig, dass die reale Außenwirtschaftstheorie den internationalen Tausch von Finanzaktiva (internationaler Kapitalverkehr) nicht betrachtet.

Realignment

Anpassung des im Rahmen eines internationalen Währungssystems angestrebten fixen Wechselkurses an veränderte Fundamentaldaten durch Aufwertung oder Abwertung.

Referenzverfahren

Verfahren zur Festlegung von Einfuhrquoten bei kontingentierter Einfuhr. Bei Referenzverfahren bilden früher getätigte Einfuhren (Referenzen) die Basis, auf der die Zuteilungsmenge berechnet wird. *Formen:*

(1) *Reines Referenzverfahren:* anteilsmäßige Verteilung des Gesamtkontingents gemäß der nachgewiesenen Referenzen; neuen Importeuren wird häufig dadurch der Zugang zu bestimmten Waren erschwert.

(2) *Quotenreferenzverfahren:* Ein Teil des Gesamtkontingents (*Grundkontingent*) wird nach Köpfen (Zahl der Antragsteller) verteilt (Grund- bzw. Kopfquote), der Rest (*Zusatzkontingent*) gemäß der erbrachten Referenzen (*Referenzquote*). Endquote ist die Summe von Kopf- und Referenzquote.

Regional Comprehensive Economic Partnership

Abk. RCEP; 1. *Begriff:* Regionales Handelsabkommen im pazifischen Raum, das seit November 2012 in 31 Verhandlungsrunden und 18 Ministertreffen verhandelt worden ist und nach acht Jahren im November 2020 unterzeichnet wurde. Verhandlungspartner waren die Mitgliedstaaten des Verbandes Südostasiatischer Staaten ASEAN (Indonesien, Malaysia, Philippinen, Singapur, Thailand, Brunei, Laos, Myanmar, Kambodscha, Vietnam) sowie China, Japan, Korea, Indien, Australien und Neuseeland (ASEAN Plus 3, sowie ASEAN Plus 6). Die Verhandlungspartner und die Freihandelszone überschneiden sich teilweise mit der Mitgliedschaft zur inzwischen ratifizierten Comprehensive and Progressive Agreement for Trans-Pacific Partnership (CPTPP). Im November 2019 zog sich Indien aus den Verhandlungen über die RCEP zurück. Am 15.11.2020 wurde die RCEP in einer virtuellen Online-Konferenz förmlich unterzeichnet. Eine Ratifikation und ein vollständiges Inkrafttreten wird innerhalb von zwei Jahren bis Ende 2022 erwartet.

2. *Ziel:* Die RCEP zielt auf umfassenden Abbau der Zölle zwischen den Vertragsparteien im Rahmen einer Freihandelszone: Etwa 90 % aller Zölle werden im langen Zeitraum von 20 Jahren abgebaut. Sie legt darüber hinaus gemeinsame Handelsregeln fest und erleichtert damit auch Lieferketten. Die RCEP umfasst neben dem Handel auch Dienstleistungen, Investitionen, E-Kommerz, Telekommunikation und Urheberrechte. Die RCEP beinhaltet u. a. Regelungen zum Abbau von weiteren Handelshemmnissen und zum Investitionsschutz durch private Schiedsgerichte. Ausgeklammert bleiben Arbeitsschutz, Sozial- und Umweltstandards.

3. *Bedeutung:* Die RCEP steht als regionales Freihandelsabkommen in Konkurrenz zu zahlreichen Freihandelszonen und Zollunionen und ist ein Beispiel für den Regionalismus – da die WTO und das globale Welthandelssystem (Multilateralismus) kaum Fortschritte bei weiteren Verhandlungen aufweisen können, werden mehr und mehr bilaterale oder multilaterale Handelsabkommen mit begrenztem Teilnehmerkreis geschlossen. Weitere Beispiele sind die ratifizierten Abkommen der EU mit Japan (Japan-EU Free Trade Agreement – JEFTA), der EU mit Singapur (EUSFTA) und der EU mit Vietnam (EVFTA). Im asiatisch-pazifischen Raum steht die RCEP in direkter Konkurrenz zur ratifizierten CPTPP, die Ende 2018 in Kraft getreten ist. Daher erhöhte sich der Druck für eine Einigung der verbleibenden 15 Verhandlungsparteien erheblich. Achtmal wurden selbstgesteckte zeitliche Ziele zum Abschluss der RCEP nicht eingehalten. Die Mitgliedschaft der RCEP überschneidet sich teilweise mit der der Comprehensive and Progressive Agreement for Trans-Pacific Partnership (CPTPP). Bei einer erfolgreichen Umsetzung wäre die RCEP das größte regionale Handelsabkommen deutlich vor der Europäischen Union (EU), der North American Free Trade Agreement (NAFTA)/(USMCA) und des CPTPP: Die zunächst verhandelnden 16 Gründungsmitglieder der RCEP repräsentierten 39 % des globalen BNP und 45 % der Weltbevölkerung. Nach dem Rückzug Indiens repräsentiert die RCEP der 15 Mitgliedstaaten etwa 30 % der Weltbevölkerung (2,2 Mrd. Menschen) und knapp 29 % des BNP (vor der COVID-19-Pandemie) – die RCEP rangiert damit hinter dem Binnenmarkt der Europäischen Union. Die

Vertragsparteien gewinnen durch die Teilnahme an der RECP jeweils 0,2 % Wachstum. Beobachter werten den erfolgreichen Abschluss der RECP als wirtschaftspolitische Machtausdehnung Chinas im asiatischpazifischen Raum. Nach der Wahlniederlage von US-Präsident Trump am 3.11.2020 wird eine Rückkehr der USA zum Multilateralismus erwartet – die weitere Verhandlung von Handelspartnerschaften im asiatischpazifischen Raum ist nicht ausgeschlossen (z. B. Erweiterung der CPTPP um USA und UK).

Regionale Integration

1. *Begriff:* Zwischen den Extremen des völligen Freihandels und (theoretisch) der völligen Abkopplung von internationalen Handelsbeziehungen (Autarkie) werden in der Realität Zwischenformen praktiziert, welche die Vorteile von Freihandel mit den Vorteilen der Protektion verbinden sollen.
Es gibt verschiedene *Intensitätsstufen:*

(1) Die *Koordinierung* (gegenseitige Abstimmung) von Politikbereichen ist die schwächste Form. Sie beinhaltet keinerlei Souveränitätsaufgabe der beteiligten Staaten, lediglich eine gewisse Einschränkung. Die Vertragspartner verpflichten sich, sich in vereinbarten Teilbereichen der Politik zu unterrichten und abzustimmen.

(2) *Kooperation* bedeutet z. B. den völkervertragsrechtlichen Abschluss von Handelsabkommen, in denen die rechtlichen und sonstigen Rahmenbedingungen für den Handel zwischen zwei Staaten geregelt werden (z. B. Lieferung und Abnahme von Rohstoffen, Formalitäten für Ein- und Ausfuhren, Investitionsbedingungen, patentrechtliche Regelungen). In Abgrenzung zur Koordinierung werden bereits bestimmte legislative Aspekte gemeinsam wahrgenommen (die Abgrenzung ist fließend); die exekutiven Souveränitätsrechte verbleiben bei den Vertragspartnern.
Regionale Handelsabkommen werden auch als *Regional Trade Agreements* (RTA) bezeichnet.

(3) Erst bei Abtretung sowohl legislativer als auch exekutiver Rechte auf gemeinsame Organe, um eine gemeinsame (gegebenenfalls sachlich begrenzte) Politik zu betreiben, spricht man von *Integration*. Handels- und Kooperationsabkommen sind keine Assoziierungs- oder Integrationsabkommen, d. h. mit ihnen sind keine weitergehenden Integrationsabsichten verbunden, die über handels- oder industriepolitische Aspekte hinausgehen.

(4) *Präferenzabkommen* sind Ausnahmen von den WTO/GATT-Prinzipien (GATT) der Gegenseitigkeit bzw. der Meistbegünstigung: Unter Verzicht auf Gegenseitigkeit werden Zollvergünstigungen gewährt, die anderen Staaten vorenthalten bleiben. Auf diese werden die regulären Zollsätze für nicht-präferenzbegünstigten Einfuhren angewendet (Drittlandszollsatz).

(5) *Assoziierungsabkommen* sind als Vorstufe der Integration anzusehen. Sie sind üblich zwischen Staatenverbänden (z. B. der EU) und einzelnen Staaten. Assoziierung bedeutet ein bes. Verhältnis, das über handelspolitische Vereinbarungen hinausgeht. Die Assoziierung wird i. d. R. als eine Vorstufe zu einer Vollmitgliedschaft gedacht. Daneben wird der Begriff aber auch (missverständlich) verwendet z. B. im Zusammenhang mit Einbindung in Kooperations- und Präferenzabkommen. Die EU bezeichnet solche Verträge heute auch nicht mehr als Assoziierungsabkommen, sondern als *Interimsabkommen*. In formeller Hinsicht besteht aus Sicht der EU dabei der Unterschied, dass Assoziationsabkommen nach Art. 217 AEUV einstimmig vom Rat der Europäischen Union beschlossen werden müssen, nachdem das Europäische Parlament gehört worden ist und institutionelle Vereinbarungen vorgesehen sind, während bei Handelsabkommen nur die qualifizierte Mehrheit im Rat hinreichend ist (Art. 207 AEUV); allerdings wird das Parlament in der Praxis auch vor Abschluss von Handelsverträgen eingeschaltet.

(6) Von *Integration* im engeren Sinne sollte nur gesprochen werden, wenn die Partnerstaaten einen gemeinsamen Wirtschaftsraum entwickeln wollen. Dabei sind die folgenden Integrationsformen zu unterscheiden:

(a) Die schwächste Integrationsstufe ist eine *Freihandelszone*. In einer Freihandelszone werden untereinander handelsbehindernde Maßnahmen abgebaut, während die Mitglieder nach außen eine autonome Außenhandelspolitik betreiben.

(b) In einer *Zollunion* vereinbaren die Mitgliedsländer außer dem internen Freihandel eine gemeinsame Zollpolitik gegenüber Drittländern.

(c) In einem *gemeinsamen Markt* kommt zur internen Gütermobilität (Freihandel) auch die Faktormobilität hinzu (Produktionsfaktoren Arbeit, Boden, Kapital sind frei beweglich). In der EU wird zur Kennzeichnung des gemeinsamen Marktes der Begriff *Binnenmarkt* verwendet.

(d) Eine *Wirtschaftsgemeinschaft* (auch: Wirtschaftsunion) geht über einen Binnenmarkt hinaus, indem auch die nationale Wirtschaftspolitik zwischen den Partnerstaaten abgestimmt wird (Ziele, Einsatz wirtschaftspolitischer Mittel). Zur Verwirklichung der Wirtschaftsgemeinschaft im strengen Sinn besteht z. B. in der EU noch erheblicher Harmonisierungsbedarf. Der Begriff Wirtschaftsgemeinschaft wird jedoch auch allg. verwendet im Sinn einer wirtschaftlichen Gemeinschaft. Die meisten Integrationsräume erfüllen nicht die Kriterien für die Verwirklichung der jeweiligen Integrationsformen, sodass ihre Bezeichnungen eher Zielbeschreibungen sind.

(7) Eine *politische Union* ist die intensivste Integrationsstufe mit völliger, auch politischer Verschmelzung der Mitgliedsstaaten (Bundesländer der Bundesrepublik Deutschland, Vereinigte Staaten von Amerika, Indischer Bundesstaat etc.) und dem Übergang von einem Staatenbund zu einem Bundesstaat.

Regionalismus

1. *Begriff:* Gegenseitige außenhandelspolitische Vorzugsbehandlung von Ländern einer Region bzw. abgestimmtes Verhalten von Staaten einer Region auf Grundlage einer völkervertraglichen Vereinbarung. Von Regionalismus spricht man *nicht,* wenn ein kleines Land sich währungs- und außenhandelspolitisch an ein großes anschließt (Liechtenstein – Schweiz, San Marino – Italien, Monaco – Frankreich).
Formen: Z. B. Präferenzabkommen (zur Gewährung von Präferenzzoll), Bildung von Zollunionen, Freihandelszonen und anderen Formen der regionalen Integration, sonstige handelspolitische Vorzugsbehandlung, devisenpolitische Sonderbehandlung, Bildung gemeinsamer Systeme des Zahlungsverkehrs mit den anderen Ländern u. a. Grundsätzlich sind alle im Rahmen der Welthandelsorganisation vorgenommen Handelsliberalisierungen multilaterale Ansätze nach dem Prinzip der Meistbegünstigung (gegenüber allen Vertragsparteien). Die Welthandelsrunde von Doha ist jedoch seit 1999 ins Stocken geraten. Dem Regionalismus kommt daher seitdem eine starke Bedeutung zu – mit regionaler Integration wird ein Schritt zum (regional begrenzten) Freihandel ermöglicht, auch wenn die weltweite Situation sich nicht weiter entwickelt. Versuche der neueren Zeit, *wirtschaftlich integrierte Räume* zu bilden, sind Ausprägungen des Regionalismus (EU, MERCOSUR, CARICOM, CEMAC, UEMOA, EAC und Southern African Customs Union (SACU) sind Zollunionen; EFTA, NAFTA, ASEAN, CACM, COMESA, SADC sind Freihandelszonen). Die regionale Integration ist ein Schritt auf dem Weg zu einer Wirtschaftsunion und dem Freihandel.

Reiseverkehr

1. *Internationale Wirtschaftsbeziehungen:* Internationaler Reiseverkehr ist für einige Länder ein wichtiger Aktivposten der Zahlungsbilanz; er wird für das leistende Land als Dienstleistungsexport angesehen und verbessert die Leistungsbilanz

2. *Umsatzsteuerrecht:* Für Ausfuhrlieferungen im Reiseverkehr ins Drittlandsgebiet gilt § 17 UStDV: Ausfuhren im sogenannten nicht kommerziellen außergemeinschaftlichen Reiseverkehr (ein ausländischer Abnehmer mit Wohnort im Drittlandsgebiet erwirbt einen Gegenstand im Inland für private Zwecke und führt ihn im persönlichen Reisegepäck in das Drittlandsgebiet aus): Steuerfrei, wenn der Ausfuhrnachweis zusätzliche Angaben zu Name und Anschrift des ausländischen Abnehmers und den Identitätsnachweis durch eine Grenzzollstelle enthält.

3. *Zollrecht:* Zahlreiche Besonderheiten und Vereinfachungen gelten für die Zollabwicklung des Reiseverkehrs, z. B. Zollanmeldungen beim Durchschreiten des roten oder grünen Kanals auf einem Flughafen oder die sogenannte *Reisefreimenge,* die zollfrei bleibt. Eine rechtliche Definition des Reisenden wird in Artikel 1 Nr. 40 der Verordnung (EU) 2015/2446 (sog. UZK-DA, bzw. UZK-DelVO) getroffen.

Repatriierung

Rückführung des Einkommens von im Ausland tätigen Produktionsfaktoren (Arbeitnehmer, Kapital) in das Land der Faktoreigner.
Arten: Grenzgängereinkommen sind Bestandteil des Bruttoinlandsprodukts (BIP) des Landes, in dem die Produktion stattfindet. Es ist aber Bestandteil des Bruttonationaleinkommens (BNE) des Wohnsitzlandes der Grenzgänger. Repatriierung findet auch statt, wenn die im Land A befindliche Produktionsstätte an ihre Muttergesellschaft mit Sitz im Land B *Gewinne* abführt. Auch die *Zinseinkommen* von internationalen Portfolioinvestitionen stellen repatriierte Einkommen dar. Diese Repatriierungen finden im Rahmen der Zahlungsbilanz ihren Niederschlag in der Dienstleistungsbilanz. Das Einkommen von Gastarbeitern mit Wohnsitz im Inland zählt zum Bruttoinlandsprodukt und zum Bruttonationaleinkommen. Überweisungen von Gastarbeitern in ihr Heimatland werden im Rahmen der Zahlungsbilanz in der Bilanz der *laufenden Übertragungen* verbucht.

Reserveposition im IWF

Betrag, der von einem Mitglied des Internationalen Währungsfonds (IWF) von diesem jederzeit als Kredit zur Finanzierung von Defiziten in der Zahlungsbilanz abgerufen werden kann, ohne dass der IWF berechtigt ist, eine Rechtfertigung des Kreditwunsches zu verlangen oder die Kreditvergabe an Auflagen zu binden. Die Reserveposition im IWF umfasst die Reservetranche und eventuelle Forderungen aus der Gewährung von Krediten an den IWF. Ein in Anspruch genommener Kredit ist zu verzinsen und in konvertierbarer Währung zurückzuzahlen. Die Reserveposition im IWF zählt zu den Währungsreserven eines Landes. Die Währungsreserven setzen sich zusammen aus den Devisenreserven (Finanzaktiva in ausländischer Währung) und Gold- und Ziehungsrechten beim IWF.

Reservetranche

Teil der Reserveposition im IWF. Die Höhe der Reservetranche bemisst sich nach der Subskriptionsverpflichtung des betreffenden IWF-Mitglieds; diese entspricht der IWF-Mitgliedsquote, die zu 25 % in Sonderziehungsrechten (SZR) (früher in Gold) und zu 75 % in nationaler Währung einzuzahlen ist. Zur Reservetranche zählen alle Subskriptionsleistungen abzüglich des vom IWF nicht für seine Ausleihung eingesetzten, vom Mitglied in eigener Währung erbrachten Teils der Subskription. Bei Ländern mit einer nicht konvertierbaren, d. h. vom IWF nicht für Ausleihungen verwendbaren Währung (v. a. Entwicklungsländer) entspricht die Reservetranche demnach dem in *Sonderziehungsrechten (SZR)* eingezahlten Betrag.

Reservewährung

Währung, die als Devisenreserve verwendet wird. Der Status als Reservewährung kann einer Währung über besondere Bestimmungen eines internationalen Währungssystems betreffend die Devisenmarktinterventionen erwachsen, oder er kann sich im Laufe der Zeit durch bestimmte Entwicklungen rein faktisch ergeben.

Restposten der Zahlungsbilanz

Saldo der statistisch nicht aufgliederbaren Transaktionen. Korrekturposten, mit dessen Hilfe der statistische Ausgleich der Zahlungsbilanz formal hergestellt wird. Der Restposten der Zahlungsbilanz wird dadurch erforderlich, dass aufgrund von Unzulänglichkeiten der Zahlungsbilanzstatistik nicht für alle außenwirtschaftlich relevanten Transaktionen die entsprechenden Gegenbuchungen nach dem Prinzip der doppelten Buchführung in der Zahlungsbilanz vorgenommen werden können, z. B. die Gewährung von Handelskrediten bei Exporten oder Importen.

Ricardianisches Modell

David *Ricardo* war der Erste, der auf komparative Vorteile als Grundlage für internationalen Handel hinwies (1817). Im *Ricardianischen Modell* liegt die Ursache komparativer Vorteile in *relativen Produktivitätsunterschieden* der Produktion im In- und Ausland, die sich bei Autarkie in Relativpreisunterschieden niederschlagen. Bei Aufnahme von Handelsbeziehungen erlangen beide Länder Handelsgewinne (Wohlfahrtseffekte des Handels) durch Spezialisierung auf das Gut mit ihrem relativen Produktivitätsvorteil bzw. mit den geringsten Opportunitätskosten. In solchen Fällen existiert eine Tendenz zur vollständigen Spezialisierung.

Ricardo-Theorem

Theorem der komparativen Kosten;
komparative Vorteile. Jedes Land spezialisiert sich tendenziell auf die Produktion der Güter, bei denen die jeweiligen Opportunitätskosten geringer als in anderen Ländern sind.

Ricardo-Viner-Modell

Modell des internationalen Handels, in dem unterstellt wird, dass installiertes Sachkapital ein sektorspezifischer Faktor ist, während die Arbeit zwischen verschiedenen Sektoren frei beweglich ist. Kapital kann dann von Sektor zu Sektor unterschiedliche Renditen erwirtschaften, während der Lohnsatz im Gleichgewicht in allen Sektoren derselbe ist. Es ergibt sich dabei ein vom Stolper-Samuelson-Theorem abweichendes Ergebnis bez. der Beziehung zwischen Güterpreisveränderungen und Faktoreinkommen. Entwickelt von *Jacob Viner* auf der Grundlage der handelstheoretischen Überlegungen von *David Ricardo*.

Risikoprämie

Die Risikoprämie kann als Erklärung für auftretende Abweichungen von der Zinsparität verwendet werden. Ist der Inlandszinssatz r und der entsprechende Auslandszins r^*, dann ist die Risikoprämie p aus der Sicht des inländischen Anlegers $r - r^* = we - p$, wobei we die für den entsprechenden Zeitraum erwartete Änderungsrate des nominellen Wechselkurses (Abwertungsrate der heimischen Währung) ist. Risikoscheue Anleger verlangen Risikoprämien für das Halten von Finanzaktiva, die mit einem länderspezifischen und mit politischen Risiken verbunden sind. Je größer die *Risikoaversion* (Risikoscheu) ist, umso größer ist die erforderliche Risikoprämie p für das Portfoliogleichgewicht (Portfolio-Ansatz). Bei *Risikoneutralität* ignorieren die Anleger

Risikounterschiede zwischen verschiedenen Anlagen, und das Gleichgewicht erfordert dann eine Übereinstimmung der erwarteten Renditen verschiedener Anlagen; die Risikoprämie r muss gleich null sein.

Rohstoffe

Unbearbeitete Grundstoffe, die durch Primärproduktion (Urproduktion) gewonnen werden. In der Havanna-Charta (Bretton-Woods-System, ITO) etwas weiter gefasste volkswirtschaftliche Definition über „Grundstoffe": „Jedes Erzeugnis der Landwirtschaft, der Forstwirtschaft oder der Fischerei und jedes Mineral, einerlei, ob dieses Erzeugnis sich in seiner natürlichen Form befindet oder ob es eine Veränderung erfahren hat, die im Allgemeinen für den Verkauf in bedeutenden Mengen auf dem internationalen Markt notwendig ist."

Rybczynski-Theorem

Aussage der Außenhandelstheorie über die Auswirkung von Faktorausstattungsveränderungen auf die produzierten und gehandelten Gütermengen eines Landes unter der Annahme konstanter Güter- und Faktorpreise. Benannt nach dem polnischen Ökonomen *Taduesz Rybczynski* (1923–1988), der dieses Theorem 1955 veröffentlicht hat.

S

Sanktion

Politische Maßnahmen der Bestrafung eines bestimmten Verhaltens bzw. einer Vorgehensweise (negative Verstärkung). Häufig in der Form der vom *UN-Sicherheitsrat* oder von der EU im Rahmen der *Gemeinsamen Außen- oder Sicherheitspolitik* (GASP) gefassten Beschlüsse oder Entscheidungen. Eine Sanktion ist Grundlage für ein Embargo.

Schmutziges Floaten

Dirty Floating; zielgerichtete Interventionen auf dem Devisenmarkt in einem System mit flexiblem Wechselkurs.

Schutzzoll

Einfuhrzoll (Zoll) auf Auslandsgüter (in der EU für Einfuhren aus Staaten außerhalb des Zollgebietes der EU, die eine Zollunion ist, sogenannte Drittlandsgüter; innerhalb der EU im Binnenmarkt herrscht freier Warenverkehr) zum Schutz der inländischen Produktion vor ausländischer Konkurrenz.

Sektorspezifische Faktoren

Produktionsfaktoren, die nur für die Erzeugung einer bestimmten Kategorie von Gütern geeignet sind und die nicht in andere Verwendungsrichtungen umgelenkt werden können. Dies gilt bes. in kurzer Frist für installiertes Sachkapital.

Sonderwirtschaftszone

Free Production Zone, Investment Promotion Zone; abgegrenztes, meist physisch gesichertes Gebiet innerhalb des Wirtschaftsraums eines Staates, für das zoll-, steuer- und andere rechtliche Sonderbestimmungen und administrative Vergünstigungen gelten für Güter, die nicht in den inländischen Warenverkehr gebracht werden. Im Bankensektor gibt es analoge freie Bankenzonen (Off-Shore-Zentren).
Anders: Freihandelszone, zollrechtliche Freizone.

Sozial-Dumping

Billiges Exportangebot eines Landes aufgrund eines niedrigen Lohnniveaus bzw. niedriger Lohnnebenkosten (v. a. Sozialaufwendungen). Sozial-Dumping stellt jedoch (wie auch das Umweltdumping oder das Valutadumping) kein Dumping im Sinn des GATT-/GATS-/WTO-Vertrags dar, da beim Sozial-Dumping der Exportvorteil auf einem

allg. Kostenvorteil, nicht aber auf einer räumlichen Preisdifferenzierung beruht.
Sozial-Dumping liefert inländischen Anbietern häufig einen Vorwand, vom Staat protektionistische Eingriffe zu fordern.

Spekulative Blase

Abweichungen eines Assetpreises (Asset) von seinem Fundamentalwert, in Modellen mit rationalen Erwartungen verursacht durch Verletzung der Transversalitätsbedingung. Die Bezeichnung solcher Abweichungen als Blasen soll andeuten, dass sie eine Tendenz zur Selbstverstärkung beinhalten.
Erläuterung: Wenn die Wirtschaftssubjekte die momentan beobachteten Fundamentaldaten auch für die Zukunft erwarten, kann eine Abweichung des Assetpreises von den momentanen Fundamentaldaten nur dann entstehen, wenn die Wirtschaftssubjekte eine durch Fundamentaldaten nicht gestützte Preisänderung *erwarten*. Diese Erwartungen haben dann auch einen *tatsächlichen* Einfluss auf die Assetpreisbildung. Ist die kumulative Abweichung des Assetpreises von seinem Fundamentalwert dabei von ganz bestimmter stochastischer Natur, so kann die Abweichung auch plötzlich wieder verschwinden. Man spricht in diesem Zusammenhang von *platzenden Blasen*. Die Existenz von Blasen ist empirisch schwer nachweisbar. Dies liegt nicht zuletzt daran, dass eine Blase in Relation zu einem Fundamentalwert definiert ist, dessen Ermittlung jedoch stets vom zugrunde liegenden theoretischen Modell abhängig ist.

Spezialisierung

Spezialisierung im Außenhandel impliziert, dass sich die Länder auf die Rohstoffförderung oder Produktion von Waren und auf den Export in Länder konzentrieren, bei denen sie über *komparative Kostenvorteile,* das sind geringere Opportunitätskosten im internationalen Vergleich, verfügen.

Spezialisierungsgewinn

Ressourcenersparnis, die sich als Ergebnis der Spezialisierung ergibt. Z. B. wird die Produktivität der Faktoren gesteigert und es werden Erfahrungs- und Lerneffekte evident.

Spezifischer Zoll

Zoll, (Einfuhrzoll) der nach dem Gewicht, dem Volumen, der Länge, der Stückzahl oder einer *Kombination* solcher Bemessungsfaktoren (z. B. Volumen und Alkoholgehalt) der betreffenden Ware berechnet wird. *Beispiel:* Zollsatz = 102,4 €/100 kg. – Weniger als zehn Prozent der in der EU bestehenden Zollsätze sind spezifische Zollsätze, etwa 90 % sind *Wertzollsätze* (*ad valorem*).

Stackelberg-Führerschaft

Besonderes Modell nicht kooperativen oligopolistischen Verhaltens, entwickelt vom deutschen Ökonomen *Heinrich von Stackelberg*. Eine Firma (Führer) wählt zuerst ihre Strategie, danach passen sich die anderen auf gewinnmaximierende Weise an. Die führende Firma kann diese Reaktion der anderen vorauskalkulieren, und auf diese Weise einen höheren Gewinn erzielen, als in einem symmetrischen Oligopol.
Mathematisch ergibt sich die optimale Produktionsmenge des *Stackelberg Leaders* so, dass die *Nash*-Reaktionsfunktion des Folgenden in die Gewinnfunktion des Führers eingesetzt wird und dann die notwendigen und hinreichenden Optimierungsbedingungen ermittelt werden. Von besonderer Bedeutung für die strategische Handelspolitik, und zwar insofern, als jeder Anreiz für eine solche Politik verschwindet, wenn die heimischen Firmen eine Stackelberg-Führerschaft besitzen.

Sterilisierung

Neutralisierung; seitens der Zentralbank unternommener Versuch, die Geldmengenwirkung einer im Zuge von Devisenmarktinterventionen entstehenden Zu- oder Abnahme der Devisenreserven durch eine Offenmarktpolitik ganz oder teilweise zu kompensieren. Tritt oft bei der Aufrechterhaltung eines Systems mit fixen Wechselkursen auf, wenn die Zentralbank Devisenreserven verkaufen muss, zugleich aber eine monetäre Kontraktion vermeiden will. Dadurch wird der vom monetären Ansatz zur Zahlungsbilanztheorie betonte Prozess der Erreichung einer ausgeglichenen Leistungsbilanz verzögert. Der Sterilisierung sind allerdings Grenzen gesetzt. Noch am leichtesten möglich ohne internationale Kapitalmobilität, sogar kurzfristig völlig unmöglich bei perfekter Kapitalmobilität.

Stolper-Samuelson-Theorem

Aussage über den Zusammenhang zwischen Güterpreisen und realen Faktoreinkommen in der Welt des Heckscher-Ohlin-Theorems: Steigt der relative Preis des kapitalintensiven Gutes, so sinkt das Realeinkommen des Faktors Arbeit, und es steigt das Realeinkommen des Faktors Kapital *(Magnification Effect).*
Der *Grund für die Güterpreisveränderung* kann beliebig sein, in der ursprünglichen Formulierung des Theorems wurde dahinter jedoch eine handelspolitische Maßnahme (z. B. Zoll) gesehen.
Das Stolper-Samuelson-Theorem ist nicht nur im Zusammenhang mit Protektion und Handelspolitik relevant. Es ist eine *allgemeine* Aussage über den Zusammenhang zwischen Güterpreisen und realen Faktoreinkommen. Die Ursache für die Güterpreisveränderung ist dabei völlig irrelevant. Das Überraschende an diesem Theorem liegt darin, dass die Realeinkommen sich im Zuge von Güterpreisveränderungen unabhängig von den Präferenzen der Faktoreinkommensbezieher eindeutig verändern. Dies ist dann nicht mehr für alle Faktoren der Fall, wenn einzelne

davon *sektorspezifisch* sind, und nicht in andere Verwendungsrichtungen wandern können. Dies ist zumindest kurzfristig für installiertes Sachkapital zu erwarten.

Stromgleichgewicht

Im Rahmen makroökonomischer Modelle verwendeter Gleichgewichtsbegriff, der sich auf die Stromgrößen der Güter- und Faktormärkte bezieht. Stromgleichgewicht liegt vor, wenn das Güter- bzw. Faktorangebot der Güter- bzw. Faktornachfrage innerhalb einer Zeitspanne entspricht. Zu unterscheiden von dem ebenfalls in makroökonomischen Modellen verwendeten Begriff des Portfoliogleichgewichts, welches sich auf die Bestandsgrößen auf den Assetmärkten bezieht. Bestandsgrößen erfassen Vermögens- und Schuldenwerte zu einem bestimmten Stichtag.

Strukturelle Zahlungsbilanzungleichgewichte

Erscheinungsform der Zahlungsbilanz, wenn die Politikträger ein annäherndes Zahlungsbilanzgleichgewicht in einer angemessenen Zeit mithilfe binnenwirtschaftlicher Mittel (d. h. ohne Wechselkurskorrektur) nicht herbeiführen können.

Stufenflexibilität

Auch in Währungssystemen mit grundsätzlich festen Wechselkursen kann die Notwendigkeit auftreten, die vereinbarten festen Kurse den Realitäten anzupassen *(Realignment)*, sodass sich die Kurse in „Stufen" verändern können.

Stützungskauf

Intervention einer Notenbank auf dem Devisenmarkt.

Substitutiver Handel

Liegt vor, wenn sich die Handelsstrukturen der beteiligten Länder potenziell partiell „ersetzen" können, weil sie miteinander im Wettbewerb stehen.
Beispiel: Autoindustrie Frankreich/Deutschland.
Gegensatz: komplementärer Handel.

Süd-Süd-Handel

Handel zwischen Entwicklungsländern (Süd-Süd-Kooperation), in Abgrenzung zum Nord-Nord-Handel zwischen Industrieländern.

Swapsatz

Differenz zwischen dem Devisenterminkurs und dem Devisenkassakurs bezogen auf den Devisenkassakurs. Auf- bzw. Abschlag *(Report* bzw. *Deport)* zum bzw. vom Devisenkassakurs zur Errechnung des Devisenterminkurses. Die überwiegende Mehrheit der Devisentermingeschäfte wird im Wege des Swapgeschäfts kontrahiert.

T

Tarifäre Handelshemmnisse

Sammelbegriff für handelspolitische Maßnahmen durch vertraglich vereinbarte Zölle. Ein Zoll ist das klassische Instrument des Protektionismus, mit dem sich ein Land einen Vorteil zulasten eines anderen Landes verschafft; die Erhebung von Zöllen wird auch als „tarifäre Protektion" bezeichnet. Tarifäre Handelshemmnisse haben regulierende Wirkung beim Marktzugang. Diese Steuern werden auf Grundlage des Wertes oder der Menge des eingeführten Gutes berechnet und an den Staat oder die Zollunion abgeführt. Die grenzüberschreitenden Gütertransaktionen werden einer indirekten Steuer unterworfen (Importsteuer, Exportsteuer). Eine Importsteuer nennt man Einfuhrzoll. Sind die Steuern negativ, dann entstehen Subventionen, d. h. Importsubventionen oder Exportsubventionen. Die Steuern können auf Mengenbasis eingeführt werden, oder auf Wertbasis. Tarifäre Handelshemmnisse führen zu einer Verzerrung zwischen den Weltmarktpreisen und den im Inland relevanten Güterpreisen.

Tarifeskalation

Liegt vor, wenn die Nominalzölle (der jeweilige Einfuhrzoll) auf vorgelagerten Fertigungsstufen (Rohstoffe, Vorprodukte, Halberzeugnisse etc.) niedriger sind als die auf nachgelagerten Fertigungsstufen, sodass mit zunehmendem Verarbeitungsgrad der nominale *Zollsatz* ansteigt: *Beispiel:* Rohstoff = zollfrei, Halbfertigprodukt 5 %, Fertigprodukt 10 %. Daraus ergibt sich faktisch für die höheren Fertigungsstufen ein stärkerer Zollschutz, als sich aus dem Nominalzoll für diese Produktionsstufe ablesen lässt.

Tauschkurve

Offer Curve; geometrische Darstellung der Tauschwünsche (Exporte, Importe) eines Landes bei unterschiedlichen Terms of Trade. Diese Tauschwünsche unterliegen der gesamtwirtschaftlichen Budgetbeschränkung (Bilanzgerade), Importe und Exporte sind also bei den jeweils betrachteten Terms of Trade immer wertgleich.

Terminabschlag

Deport, negativer Swapsatz, wenn der Terminkurs geringer als der Kassakurs ist.

Terminaufschlag

Report, positiver Swapsatz, wenn der Terminkurs höher als der Kassakurs ist.

Terms of Trade

Tauschbedingungen im internationalen Handel, gegeben durch die relativen Preise der handelbaren Güter. Die Terms of Trade werden *im zweidimensionalen Fall* meist als das Verhältnis zwischen dem Preis des exportierten und dem Preis des importierten Gutes angegeben. Diese Größe gibt an, wie viele Mengeneinheiten des Importgutes die heimische Ökonomik für eine Einheit des Exportgutes tauschen kann *(reales Austauschverhältnis)*. Eine Verbesserung der Terms of Trade bedeutet, dass das Inland mehr Importgüter pro Einheit des Exportgutes erhält als vorher. Es führt zu einer Verbesserung des Außenbeitrags bzw. des Saldos der Leistungsbilanz.

Im *mehrdimensionalen Fall* werden Export- und Importpreisindizes einander gegenübergestellt. Die Terms of Trade werden durch Angebot und Nachfrage auf den Weltmärkten bestimmt. Maßnahmen, die die Importnachfrage oder das Exportangebot eines Landes verringern, führen zu einer Verbesserung der Terms of Trade, wenn Angebot und Nachfrage dieses Landes gemessen am Volumen des Weltmarktes von Bedeutung sind.

Theorie der komparativen Vorteile

Von *David Ricardo* entwickelte Theorie des Freihandels, nach der sich jedes Land auf die Güter konzentrieren sollte, bei denen es über komparative Vorteile verfügt.

Theorie des Zweitbesten

1. *Begriff:* Die Theorie des Zweitbesten wird im Rahmen der Wohlfahrtsökonomik relevant, wenn das „Erstbeste" in Form des Pareto-Optimums nicht erreichbar ist. Das Optimierungsproblem des Zweitbesten bezieht sich auf eine gesellschaftliche Situation, in der von n Bedingungen für das gesamtwirtschaftliche Wohlfahrtsoptimum mind. eine nicht erfüllt

ist. Tritt diese Situation ein, ist es möglich, dass es bei Erfüllung von n-1 Optimalbedingungen nicht zu einer Annäherung an die optimale Situation, sondern zu einer weiteren Verschlechterung der Marktergebnisse kommt. Um dies zu verhindern wird die Theorie des Zweitbesten angewendet.

2. *Außenhandel:* Im Zusammenhang mit der Handelspolitik insofern relevant, als tarifäre Handelshemmnisse im Prinzip durchaus zur Korrektur von verschiedenen Verzerrungen geeignet sind. Sie sind aber immer nur zweitbeste Maßnahmen, es sei denn, die Verzerrung selbst hat mit dem Handel zu tun.

Beispiel: Wenn die Verzerrung darin besteht, dass die gesamtwirtschaftlichen, sozialen Grenzkosten unter dem Preis liegen (etwa wegen positiver externer Effekte), dann kann zwar ein Zoll zu der gewünschten Ausdehnung der heimischen Produktion führen, er führt aber zugleich auf der Nachfrageseite in Form einer Preiserhöhung über den Weltmarktpreis eine neue Verzerrung ein. Eine weitere wichtige Erkenntnis der Theorie des Zweitbesten ist, dass eine partielle Beseitigung von Verzerrungen nicht notwendigerweise eine Wohlfahrtsverbesserung bringt. Das im Bereich der Handelspolitik wichtigste Beispiel dafür ist die Errichtung einer Zollunion oder Freihandelszone. Dort werden die Handelshemmnisse nur partiell, nämlich zwischen den Partnerländern, abgebaut, während sie gegenüber Drittländern aufrecht bleiben. Es entsteht neben dem Handelsschaffungseffekt auch ein Handelsumlenkungseffekt, deren Gesamtwirkung durchaus negativ sein kann.

Trade Facilitation Agreement

1. *Begriff:* Handelsabkommen der Welthandelsorganisation (WTO) über Handelsvereinfachungen aus dem Bali-Paket im Dezember 2013, das nach zehnjähriger Verhandlung als Durchbruch des Ringens über Vereinfachungen des Welthandels (Multilateralismus) angesehen wird („Das Wunder von Bali").

2. *Ziel:* Das Ziel des TFA ist eine Beschleunigung des grenzüberschreitenden Warenverkehrs durch die Verhinderung und den Abbau von Bürokratie an der Grenze (durch Zollkontrollen und andere Grenzkontrollen), der Veröffentlichung von Entscheidungen und Vorab-Informationen sowie der Veröffentlichung aller erforderlichen Vorschriften und Regelungen z. B. im Internet.

3. *Inkrafttreten:* Das TFA ist zu dem Zeitpunkt in Kraft getreten, an dem zwei Drittel der WTO-Vertragsstaaten das TFA ratifiziert hatten. Da seit 2016 164 Vertragsparteien Mitgliedstaaten der WTO sind, mussten 110 WTO-Vertragsparteien das TFA ratifizieren. Am 22.2.2017 ist das TFA in Kraft getreten, da zu diesem Zeitpunkt 112 WTO-Vertragsparteien das TFA ratifiziert hatten. Ende Oktober 2018 hatten bereits 139 von 164 WTO-Vertragsparteien das TFA ratifiziert.

4. *Inhalt:* Das TFA besteht aus 24 Artikeln und verpflichtet die WTO-Vertragsparteien zum Abbau von Handelshemmnissen, der Verbreitung von Entscheidungen und Vorab-Informationen sowie zur Veröffentlichung von Vorschriften. Viele Inhalte sind bereits im eigentlichen Vertragstext des GATT 1994 in den Artikeln V, VIII und X GATT enthalten und werden klarer gefasst.

5. *Umsetzung:* Die Umsetzung des TFA liegt in den Händen der WTO-Vertragsstaaten. Sie wird von der WTO, der UNCTAD, der Weltbank und der Weltzollorganisation (WZO) und anderen internationalen Organisationen finanziell und praktisch unterstützt. Für Entwicklungsländer gelten verlängerte Umsetzungszeiträume.

6. *Wirtschaftliche Prognosen:* Nach Informationen der WTO kann die Umsetzung des WTO den Umfang der Warenexporte weltweit pro Jahr um bis zu eine Billion Dollar (917 Mrd. EUR) erhöhen. Bei vollständiger Umsetzung bis 2030 wird ein jährliches Export-Wachstum von 2,7 %, mehr als 0,5 % BIP-Wachstum weltweit, 3,5 % Wachstum der Exporte für die am wenigsten entwickelten WTO-Staaten und 0,9 % Wirtschaftswachstum dieser am wenigsten entwickelten WTO-Länder jährlich erwartet. Handelskosten sollen weltweit durchschnittlich um 14,3 % sinken.

Trans-Pacific Partnership

1. *Begriff:* Im Oktober 2015 nach siebenjährigen Verhandlungen abgeschlossenes und im Februar 2016 unterzeichnetes (aber nicht ratifiziertes) Handelsabkommen von Pazifikanrainerstaaten. Verhandlungspartner waren die USA, Kanada und Mexiko (die NAFTA), Australien, Neuseeland, Japan, Chile, Peru, Brunei, Singapur, Vietnam und Malaysia. Die TPP ist ein komplexes Regelwerk, das aus 30 Kapiteln besteht. US-Präsident *Trump* (ein bekennender Gegner des freien Welthandels, Verfechter des Protektionismus und Ideengeber der *America-First-Politik*) hat am 23.1.2017 ein Präsidential-Memorandum unterzeichnet, das dem Rückzug der USA aus der TPP gleichkam. Auf dem Weltwirtschaftsforum im Januar 2018 gaben die anderen 11 Unterzeichner bekannt, gemeinsam die TPP weiter zu verfolgen, einen neuen Vertragstext auszuhandeln und diesen in Kraft zu setzen – die TPP wird in diesem Zusammenhang umbenannt in *Comprehensive and Progressive Agreement for Trans-Pacific Partnership* (CPTPP) und im weltweiten Zusammenhang allgemein als *TPP11* bezeichnet.

2. *Ziel:* Die TPP zielt auf umfassenden Abbau der Zölle zwischen den Vertragsparteien im Rahmen einer Freihandelszone. Die TPP beinhaltet daneben u. a. Regelungen zum Abbau von weiteren Handelshemmnissen, zum Schutz des geistigen Eigentums und zum Investitionsschutz durch private Schiedsgerichte.

3. *Inkrafttreten:* Die TPP wäre entweder in Kraft getreten, wenn innerhalb von zwei Jahren alle zwölf Vertragsstaaten die Ratifikation vorgenommen hätten, oder nach Ablauf von zwei Jahren, wenn mindestens sechs Staaten, die zusammen 85 % des Bruttoinlandsproduktes der Vertragsstaaten umfassen, das Abkommen ratifiziert hätten. Nach dem Rückzug der USA waren diese Bedingungen nicht mehr zu erfüllen und mussten neu verhandelt werden.

4. *Beitrittskandidaten:* Neben den elf Gründungsstaaten haben verschiedene Pazifikanrainer den Beitrittswillen bekundet: Costa Rica, Kolumbien, Indien, Bangladesch, Südkorea, Indonesien, die Philippinen,

Taiwan, Thailand, Kambodscha und Laos. Die Volksrepublik China ist derzeit nicht am Beitritt interessiert. Das United Kingdom (UK) hat im Rahmen der Brexit-Austrittsverhandlungen aus der EU mitgeteilt, über einen Beitritt zur TPP (nun der CPTPP) nachzudenken.

5. *Bedeutung:* Die TPP steht als multilaterales Freihandelsabkommen in Konkurrenz zu zahlreichen Freihandelszonen und Zollunionen und ist ein Beispiel für den Regionalismus – da die WTO und das globale Welthandelssystem (Multilateralismus) kaum Fortschritte bei weiteren Verhandlungen aufweisen können, werden mehr und mehr bilaterale oder multilaterale Handelsabkommen mit begrenztem Teilnehmerkreis geschlossen. Weitere Beispiele sind die derzeit noch nicht ratifizierten, bzw. noch nicht fertig verhandelten Abkommen der EU mit Kanada (Comprehensive Economic and Trade Agreement, CETA, seit 2017 Handelsteil in vorläufiger Anwendung) und mit den USA (Transatlantic Trade and Investment Partnership, TTIP).

6. *Aktuelle wirtschaftspolitische Entwicklungen:* Durch den Rückzug der USA konnte die TPP nach dem ursprünglichen Vertragstext von den anderen Unterzeichnern nicht ratifiziert werden. Die bisherige Ratifikationsregelung besagte, dass entweder alle Unterzeichner innerhalb von zwei Jahren für das Inkrafttreten ratifizieren müssen oder sechs Unterzeichner die TPP ratifizieren müssen, welche insgesamt 85 % des BIP der originär unterzeichnenden Staaten umfasst. Beide Regelungen waren ohne die USA nicht für die anderen Vertragsparteien möglich. Australien hat nach dem Rückzug der USA die Initiative ergriffen, um die Volksrepublik China zum Beitritt zu bewegen. China konzentriert sich jedoch auf ein eigenes Freihandelsabkommen im pazifischen Raum, die Regional Comprehensive Economic Partnership (RCEP), die zwischen der ASEAN plus Sechs ausgehandelt wird. Im Januar 2018 haben die 11 anderen TPP-Unterzeichner bekanntgegeben, ohne die USA einen neuen Vertragstext auszuhandeln und die TPP zu gründen. Das Vertragswerk wird dabei umbenannt in *„Comprehensive and Progressive Agreement for Trans-Pacific Partnership"*, die weltweit auch als *TPP11* bezeichnet wird. Die CPTPP ist Ende Oktober 2018 von sechs der 11 Vertragsparteien ratifiziert worden und tritt daher Ende 2018 in Kraft.

Transatlantic Trade and Investment Partnership

Deutsch: Transatlantisches Freihandelsabkommen, offiziell Transatlantisches Handels- und Investitionspartnerschaft, ist in Verhandlung zwischen den Vereinigten Staaten von Amerika (USA) und der Europäischen Union (EU). Das Freihandelsabkommen wird seit Juli 2013 geheim verhandelt bis Oktober 2016 waren 15 Verhandlungsrunden angesetzt. Ein Abschluss sollte bis Ende 2016 erfolgen, der Erfolg der Verhandlungen ist jedoch aufgrund von unterschiedlichen Verhandlungspositionen und erheblichen Protesten von Interessengruppen und der Zivilgesellschaft, die allesamt Einschränkungen der in der EU und Deutschland erreichten Datenschutz-, Sozial- und Umwelt-Standards befürchten, stark gefährdet.

Insbesondere die privaten Schiedsgerichte sind ein Streitpunkt der Verhandlungspartner und nach Einschätzung der deutschen Regierung bewegt sich die USA in den Verhandlungen bislang zu wenig, um einen schnellen Abschluss erreichen zu können, wenn dieser bei der verhärteten Verhandlungssituation überhaupt möglich ist.

1. *Ziel:* Freihandelsabkommen zwischen USA und der EU mit dem Ziel des fast vollständigen Abbaus der Zölle (ca. 97 % der derzeitigen Zölle) und sonstigen Handelsschranken sowie eines verbesserten Investitionsschutzes und festgeschriebener Sozial- und Umweltstandards, das im Rahmen des Bilateralismus und Regionalismus mit dem Ziel der Gründung einer Freihandelszone ausgehandelt wird. Die beiden größten und bedeutendsten Wirtschaftsräume der Welt versuchen mit dem TTIP zum wiederholten Mal eine Freihandelszone zu schaffen.

2. *Verhandlungsstand:* In bislang 15 angesetzten Verhandlungsrunden wurden abwechselnd in Brüssel und verschiedenen Orten in den USA in geheimen Verhandlungen die TTIP-Entwürfe erarbeitet, die allerdings noch nicht vollständig verhandelt sind. Verlängerungen der Verhandlungen sind sehr wahrscheinlich. Ob es letztlich zu einem Verhandlungsabschluss kommt, ist nach der Wahl des neuen US-Präsidenten *Trump* und seiner „America first"-Politik im Herbst 2016 sehr unwahrscheinlich. Aufgrund sehr starker Proteste von

Globalisierungsgegnern, Experten und anderen Kritikern stocken die Verhandlungen (auch wegen der starren Positionen der Verhandlungspartner) und der deutsche Wirtschaftsminister Gabriel hält die TTIP-Verhandlungen derzeit für gescheitert, da bislang in keinem der verhandelten Kapitel wirkliche Einigungen erzielt worden sind.

3. *Proteste, Gutachten, Urteile und Ratifikationsprozess:* Viel stärker als bisher steht die geheime Verhandlungsführung der Europäischen Kommission im Fokus der Öffentlichkeit und viele Interessensgruppen und Teile der Zivilgesellschaft haben massiven Protest geäußert und künftige Verfassungsbeschwerden beim Bundesverfassungsgericht (BVerfG) angekündigt. Im zeitlich davor liegenden Freihandelsabkommen mit Kanada (Comprehensive Economic and Trade Agreement, CETA) sind die Proteste v. a. nach Abschluss der Verhandlungen aufgekommen und Eilanträge zur Verhinderung der Unterzeichnung und vorläufigen Anwendung des CETA sind beim BVerfG am 13. Oktober 2016 gescheitert. Das CETA ist am 30. Oktober 2016 unterzeichnet worden. Die Kommission sieht grundsätzlich auch das TTIP als reines Freihandelsabkommen und damit vollständig in der (übertragenen) Kompetenz der EU. Die Mitgliedstaaten und viele Kritiker haben jedoch auf die vielen Regelungsinhalte und Berührungspunkte mit anderen Themenfeldern hingewiesen, die nicht im Regelungsbereich der EU liegen, weswegen diese das TTIP als sogenanntes „gemischtes Abkommen" betrachten, was zur Folge hat, dass es von allen nationalen Parlamenten der EU-Mitgliedstaaten ratifiziert werden muss. TTIP enthält neben den eigentlichen Freihandelsregelungen umfassende Regelungen zur regulatorischen Kooperation, zum Investitionsschutz, zur nachhaltigen Entwicklung, zum Umweltschutz und zu Arbeitsstandards. Die Kommission hat für den Abschluss des Freihandelsabkommens mit Singapur beim Europäischen Gerichtshof (EuGH) ein Rechtsgutachten nach Art. 218 Abs. 11 AEUV in Auftrag gegeben, welches den tatsächlichen Status des Abkommens feststellen soll (Gutachten EuGH 2/15). Im Mai 2017 hat der EuGH geurteilt, dass die nationalen Parlamente diese neuen Freihandelsabkommen ratifizieren müssen. Verschiedene Interessensverbände haben in Deutschland Verfassungsbeschwerden beim BVerfG angekündigt und verschiedene Gruppen sammeln Unterschriften für ein Volksbegehren gegen TTIP.

4. *Ökonomische Prognosen:* Ein Gutachten des ifo-Instituts in München im Auftrag des Bundesministeriums für Wirtschaft und Energie (BMWi) aus dem Jahr 2013 kommt zum Schluss, dass durch die TTIP Handelsschaffungsgewinne von mindestens 67 % zu erwarten sind. Die Handelsschaffung ist ein Vielfaches dessen, was aus beobachtbaren Zollreduktionen zu erwarten wäre. In allen direkt durch die transatlantische Freihandelsinitiative betroffenen Ländern kommt es zu einer Ausweitung des Handels. Durch eine umfassende Handelsliberalisierung steigt im globalen Durchschnitt die Wohlfahrt (das reale Einkommen) in der langen Frist um etwa 3,3 %. In Deutschland nimmt sie um etwa 4,7 % zu, in Frankreich um 2,6 %. Die USA und Großbritannien präsentieren sich als die wichtigsten Gewinner mit respektive 13,4 % und 9,7 %. Länder, mit denen entweder die EU oder die USA bereits Freihandelsabkommen unterhalten, sind die wichtigsten Verlierer. Dazu zählen Mexiko, Kanada, oder Chile, aber auch die Länder Nordafrikas. Eine Analyse unter Berücksichtigung von Arbeitsmarkteffekten zeigt, dass in Deutschland bis zu 110.000 und in der EU insgesamt 400.000 Arbeitsplätze entstehen. Die Beschäftigungszuwächse in den USA sind geringer. In Kanada und Mexiko kommt es nur zu sehr geringen, teilweise positiven Beschäftigungseffekten. Der Rest der Welt verliert etwa 240.000 Jobs. Ein weiteres von der Kommission, DG Trade, in Auftrag gegebenes Gutachten des Centere for European Policy Research in London kommt zu folgenden Prognosen: Die EU würde pro Jahr wirtschaftliche Zuwächse von 119 Mrd. EUR zu verzeichnen haben, die USA Zuwächse von 95 Mrd. EUR pro Jahr. Die Zuwächse auf beiden Seiten des Atlantiks würden eben nicht zu Lasten anderer (ärmerer) Weltgegenden gehen, sondern auch den globalen Handel um jährlich zusätzlich 100 Mrd. EUR erhöhen. EU-Exporte würden sich um 28 % erhöhen und insgesamt würden sich die Exporte der EU um 6 % und die Exporte der USA um 8 % erhöhen. Allerdings hat eine Bertelsmann-Studie für den deutschen Arbeitsmarkt nur ein Sinken der Arbeitslosenquote von 0,11 % vorhergesagt.
Und andere, kritische Studien von renommierten US-Universitäten sagen z. B. ein Sinken des Intra-EU-Handels voraus, welche die Effekte von TTIP konterkarieren.

5. *Zeitstrahl:* Aushandlung seit Juli 2013. Im Oktober 2016 noch nicht abgeschlossen und ein Abschluss nach der Wahl von US-Präsident *Trump* im Dezember Jahr 2016 sehr unwahrscheinlich. Textauszüge von Vorschlägen werden regelmäßig teilweise veröffentlicht. Eine Veröffentlichung der fertig verhandelten deutschen Texte ist noch lange nicht absehbar. Eine Ratifikation wäre durch 29 Vertragsparteien (Kanada und EU-28, bzw. 28 Vertragsparteien mit der EU-27 ohne das Vereinigte Königreich nach dem angekündigten Brexit) innerhalb von zwei bis fünf Jahren erforderlich. Eine vorläufige Anwendung der TTIP wäre nach Artikel 218 Abs. 5 AEUV möglich ist jedoch inzwischen sehr unwahrscheinlich.

Transferabkommen

Zwischenstaatliche Vereinbarung über die Abwicklung des internationalen Zahlungsverkehrs, und zwar über den Umfang von Zahlungen an das Ausland außerhalb des Warenverkehrs. Transferabkommen können getroffen werden: (1) zwischen zwei Ländern; (2) zwischen einer Mehrzahl von Ländern, die sich zu einer Zahlungsunion zusammenschließen.

Transferklausel

In internationalen Schuldenabkommen die Vereinbarung, dass das Schuldnerland Zinsen- und Tilgungsdienst unterbrechen kann, wenn der Transfer der fälligen Beträge seine Zahlungsbilanz ungewöhnlich belastet oder aus anderen Gründen nicht möglich ist.

Transfermechanismus

1. *Begriff:* Der Transfermechanismus beschreibt, wie und in welchem Umfang ein Kapitaltransfer bei festen Wechselkursen zu einem realen Transfer führt, d. h. entsprechende Waren- und Dienstleistungsbewegungen nach sich zieht. Gewährt z. B. das Inland einem anderen Land einen Kredit, lautet also die Frage, inwieweit es daraufhin zu

einem entsprechenden Leistungstransfer aus dem Inland ins Ausland kommt. Diese Frage wird einerseits unter klassischen und andererseits unter keynesianischen Annahmen diskutiert.

2. *Klassischer Transfermechanismus:* Ihm liegen v. a. folgende wichtige *Prämissen* zugrunde: Vollbeschäftigung aller Produktionsfaktoren, keine realen Multiplikatorwirkungen, Übereinstimmung von geplantem Sparen und geplanter Investition, Änderungen der Geldmenge durch geldpolitische Maßnahmen finden nicht statt.

In diesem Fall bedingt die Bereitstellung von Mitteln für den monetären Transfer eine Einschränkung der Gesamtausgaben im Inland; da diese sowohl für Inlands- als auch nach Maßgabe der marginalen Importquote für Auslandsgüter getätigt werden, sinken die Importe des Inlands. Analog steigen die Gesamtausgaben im Ausland; da diese ebenfalls z. T. für Importgüter getätigt werden, steigen die Importe des Auslands, die Exporte des Inlands darstellen. Im Inland ist also eine Importminderung und eine Exportzunahme eingetreten, beides zusammen ergibt den *Realtransfer*. Dessen Höhe hängt von den marginalen Importquoten des In- und Auslands ab; beträgt deren Summe 1, entsprechen Exportzuwachs und Importminderung im Inland genau dem Kapitalexport, d. h. der reale Transfer ist *vollkommen*. Ist die Summe kleiner oder größer als 1, entspricht der Realtransfer zunächst nicht dem Kapitalexport, es verschieben sich jedoch die Preisrelationen zwischen In- und Ausland, sodass es letztlich doch zu einem Ausgleich kommen kann: Ist die genannte Summe z. B. kleiner als 1, d. h. der Realtransfer kleiner als der Kapitalexport, werden im Inland Gesamtausgaben und Geldmenge kleiner sein (im kreditnehmenden Ausland größer) als im Ausgangszustand, d. h. im Inland ergibt sich eine Preisniveausenkung, im Ausland eine -zunahme. Dies wirkt im Inland exportfördernd und importhemmend, sodass sich der Leistungsbilanzsaldo des Inlands solange verbessern dürfte, bis der reale dem monetären Transfer entspricht. Ist die genannte Summe größer als 1, tritt analog die umgekehrte Wirkungskette ein.

3. *Keynesianischer Transfermechanismus:* Er unterscheidet sich im Wesentlichen durch die *Annahmen,* dass Multiplikatorprozesse im In- und Ausland wirksam sind sowie dass der Kapitalexport im Inland (zum Teil oder sogar vollständig) aus Enthortung oder Geldschöpfung finanziert und im kreditnehmenden Ausland (zum Teil sogar vollständig) zur Hortung verwendet werden kann. Je nach unterstellter Konstellation ergeben sich dementsprechend vom klassischen Transfermechanismus mehr oder weniger stark *abweichende Ergebnisse.* Dass sich Kapitalexport und Realtransfer genau entsprechen, ist hier nur unter sehr restriktiven Prämissen zu erwarten. *Kritisch* wird zum keynesianischen Transfermechanismus u. a. angeführt, dass in der Realität die Möglichkeit besteht, den Kreditbetrag im Inland auch durch Reduzierung der Importe aufzubringen sowie ihn im Ausland unmittelbar zur Erhöhung der dortigen Importe zu verwenden; in derartigen Fällen dürfte die Wahrscheinlichkeit, dass der *Realtransfer dem Kapitalexport exakt entspricht,* steigen.

Transfermoratorium

Einseitige Einstellung des Transfers durch das Schuldnerland. Die Verpflichtungen gegenüber ausländischen Gläubigern werden durch Transfermoratorien nicht annulliert, sondern bestimmten Regelungen über den Zeitpunkt des Wiedereinsetzens der (voll oder zeitweise) zu entrichtenden Transferleistungen unterworfen.

Transferproblem

Behandelt die Frage, ob die Zahlung monetärer internationaler Transfers (z. B. Reparationszahlungen nach einem Friedensvertrag) auch im selben Maße einen *realen* Transfer involvieren.
Erläuterung: Im Ausmaß einer Transferzahlung von Land A nach Land B verringern sich auf die eine oder andere Weise das Einkommen oder

die Vermögenswerte (allgemeiner: die Kaufkraft) der Wirtschaftssubjekte in Land A zugunsten jener des Landes B. Dies ist dann in vollem Umfang mit einem realen Transfer verbunden, wenn sich die Handelsbilanz des zahlenden Landes (empfangenden Landes) genau im Ausmaß der Transferzahlung verbessert (verschlechtert). *Determinanten:* Bei gegebenem Einkommen hängt die Auswirkung des Transfers auf die Handelsbilanz davon ab, wie sich die Veränderung der *Kaufkraft* in den beiden Ländern in der Absorption von Gütern niederschlägt. Wenn der Realtransfer geringer als die Transferzahlung ist, so bedeutet dies natürlich lediglich eine *Verschiebung der realen Last des Transfers in die Zukunft,* denn dem gebenden Land erwächst im Ausmaß der Differenz zwischen Transferzahlung und Realtransfer eine Verpflichtung gegenüber dem Ausland (Kapitalimport).

Transithandelsgeschäfte

1. *Begriff* des Außenwirtschaftsrechts: Geschäfte, bei denen außerhalb des Inlandes (vormalig Wirtschaftsgebietes) befindliche Waren oder in das Inland abgefertigte Waren durch Inländer (vormalig Gebietsansässige) von Ausländern (vormalig Gebietsfremden) erworben und an Ausländer veräußert werden (Legaldefinition in § 2 XVII AWG n.F., § 4c Nr. 8 AWV a.F.); ihnen stehen Rechtsgeschäfte gleich, bei denen diese Waren vor der Veräußerung an Ausländer an andere Inländer veräußert werden.

2. *Beschränkungen:* Die Veräußerung der in Teil I der Ausfuhrliste genannten Waren im Rahmen eines Transithandelsgeschäfts bedarf der Genehmigung, nach (§ 46 I AWV n.F., § 40 I AWV a.F.).

3. Für *Zahlungen* im Zusammenhang mit Transithandelsgeschäften gelten im Allgemeinen die Vorschriften des internationalen Zahlungsverkehrs (§ 68 AWV n.F., § 66 AWV a.F.).

Transithändler

Transiteur; Transithandel betreibende Person; Transithandelsgeschäfte sind legal definiert in § 2 XVII AWG n.F. (§ 4c Nr. 8 AWV a.F.). Zahlungen im Transithandel sind meldepflichtig nach § 68 AWV n.F. (§ 66 AWV a.F.).

TTIP

Abk. für Transatlantic Trade and Investment Partnership (dt.: Transatlantisches Freihandelsabkommen, offiziell Transatlantisches Handels- und Investitionspartnerschaft), in Verhandlung befindliches Freihandelsabkommen zw. der USA und der EU.

U

Überschießen des nominellen Wechselkurses

Der Wechselkurs reagiert kurzfristig auf einen *exogenen Schock* (z. B. Geldpolitik) stärker als langfristig. Dies kommt typischerweise dann zustande, wenn die Wirtschaft auf einzelnen Märkten durch *Trägheiten* gekennzeichnet ist, und wenn ein hohes Ausmaß an internationaler Kapitalmobilität vorliegt. Typisches Beispiel ist eine kurzfristige *Preisstarrheit* auf den Gütermärkten, bei perfekt flexiblen Zinssätzen und Wechselkursen (Dornbusch-Modell). Überschießen des nominellen Wechselkurses kann aber auch auftreten, wenn die Produktion bei konstanten Güterpreisen nur träge auf Nachfrageveränderungen reagiert. Überschießende Wechselkurse sind allerdings auch bei solchen Asymmetrien in den Anpassungsgeschwindigkeiten nicht für jede exogene Veränderung zwingend. Sie sind typisch für *monetäre Veränderungen*, weit weniger charakteristisch für realwirtschaftliche Schocks (Technologie-, Nachfrage-Änderung). Überschießen des nominellen Wechselkurses ist auch ohne Preis- oder Mengenträgheiten möglich, und zwar im Zuge von *Bestandsanpassungsprozessen*.

Umschlagende Faktorintensitäten

Veränderung der Faktorkombination bzw. Rangfolge der Faktorintensitäten bei der Produktion eines Gutes. Umschlagende Faktorintensitäten liegen z. B. vor, wenn bei steigendem Preis des Faktors Arbeit (relativ zum Faktor Kapital) ein Gut A, das zunächst mit relativ mehr Arbeit als ein Gut B erzeugt wurde, nach Überschreitung eines bestimmten Preisverhältnisses mit relativ mehr Kapital als Gut B produziert wird. Umschlagende Faktorintensitäten können die Richtung des Handels beeinflussen.

Umschuldung

Durch Umschuldung werden bei Zahlungsunfähigkeit des Schuldners eigentlich fällige Verbindlichkeiten umstrukturiert, indem zwischen Gläubiger und Schuldner z. B. längere Fälligkeiten, niedrigere Zinsen oder tilgungsfreie Zeiten vereinbart werden. Umschuldungen können auf privatwirtschaftlicher Ebene ebenso stattfinden wie zwischenstaatlich. Bei privaten Kreditnehmern wird die Umschuldung häufig genutzt, um mehrere Kreditverpflichtungen zusammenzufassen und so die gesamte Finanzierung neu zu ordnen. Abgesehen von der unmittelbaren finanzwirtschaftlichen Entlastung machen Umschuldungen nur Sinn, wenn eine Lageverbesserung für den Schuldner abzusehen ist. Andernfalls ist die Notwendigkeit einer weiteren Umschuldung absehbar. Bei Umschuldungen mit Staaten als Schuldnern (meist Entwicklungsländer) verhandeln die staatlichen Gläubiger meist im Pariser Club, private Gläubiger (meist Banken) im Londoner Club.

Umweltdumping

Tatsache, dass Güter deshalb billig auf dem Weltmarkt angeboten werden, weil im Produktionsland niedrigere *Umweltstandards* gelten als anderswo, was zu entsprechenden Kostenvorteilen (aber auch Umweltzerstörung) führt.

Unsichtbarer Handel

Teil des grenzüberschreitenden Leistungsverkehrs, der weder Warenhandel noch einseitige Übertragungen umfasst, sondern Dienstleistungen (z. B. Zahlungen für Schiffsfracht, Hafen- und Kanalabgaben in ausländischen Häfen, Zahlungen im Reiseverkehr). Unsichtbarer Handel wird in der Dienstleistungsbilanz erfasst.

Ursprung

Der Ursprung der Ware ist im Rahmen der außenwirtschaftsrechtlichen Einfuhrabwicklung nach den §§ 31 ff. Außenwirtschaftsverordnung (AWV) in der Zollanmeldung nach Art. 162 ff. Unionszollkodex (UZK) anzugeben und gegebenenfalls mit besonderen Dokumenten (Ursprungserklärung, Ursprungszeugnis) nachzuweisen. Der Ursprung einer Ware ist für die Anwendung des Zolltarifs und die Bestimmung des Zollsatzes sowie der gegebenenfalls erforderlichen Einfuhrmaßnahmen nach der Einfuhrliste – Anlage zum Außenwirtschaftsgesetz (AWG), die ebenfalls im Elektronischen Zolltarif (EZT) abgebildet ist – erforderlich. Für bestimmte Ursprungsländer kann das Erfordernis für eine Einfuhrgenehmigung oder eine Einfuhrlizenz bestehen. Der Drittlandszollsatz (MFN-Zollsatz, auch Vertragszollsatz der WTO/des GATT) wird nur für wenige westliche Industriestaaten (USA, Kanada, Japan, etc.) angewendet, für viele andere Staaten (u. A. Entwicklungsländer) gelten aufgrund von Präferenzabkommen der EU ermäßigte Zollsätze bei Vorlage der Präferenznachweise (bilaterale Präferenzabkommen, Präferenznachweis Warenverkehrsbescheinigung EUR.1 oder Allgemeines Präferenzsystem [APS] mit dem Präferenzachweis Form A).

Ursprungslandregeln

Zur Erlangung der präferenziellen Ursprungseigenschaft einer Ware nach Art. 27 ZK setzen viele Präferenzabkommen einen bestimmten Anteil an inländischer Wertschöpfung voraus, um das Produkt als im

Ursprungsland gefertigt ansehen zu können. Damit soll verhindert werden, dass Warenbestandteile in ein Land geliefert und dort in „Schraubenzieherfabriken" lediglich zusammengesetzt werden, nur um dort die Ursprungseigenschaft zu erlangen. Die Ursprungslandregeln sind je nach Präferenzabkommen in verschiedenen Listen zusammengefasst, welche für jede Ware die *Listenbedingungen* oder *Listenregeln* festlegen.

Ursprungsregeln

Klären die Frage, ob und unter welchen Voraussetzungen einer Ware der Ursprung in einem bestimmten Land zuzuerkennen ist. Ursprungsregeln bestehen aus *Listenkriterien* und *Listenbedingen* – sie sind entscheidend für die zollrechtliche Behandlung (Inanspruchnahme des Präferenzzoll-Satzes bis hin zur Zollfreiheit bei Vorlage des *Präferenznachweises,* z. B. in der EU einer EUR.1 oder eines Form A; *präferenzielle Ursprungsregeln,* sogenannter *Präferenzursprung*) und die zoll- und außenwirtschaftsrechtliche Behandlung zur Feststellung des tatsächlichen Ursprungslandes nach Art. 22 bis 26 Zollkodex (ZK) (z. B. im Hinblick auf eine Genehmigungsbedürftigkeit; *sogenannte nicht präferenzielle Ursprungsregeln*).

V

Valutadumping

Erlangung von Absatzvorteilen auf Exportmärkten durch gezielte Abwertung der eigenen Währung (Beggar-my-Neighbour-Politik). Valutadumping stellt kein Dumping im Sinn des GATT dar, da der Tatbestand der Preisdiskriminierung nicht erfüllt ist.

Vent-for-Surplus-Theorie

Erklärung für das Zustandekommen von Außenhandel, wonach im Inland nicht benötigte bzw. absetzbare Waren *(Überproduktion/Überfluss,* engl. *Surplus)* sich ein „Ventil" (engl. *Vent*) im Außenhandel suchen.

Verbringung

Die Verbringung von Waren und Elektrizität oder die Übertragung von Software oder Technologie aus dem Inland (vormalig Wirtschaftsgebiet) ins Ausland (vormalig fremde Wirtschaftsgebiete) wird von § 2 III Außenwirtschaftsgesetz (AWG) als Ausfuhr bezeichnet. Die Verbringung in umgekehrte Richtung als Einfuhr (§ 2 XI AWG). Während es sich bei der Ausfuhr um Exporte aus Deutschland in Drittländer außerhalb der EU handelt (Extra-EU-Handel), ist die Verbringung der Export in andere Mitgliedsstaaten der EU (Intra-EU-Handel). Die Verbringung ist legal definiert in (§ 2 XXI AWG).

Vergeltungszoll

Kampfzoll, Retorsionszoll; Zoll, der in Erwiderung auf die Handelspolitik eines anderen Landes eingeführt wird. Dieser Zoll wirkt für sich genommen (d. h. bei gegebenem Zollsatz des anderen Landes) *wohlfahrtsverbessernd* zulasten des anderen Landes, welches darauf seinerseits mitunter wieder mit einer Vergeltung in Form einer weiteren Zollerhöhung reagieren wird *(Zollkrieg).* Das Endergebnis einer solchen Entwicklung ist im Vergleich zum Freihandel zumindest für ein Land, möglicherweise aber auch für beide Länder, eine *Wohlfahrtsverschlechterung.* Deshalb wurde nach dem Zweiten Weltkrieg in Form des GATT ein rechtlicher Rahmen für multilaterale Liberalisierung geschaffen.

Verhältnisverfahren

1. *Verteilung nach Köpfen:* Das zur Verteilung anstehende Kontingent wird durch die Zahl der Antragsteller geteilt. Jeder Antragsteller erhält somit einen gleichen Anteil.

2. *Verteilung im Verhältnis zur beantragten Menge:* Berechnung der individuellen Quote nach

$$\text{GK} \cdot \frac{E_b}{E_g},$$

wobei: GK = Gesamtkontingent, E_b = beantragte Einzelmenge, E_g = beantragte Gesamtmenge. Dies Verfahren wird häufig bei Handelsgeschäften mit Staatshandelsländern angewandt.

Vermögenspreisansatz zur Wechselkursbestimmung

Allgemeiner Ausdruck für all jene Wechselkursmodelle, in denen der momentane Kassakurs durch zwei Größen bestimmt wird: Die *Fundamentaldaten,* und die *Erwartungen* über den künftigen Kassakurs. *Eine besondere Form des Vermögenspreisansatzes zur Wechselkursbestimmung* ist das monetaristische Wechselkursmodell, in dem die Fundamentaldaten vor allem die Geldmengen und die Realeinkommen enthalten. Die Realeinkommen können ihrerseits durch eine ganze Reihe von angebots- oder nachfrageorientierten Fundamentaldaten bestimmt sein, wie etwa technologische Entwicklungen, Arbeitsmarktentwicklungen, Konsumverhalten etc., denen je nach Modelltyp für die Bestimmung des Realeinkommens eine wichtige Rolle zukommt.
Postuliert man *rationale Erwartungen,* so ergibt sich der erwartete künftige Kassakurs aus den Erwartungen bez. der künftigen Fundamentaldaten und dem für die weitere Zukunft erwarteten Kassakurs. Wiederholt man diese Überlegung immer wieder aufs Neue, dann ergibt sich der momentane Kassakurs als Funktion der momentanen Fundamentaldaten und aller für die Zukunft erwarteter Fundamentaldaten.
Erhalten die Wirtschaftssubjekte neue Informationen *(News),* die sie zu veränderten Erwartungen für künftige Fundamentaldaten veranlassen, dann führt dies zu sofortigen Wechselkursveränderungen. Nur solche Neuigkeiten können überhaupt zu unerwarteten Wechselkursveränderungen führen.

Interpretieren die Wirtschaftssubjekte eine Geldmengenerhöhung als Indiz für weitere Erhöhungen in der Zukunft, dann steigt der Wechselkurs stärker, als es die momentanen Fundamentaldaten eigentlich rechtfertigen würden.

Verrechnungsdollar

Bei Handelsabkommen und Zahlungsabkommen zwischen zwei Ländern häufig gewählte Verrechnungseinheit (VE), wenn die Vertragspartner ihrer zwischenstaatlichen Verrechnung eine dritte Währung zugrunde legen wollen.

Verrechnungseinheit (VE)

In Zahlungsabkommen vereinbarte *Währungseinheit,* zu der unabhängig von ihren Kursschwankungen zwischen den an dem Zahlungsabkommen beteiligten Ländern abgerechnet wird (Verrechnungsverkehr).
Beispiel: Verrechnungsdollar.

Verrechnungskonten

Konten bei Zentralbanken und/oder Geschäftsbanken, die aufgrund eines zwischen zwei oder mehreren Ländern abgeschlossenen Zahlungsabkommens geführt werden und auf denen der Verrechnungsverkehr abgewickelt wird. Verrechnungskonten können mit einem Swing versehen sein, es kann Abwicklung der Salden in harter Währung vereinbart sein etc. Zu unterscheiden: (1) *Ein-Konten-System,* bei dem alle Verrechnungen über ein Konto des einen Vertragspartners bei der Zentralbank des anderen Vertragspartners laufen; (2) *Zwei-Konten-System,* bei dem jeder der Vertragspartner ein Verrechnungskonto bei der Zentralbank des anderen Vertragspartners unterhält.

Verrechnungsländer

Länder, mit denen ein Land ein Zahlungsabkommen abgeschlossen hat und mit denen der Zahlungsverkehr über Verrechnungskonten vorgenommen wird.
Gegensatz: Länder, mit denen freier Zahlungsverkehr besteht.

Verrechnungsverkehr

Zwischenstaatlicher Ausgleich von Forderungen und Verpflichtungen auf dem Verrechnungsweg. Zahlungen erfolgen nicht in Devisen, sondern über Verrechnungskonten durch Einzahlung seitens der Importeure in der Landeswährung bei der als Verrechnungsstelle fungierenden Zentralbank bzw. einer dazu geschaffenen besonderen Stelle *(Verrechnungskasse).* Häufig ist ein *Swing* vereinbart. Aus den Einzahlungen der Importeure werden die Exporteure befriedigt.
Auch die sonstigen *außerhalb des Außenhandels* entstehenden Zahlungsverbindlichkeiten werden im Verrechnungsverkehr reguliert. Überschüsse werden bisweilen zum Ausgleich von Zinsverpflichtungen oder zur Tilgung früherer Schulden verwendet.
Bedeutung im Außenhandel im Rahmen der internationalen Verrechnungsabkommen.

Versender

1. *Handelsrecht:* Der Versender ist der Auftraggeber des Spediteurs: Für dessen Rechnung besorgt der Spediteur die Versendung (§ 453 HGB). Der Spediteur ist im Verhältnis zum Frachtführer Absender, im Verhältnis zum Verfrachter Befrachter.

2. *Außenwirtschaftsrecht:* Versender ist, wer auf Veranlassung eines Ausführers (vgl. Definition in § 2 Nr. 2 AWG), dem er zur Lieferung verpflichtet ist, die Ware zur Erfüllung eines Liefervertrages des Ausführers an dessen gebietsfremden, ausländischen Abnehmer liefert.

Versendungsland

Begriff des Außenwirtschaftsrechts: fremdes Wirtschaftsgebiet (Ausland) aus dem die Ware in das deutsche Wirtschaftsgebiet (Inland) versendet wird, ohne dass diese in Durchfuhrländern Rechtsgeschäften oder Aufenthalten unterworfen ist, die über die normale Beförderung hinausgehen.
Eine Legaldefinition fehlt im Außenwirtschaftsgesetz (AWG) und in der Außenwirtschaftsverordnung (AWV), der Begriff ist dort mehrfach in Gebrauch (z. B. § 2 Nr. 12 AWG und in § 30 III AWV, § 32 I AWV, § 34 I Nr. 6 AWV, § 34 II Nr. 8 AWV, § 38 II AWV); zu unterscheiden sind Einkaufsland (§ 2 Nr. 12 AWG), Ursprungsland (§ 32 I AWV, § 34 I Nr. 11 AWV, § 34 II Nr. 11 AWV, § 38 II AWV).

Verteilungsverfahren

Verfahren zur Festlegung der Einfuhrquoten im Fall kontingentierter Einfuhr seitens der zuständigen Genehmigungsbehörden nach § 12 Außenwirtschaftsgesetz (AWG): a) Referenzverfahren (reines Referenzverfahren und Quotenreferenzverfahren); b) Verhältnisverfahren; c) Windhund-Verfahren (nur in Ausnahmefällen angewandt); d) Quotenversteigerungsverfahren (nicht üblich).

Vertragszollsatz

Vertragstarif, Drittlandszollsatz; aufgrund zwischenstaatlicher Vereinbarungen im Rahmen des GATT für bestimmte Waren zu erhebender Zollsatz. Vertragszollsätze werden gegenüber Ländern (sogenannte Drittländer) angewendet, denen die Meistbegünstigung zusteht. Vertragszollsätze beruhen auf Art. 207 AEUV.
Gegensätze dazu: Präferenzzoll und *autonomer Zollsatz* (Art. 31 AEUV).

Verwaltungsprotektionismus

Administrativer Protektionismus; Schutz inländischer Produzenten durch Behinderung der Einfuhr von Waren im Weg verwaltungsmäßiger Vorschriften, die auf eine Komplizierung des Verfahrens und Erhöhung der Kosten des Grenzübertritts der betreffenden Güter abstellen. *Beispiele* hierfür sind Öffnungszeiten von Zollstellen, zwingend zu benutzende Vordrucke oder IT-Verfahren, Abläufe bei der Zollabwicklung und sonstige Einfuhrabwicklung (z. B. Verfahren beim Grenzveterinär, Pflanzenschutzamt), Kosten und Gebühren, etc. Dieser Verwaltungsprotektionismus ist zum Teil nicht gesteuert und geplant. Innerhalb der EU bestehen in mittlerweile 27 Mitgliedsstaaten nach 40 Jahren Zollunion noch große Unterschiede in der täglichen Praxis der Zollabwicklung bei der Einfuhr aus Drittländern.

Verzollungsmaßstäbe

Bemessungsgrundlagen; die verschiedenen Größen, auf die sich ein Zollsatz bezieht. Bei Wertzöllen ist der Verzollungsmaßstab der Zollwert (*ad valorem*), bei spezifischen Zöllen bestimmte Warenmengen z. B. 1000 kg Eigengewicht (Salz), 1 hl (Wein), 100 m (Filme), ein Stück (Flasche mit Quecksilber).
Grundsätzlich wird der Abgabensatz ($t=$ tariff) berechnet mithilfe der drei Variablen Zollwert ($v=$ value), Zollsatz ($d=$ duty), Menge ($q=$ quantity): Bei spezifischen Zollsätzen wird $v=1$, bei Wertzöllen $q=1$ gesetzt. Der Zollsatz d wird bestimmt durch die zolltarifliche Einreihung in den Zolltarif ($c=$ customs classification) und ist abhängig vom Ursprungsland ($o=$ origin) und vom Zeitpunkt der Zollanmeldung ($ti=$ time).

Volatilität

1. *Allgemein:* Ausmaß der kurzfristigen Fluktuation einer Zeitreihe um ihren Mittelwert oder Trend, gemessen durch die Standardabweichung bzw. den Variationskoeffizienten.

2. *Außenwirtschaft:* Verwendet im Zusammenhang mit Schwankungen des Wechselkurses.

Vollständige Spezialisierung

Situation, in der ein Land einzelne handelbare Güter nicht mehr im Inland erzeugt, sondern aus dem Ausland importiert. Solche Situationen kommen vor allem bei *Ricardianischem Handel* zustande.

W

Währungsdumping

Unterbietung des Inlandspreises durch ausländische Konkurrenten, die durch einen niedrigen Devisenkurs der ausländischen Währung ermöglicht wird.

Währungsintegration

1. *Begriff:* Maßnahmen zur Vereinheitlichung des Währungssystems zwischen zwei und mehreren Partnerländern.

2. *Formen:*

a) Bei einem *Wechselkursverbund* wie im damaligen EWS und dem heutigen EWS II werden für die beteiligten Länder untereinander feste Wechselkurse vereinbart (im EWS II: Leitkurse der Währungen der Länder mit Ausnahmegenehmigung, d. h. ohne Euro, gegenüber dem Euro), von denen die aktuellen Marktkurse innerhalb einer bestimmten Bandbreite von bis zu 15 % nach oben wie unten abweichen dürfen.

Die beteiligten Notenbanken müssen durch gezielte Interventionen am Devisenmarkt (Stützungskäufe, -verkäufe) sicherstellen, dass die Marktkurse innerhalb der Bandbreiten bleiben.

b) Bei einer *Wechselkursunion* gibt es keine Bandbreiten mehr; die beteiligten Währungen sind durch fixe Wechselkurse miteinander verbunden.

Neben formalen (z. B. CFA-Franc-Zone in Zentral- und Westafrika) gibt es faktische Wechselkursunionen, bei denen die Konstanz des Wechselkurses ohne formale Absprachen sichergestellt wird.

c) In einer *Währungsunion* gilt für alle beteiligten Länder eine gemeinsame Währung, z. B. Europäische Währungsunion (EWU).

Währungsparität

Der durch Entscheidung fixierte Wechselkurs, in Abgrenzung zum Wechselkurs, der sich am Markt bildet.

Währungsreserven

Die Währungsreserven bestehen aus den Devisenreserven plus den Goldbeständen der Zentralbank und Reservepositionen aus der Mitgliedschaft in internationalen Institutionen (z. B. IWF-Sonderziehungsrechte (IWF)). Die Verwaltung der Währungsreserven erfolgt in der Europäischen Währungsunion (EWU) durch das *Europäische System der Zentralbanken (ESZB)*.

Währungsunion

Unwiderrufliche Fixierung des Wechselkurses zwischen zwei oder mehreren Währungen (z. B. durch die Übernahme einer (neuen) gemeinsamen Währung). In einer Wechselkursunion besitzen die Teilnehmerländer noch eigene Währungen und unabhängige Zentralbanken, in einer Währungsunion als Grenzfall einer Wechselkursunion gibt es innerhalb der Union nur noch eine gemeinsame Zentralbank und eine Einheitswährung.
Analyse in der Theorie des optimalen Währungsraumes oder in der makroökonomischen Theorie einer Zwei-Länder-Währungsunion. *Beispiel:* Europäische Währungsunion, Gemeinschaftswährung Euro.

Warenwert

Begriff aus dem Außenwirtschaftsrecht: das dem Empfänger in Rechnung gestellte Entgelt, in Ermangelung eines Empfängers oder eines feststellbaren Entgelts der statische Wert im Sinne der Vorschriften über die Station des grenzüberschreitenden Warenverkehrs (§ 4 I AWV a.F.). Seit der Novellierung des dt. Außenwirtschaftsrechts mit dem *Gesetz zur Modernisierung des Außenwirtschaftsrechts* (AWG 2013) ersetzt durch den Begriff *Wert eines Gutes* (§ 2 XXIII AWG n.F.).

Washingtoner Währungsabkommen

Abkommen vom 18.12.1971 zwischen den wichtigsten Industrieländern. Es beinhaltet eine Neufestsetzung der Paritäten (Kaufkraftparität, Abwertung des US-Dollar, Aufwertung von D-Mark, Schweizer Franken und japanischen Yen) sowie allgemeine Erweiterung der Bandbreiten (Zielzonen-System) von ± 1 auf $\pm 2,25$ %. Mit diesem sogenannten Realignment sollten die Spannungen im internationalen Wechselkursgefüge eliminiert und die Grundprinzipien des Bretton-Woods-Systems aufrechterhalten werden. Die Turbulenzen an den

Devisenmärkten hielten jedoch an; 1973 gingen die wichtigsten Industrieländer zu flexiblen Wechselkursen gegenüber dem US-Dollar über. So besteht auch zwischen dem Euro als Währung der Europäischen Wirtschafts- und Währungsunion (EWWU) und dem US-Dollar ein Währungssystem mit flexiblem Wechselkurs.

Wechselkurs

1. *Nomineller Wechselkurs:* Wertverhältnis zweier Währungen. Üblicherweise angegeben als in heimischen Währungseinheiten ausgedrückter Preis einer bestimmten Menge ausländischer Währungseinheiten = Preisnotiz (z. B. US-Dollar, Japanischer Yen). Der Kehrwert ergibt die Mengennotiz (z. B. Euro, US-Dollar).

Eine Erhöhung des nominellen Wechselkurses in der Preisnotierung entspricht einer *Abwertung* der heimischen Währung.

Fallen Geschäftsabschluss und Durchführung eines Devisengeschäftes (Währungstausches) zusammen, so spricht man vom *Kassakurs,* wird hingegen momentan ein Währungstausch für die Zukunft vereinbart, kommt der *Terminkurs* zur Anwendung.

Erklärung des Wechselkursverhaltens in der Wechselkurstheorie.

2. *Realer Wechselkurs:* Preisverhältnis zweier Güter in unterschiedlichen Währungsräumen. Schreibt man w für den nominellen Wechselkurs, dann ist der reale Wechselkurs definiert als wP^*/P. Dabei können P^* und P z. B. die in ausländischer bzw. heimischer Währung angegebenen Preise eines homogenen Gutes sein. Ohne Berücksichtigung von Transportkosten würde dieser reale Wechselkurs bei Freihandel gleich eins sein *(Law of One Price)*. Sind jedoch P^* und P die Preise zweier verschiedener Güter, etwa eines im Ausland erzeugten bzw. eines anderen im Inland erzeugten Gutes, dann entspricht der reale Wechselkurs den von der realen Außenwirtschaftstheorie analysierten Terms of Trade. Schließlich können P und P^* auch als *Preisindizes* definiert werden. So werden z. B. Lohnstückkosten, Konsumenten- sowie Produzentenpreisindizes zur Ermittlung realer Wechselkurse herangezogen (Kaufkraftparität).

3. *Effektiver Wechselkurs:* Im Gegensatz zum bilateralen Wechselkurs ist der effektive Wechselkurs *ein multilateraler Wechselkurs,* welcher aus dem gewichtetem Mittel verschiedener bilateraler Wechselkurse ermittelt wird. Als Gewichte dienen meist die Anteile des mit den betreffenden ausländischen Währungen abgewickelten Handels am Gesamthandel eines Landes. Man unterscheidet nominelle oder reale effektive Wechselkurse. Mithilfe des effektiven Wechselkurses können Veränderungen des gesamten *Außenwertes einer Währung* ermittelt werden.

Wechselkursbildung

Ein flexibler Wechselkurs drückt den Preis für eine ausländische Währung (Devisen) aus. Der Wechselkurs bildet sich am Devisenmarkt aus Angebot von und Nachfrage nach der betreffenden Währung. Wichtige Einflussfaktoren sind die Spekulation, Zinsunterschiede zwischen In- und Ausland (z. B. steigt bei höherem Zinsniveau im Ausland die Nachfrage nach Devisen, um sie im Ausland anzulegen), die Handelsströme (z. B. werden im Export verdiente Devisen seitens der Exporteure im Inland verkauft, Importeure fragen Devisen nach), die Direktinvestitionen (bei Investitionen ist in der Regel die Währung des Ziellandes erforderlich), unterschiedliche Inflationsniveaus (Kapitalflucht aus Inflationsländern bedeutet Nachfrage nach Devisen), psychologische Faktoren (politische Krisen, Kriege verändern Angebot und Nachfrage von Devisen, ebenso die Jahrtausendwende; Veröffentlichung von Wirtschaftsdaten oder Ankündigung von Maßnahmen z. B. der amerik. Notenbank wirken sich umgehend im Devisenmarkt aus). Die Vielzahl der Einflussfaktoren auf die Wechselkursbildung erschwert eine einigermaßen zuverlässige Wechselkursprognose jenseits der sehr kurzen Frist.

Wechselkurshysterese

Allgemein versteht man unter *Hysterese* jede Art von *bleibender Wirkung* eines an sich vorübergehenden Phänomens. Wechselkurshysterese entsteht bei flexiblem Wechselkurs dann, wenn die Firmen auf den Exportmärkten (Drittmärkten) hohe *Markteintritts- und Marktaustrittskosten* haben und deswegen bei Wechselkursveränderungen jeweils relativ lange warten, bis sie in einen Exportmarkt eintreten bzw. diesen Markt wieder verlassen.

Die Firmen sehen stets die Möglichkeit, dass der Wechselkurs sich im nächsten Augenblick genau so verändern wird, dass die Eintritts- oder Austrittsentscheidung sich als falsch erweist. Eine (häufige) Revision solcher Entscheidungen ist aber wegen der damit verbundenen Austritts- bzw. Eintrittskosten nicht wirtschaftlich. Wenn z. B. eine starke Aufwertung der heimischen Währung ausländische Firmen zum Markteintritt verleitet und wenn diese Firmen bei einer später vielleicht wieder stattfindenden Abwertung auf das Ausgangsniveau aus den eben skizzierten Gründen aber noch nicht wieder zum Marktaustritt veranlasst werden, dann entsteht Wechselkurshysterese. Die Aufwertung der Währung ist verschwunden, geblieben ist aber der Effekt höherer Importe.

Wechselkursmechanismus

Ansatz im Rahmen der Zahlungsbilanzausgleichsmechanismen, nach dem autonome Ungleichgewichte der Zahlungsbilanz Wechselkursvariationen induzieren, die deren Abbau, d. h. die Wiedererlangung des Zahlungsbilanzausgleichs, gewährleisten.
Ablauf: Liegt z. B. ein *Zahlungsbilanzdefizit* vor, dann übersteigt die Devisennachfrage das -angebot, die Inlandswährung wertet ab. Durch diese Wechselkursveränderung werden die Auslandsgüter, ausgedrückt in Inlandswährung, teurer und die Inlandsgüter, ausgedrückt in Auslandswährung, billiger. Wenn die Voraussetzungen für eine *normale Reaktion* der Leistungsbilanz erfüllt sind, bewirkt die Abwertung der

Inlandswährung eine Aktivierung der Leistungsbilanz, sodass der Ausgleich der Zahlungsbilanz wieder erreicht wird. Nach der Entschließung des *Europäischen Rats* über die Errichtung eines Wechselkursmechanismus während der dritten Stufe der *Wirtschafts- und Währungsunion* (EWWU) hat der neue Wechselkursmechanismus (WKM II) das Europäische Währungssystem (EWS) ab 1.1.1999 ersetzt.

Wechselkurspolitik

1. *Begriff:* Unter Wechselkurspolitik versteht man die Festlegung eines anzustrebenden *Grades an Wechselkursflexibilität* für die Währung eines Landes und die zur Erreichung dieses Grades ergriffenen Maßnahmen. Wichtigste Frage im Zusammenhang mit der *Ausgestaltung des internationalen Währungssystems*. Die monetäre Außenwirtschaftstheorie kommt nicht zu einer bedingungslosen Aussage zur Überlegenheit von fixen oder flexiblen Wechselkursen. Sie kann nur auf einzelne *Vor- und Nachteile der Wechselkursflexibilität* hinweisen, deren relative Gewichtung letztlich von den bes. Umständen des Einzelfalls abhängt, was in der Idee des optimalen Währungsraumes zum Ausdruck kommt.

2. *Feste vs. flexible Wechselkurse:*

a) *Wechselkursrisiko:* Wechselkursflexibilität begründet ein Wechselkursrisiko der am Außenhandel beteiligten Akteure. Wechselkursrisiko entsteht, wenn die Kontraktierung und Effektuierung eines Geschäftes zeitlich auseinanderfallen, oder wenn einer Transaktion intertemporale Überlegungen zugrunde liegen, wie z. B. im Fall von Investitionsvorhaben. Das Wechselkursrisiko ist mit einem *Ressourcenaufwand* verbunden, welcher sich in den Kosten einer *Risikoversicherung* oder im Fall einer Absicherung über Devisenoptions- oder Devisentermingeschäfte in den *Hedgingkosten* manifestiert. Unter dem Aspekt des Wechselkursrisikos und des damit verbundenen Ressourcenverzehrs ist demnach ein System fixer Wechselkurse einem flexiblen Wechselkurs überlegen, wenngleich es auch in Fixkurssystemen zu einer Anpassung der Paritäten kommen kann (Realignment).

b) *Reale und monetäre Schocks:* Ein weiterer Aspekt zur Beurteilung der Vorteilhaftigkeit von Wechselkursflexibilität betrifft die Implikationen alternativer Schocks im In- und Ausland bei festen und flexiblen Wechselkursen. In diesem Zusammenhang werden Schocks definiert als all jene realen oder monetären *Angebots- und Nachfragestörungen,* die eine relative Mengen- oder Preisanpassung zwischen dem In- und Ausland erfordern.

Beispiele für diese Schocks sind technologische Erfindungen (realer Angebotsschock), Verlagerungen der Präferenzen der Wirtschaftssubjekte (realer Nachfrageschock), unerwartete Erhöhung der Geldmengenwachstumsrate (Geldangebotsschock), Finanzinnovationen (Geldnachfrageschock). In weiterer Folge sei der Fall der *perfekten Kapitalmobilität* unterstellt. Bei perfekter Mengen- oder Preisflexibilität auf Güter- und Faktormärkten im In- und Ausland kann die Last der Anpassung an diese Schocks durch Veränderungen der flexiblen Mengen oder Preise übernommen werden, sodass der Art des nominellen Wechselkurssystems für diese Anpassung keine Bedeutung zukommt (*Mundellsche Kriterium* in der Theorie optimaler Währungsräume). Sind hingegen sowohl Mengen als auch Preise in der Anpassung *träge,* so wird die Neutralität des nominellen Wechselkurssystems bezüglich der Anpassungsfähigkeit der Ökonomik auf diese Schocks aufgehoben. *Reale Schocks*können trotz Vorliegen von Preis- und Mengenträgheiten durch den perfekt flexiblen nominellen Wechselkurs sofort absorbiert werden. Bei fixem Wechselkurs hingegen verursachen reale Schocks temporäre *Ungleichgewichte an Güter- und Faktormärkten,* die erst im Zeitablauf über allmähliche Anpassungen der trägen Mengen und Preise abgebaut werden. In einem System flexibler Wechselkurse mit Mengen- und Preisträgheiten induzieren *monetäre Schocks* überschießende Wechselkurse (Überschießen des nominellen Wechselkurses) zur permanenten Aufrechthaltung des Geldmarktgleichgewichts, die ihrerseits temporäre Misalignments nomineller sowie realer Wechselkurse und damit einhergehende temporäre Ungleichgewichte an Güter- und Faktormärkten nach sich ziehen. Bei festen Wechselkursen hingegen ergibt sich als Folge eines monetären Schocks eine sofortige endogene *Anpassung des Geldangebots* seitens der Zentralbank, die den realen Wechselkurs und auch die Gleichgewichte auf Güter- und Faktormärkten unbeeinflusst lässt. Werden mit temporären realen Ungleichgewichten *volkswirtschaftliche Kosten* assoziiert, so legt die obige Analyse die Schlussfolgerung nahe, dass jene Ökonomien, die schwerpunktmäßig durch das Auftreten realer Schocks berührt werden, flexible Wechselkurse präferieren sollten, während sich solche Ökonomien zu einem Fixkurssystem zusammenschließen sollten, für die die realen Schocks relativ zu den monetären Schocks eine untergeordnete Rolle spielen.

c) *Geldpolitische Souveränität, Disziplin und Glaubwürdigkeit:* Die Fixierung des Wechselkurses zwischen zwei Ländern mit intensiven außenwirtschaftlichen Beziehungen bedeutet für eines dieser beiden Länder die *Beschränkung der geldpolitischen Souveränität.* Dies ergibt sich einerseits über den *internationalen Preiszusammenhang* (Kaufkraftparität), andererseits über die internationale Kapitalmobilität (Zinsparität), Zahlungsbilanzausgleich, Sterilisierung. Der Verlust an geldpolitischer Souveränität muss jedoch nicht als Nachteil der Wechselkursfixierung betrachtet werden. Länder, die zugunsten des (erhofften) „Imports" von Preisniveaustabilität auf ihre geldpolitische Souveränität verzichten wollen, werden eine Fixierung des Wechselkurses anstreben wollen. Das Gegenteil gilt für Länder, die einen Inflationsimport befürchten.
Stabilitätsimport bedingt allerdings ein mitunter beträchtliches Ausmaß an monetärer *Disziplinierung* durch die Geldpolitik des Partnerlandes. Geht man davon aus, dass Vollbeschäftigung Flexibilität der relativen Güterpreise erfordert, so kann eine kompromisslos verfolgte Preisniveaustabilität des Wechselkurspartnerlandes je nach Lage der Dinge durchaus erfordern, dass die nominellen Preise im Inland sinken. Bei Vorliegen von *Nominallohnrigiditäten* kann es dann zu *unfreiwilliger Arbeitslosigkeit* kommen. Wenn man nun aus dem vorigen Absatz den Schluss ziehen wollte, dass alle Länder in der Tat dieselbe, möglichst geringe Inflationsrate anstreben *sollten,* dann erhebt sich die Frage, warum sie dazu offenbar nicht in gleichem Maße *in der Lage* sind. Hier ist das Problem mangelnder *Glaubwürdigkeit* zu erwähnen. Wird der Wirtschaftspolitik zur Verfolgung eines ambitionierten Preisniveaustabilitätsziels seitens der Wirtschaftssubjekte keine Glaubwürdigkeit

beigemessen, dann kann sich die kompromisslose Durchsetzung dieser Ambitionen als sehr kostspielig (im Sinn von Unterbeschäftigung) herausstellen. Die Fixierung von Wechselkursen gegenüber jenen Währungen, hinter denen in dieser Hinsicht sehr glaubhafte wirtschaftspolitische Akteure stehen, wird auch manchmal als Möglichkeit des *Imports von Glaubwürdigkeit* gesehen.

3. *Hybride Systeme:* Während die bisherigen Ausführungen sich auf den Fall perfekt fixer sowie perfekt flexibler Wechselkurse bezogen, sind real existierende Währungssysteme oftmals in dem Sinn hybrid, als sie sowohl Elemente eines Fixkurssystems als auch eines Systems flexibler Wechselkurse miteinander verbinden. Hybride Systeme existieren in den Formen des *Managed Floating* oder auch eines *Zielzonen-Systems* und versuchen, die Vorzüge fixer sowie flexibler Wechselkurse miteinander zu verbinden. Hierzu zählen eine Reduktion des Wechselkursrisikos im Vergleich zu einem System perfekt flexibler Wechselkurse, Abfederung realer Schocks durch begrenzte nominelle Wechselkursvariabilität bei gleichzeitiger Reduktion von Geldmarktungleichgewichten und eine Erhöhung des Grades der monetären Unabhängigkeit relativ zu einem Fixkurssystem. Zudem entstehen in *glaubwürdigen* hybriden Systemen stabilisierende Effekte auf den Wechselkurs durch die Erwartung betreffend zukünftiger Zentralbankinterventionen.

Wechselkurstheorie

1. *Begriff:* Teilbereich der monetären Außenwirtschaftstheorie. Sie versucht, das Verhalten von Wechselkursen zu erklären. Aus verschiedenen Modellen der *monetären Außenwirtschaftstheorie* lassen sich durch Konzentration auf die Bestimmungsgründe des Wechselkurses verschiedene Ansätze zur Wechselkurstheorie ableiten.

2. *Der monetäre Ansatz zur Wechselkursbestimmung:*

a) *Perfekte Preisflexibilität:* Unterstellt wird die Gültigkeit der *Kaufkraftparität* zu jedem Zeitpunkt, sodass der Wechselkurs durch das Verhältnis von In- und Auslandspreisniveau bestimmt wird. In logarithmierter Schreibweise erfordert Kaufkraftparität (1) $e_t = p_t - p_t^*$, wobei et den nominellen Wechselkurs und p_t sowie p_t^* das in- und ausländische Preisniveau zum Zeitpunkt t angeben. Gleichung (1) basiert auf der Annahme *identischer Präferenzen* für beide Länder, der Annahme, dass ein handelbares Gut letztlich überall denselben Preis haben wird (keine Handelshemmnisse oder Transportkosten), und dass es nur *handelbare Güter* gibt. Zur Darstellung des Modells in einer Zwei- Länder-Version wird sowohl das inländische als auch das ausländische *Geldmarktgleichgewicht* betrachtet:

$$m_t - p_t = \kappa y_t - \lambda i_t, \qquad (2)$$

$$m_t^* - p_t^* = \kappa y_t^* - \lambda i_t^*. \qquad (3)$$

In den Gleichungen (2) und (3) bezeichnet m_t das Geldangebot, y_t den Vollbeschäftigungsoutput, i_t den (unlogarithmierten) Nominalzinssatz und ein * kennzeichnet ausländische Variablen. Die Einkommens- und (Semi-)Zinselastizitäten k und l sind positiv definiert und der Einfachheit halber für das In- und Ausland identisch parametrisiert. Durch Substitution von (2) und (3) für das in- und ausländische Preisniveau in (1) folgt die *charakteristische Gleichung* des monetären Ansatzes zur Wechselkursbestimmung:

$$e_t = m_t - m_t^* - \kappa(y_t - y_t^*) + \lambda(i_t - i_t^*). \qquad (4)$$

Der Wechselkurs wird demnach bestimmt durch die Relation zwischen den Geldangeboten im In- und Ausland, durch die relativen realen Outputs, und durch die *Nominalzinsdifferenz*. Eine Erhöhung des nominellen Geldangebots im Inland bei gegebenem ausländischen Geldangebot impliziert einen Preisanstieg zur Räumung des heimischen Geldmarktes, der über die Kaufkraftparität eine Abwertung der heimischen Währung impliziert.

Erhöht sich unter sonst gleichen Bedingungen das inländische Outputniveau, so erfordert dies eine Preissenkung zur Räumung des inländischen Geldmarktes, die über die Kaufkraftparität eine nominelle Aufwertung der heimischen Währung erzwingt. Betrachtet man schließlich eine Zinserhöhung im Inland, so wird eine Abwertung zur Räumung des Geldmarktes benötigt.

In einem letzten Schritt wird die Annahme der internationalen Kapitalmobilität zur Interpretation der Zinsdifferenz berücksichtigt. Bei perfekter Kapitalmobilität wird die Zinsdifferenz durch Wechselkursänderungserwartungen kompensiert, es gilt die ungedeckte Zinsparität, sodass sich die Wechselkursbestimmungsgleichung (4) wie folgt schreiben lässt:

$$e_t = m_t - m_t^* - \kappa(y_t - y_t^*) + \lambda \Delta e_{t+1}^{ex}. \tag{5}$$

Aus der Gleichung (5) folgt, dass Änderungserwartungen des Wechselkurses

$$\left(\Delta e_{t+1}^{ex} \neq 0\right)$$

sofort in seiner aktuellen Realisation eskomptiert werden. Berücksichtigt man ferner die Kaufkraftparität für die Erwartungsbildung, dann gilt näherungsweise

$$\Delta e_{t+1}^{ex} = \Delta p_{t+1}^{ex} - \Delta p_{t+1}^{*ex}$$

sodass sich folgende Wechselkursbestimmungsgleichung ergibt:

$$\begin{aligned}e_t = &\, m_t - m_t^* + \kappa(y_t - y_t^*) \\ &+ \lambda\left(\Delta p_{t+1}^{ex} - \Delta p_{t+1}^{*ex}\right).\end{aligned} \tag{6}$$

Nominalzinsvorsprünge des Inlandes reflektieren Abwertungserwartungen für die heimische Währung, deren Ursache in einer relativ zum Ausland höheren inländischen Inflationserwartung liegt. Bildet z. B. eine aktuelle Geldmengenerhöhung die Ursache für eine Korrektur der inländischen Inflationserwartungen nach oben, so wird anhand der

Gleichung (6) ersichtlich, dass die Wechselkursänderung im Vergleich zur Veränderung des nominellen Geldangebots überproportional ausfällt (Magnification Effect).

Werden die fundamentalen Einflussfaktoren in der Wechselkursbestimmungsgleichung (5) definiert als

$$F_t \equiv m_t - m_t^* + \kappa \left(y_t - y_t^* \right)$$

so zeigt sich, dass der Wechselkurs durch die gegenwärtigen *Fundamentaldaten* (Fundamentals) und die Wechselkursänderungserwartungen bestimmt wird. Um eine geschlossene Lösung für Gleichung (5) herleiten zu können, wird eine Annahme bezüglich der Erwartungsbildung der Wirtschaftssubjekte benötigt. Werden *rationale Erwartungen* unterstellt, d. h. verarbeiten die Wirtschaftssubjekte zum Zwecke der Erwartungsbildung die ihnen verfügbaren Informationen unter Zuhilfenahme der Differenzengleichung (5), so resultiert nach Vorwärtsintegration die folgende Lösung:

$$e_t = \frac{1}{1+\lambda} \sum_{i=0}^{\infty} \left(\frac{\lambda}{1+\lambda} \right)^i E_t(F_{t+i}), \qquad (7)$$

vorausgesetzt der Ausdruck

$$[\lambda/(1+\lambda)]^{T+1} E_t(e_t + T + 1)$$

konvergiert mit zunehmendem T gegen null. Letztere Bedingung nennt man *Transversalitätsbedingung*. Sie ersetzt die „Anfangsbedingung", die üblicherweise für die Lösung von Differenzen- oder Differenzialgleichungen benötigt wird. Rationale Erwartungen implizieren, dass die Wirtschaftssubjekte die künftig erwarteten Fundamentaldaten als bestimmend für künftige Wechselkurse betrachten, und auf diese Weise wird der momentane Kassakurs letztlich bestimmt durch die momentanen Fundamentaldaten und die zum jetzigen Zeitpunkt für alle künftigen Zeitpunkte erwarteten Fundamentaldaten.

Da

$$\lambda/(1+\lambda)$$

wertmäßig zwischen null und eins liegt, wird der Wechselkurs zum Barwert künftiger fundamentaler Faktoren. Für die Zukunft erwartete Veränderungen in den Fundamentaldaten haben sofortige Auswirkungen auf den Kassakurs, noch bevor die erwarteten Veränderungen Realität werden *(Antizipationseffekte)*. Der Wechselkurs wird bis zum Zeitpunkt einer *korrekt antizipierten* Veränderung der Fundamentaldaten die *gesamte* Anpassung schon vorgenommen haben. Antizipierte Veränderungen haben also zum Zeitpunkt ihres Geschehens keinen Effekt mehr auf den Wechselkurs. Der Kassakurs inkorporiert zu jedem Zeitpunkt bereits alle verfügbaren Informationen betreffend der Fundamentaldaten (Devisenmarkteffizienz). Devisenmarkteffizienz bedeutet aber nicht, dass der Wechselkurs sich gar nicht verändert, solange die Wirtschaftssubjekte keine neue Information erhalten. Sie bedeutet lediglich, dass die stattfindenden Wechselkursveränderungen für die Wirtschaftssubjekte nicht überraschend kommen. Überraschende Wechselkursveränderungen können nur dann eintreten, wenn die Wirtschaftssubjekte neue Informationen erhalten. Dies ergibt sich aus der folgenden, trivialen Umformung für die Wechselkursänderung:

$$e_{t+1} - e_t = [E_t(e_t + 1) - e_t] + [e_{t+1} - E_t(e_t + 1)]. \tag{8}$$

Die Wechselkursveränderung setzt sich aus einem erwarteten Teil und einem überraschenden Teil zusammen. Wird die obige Wechselkursgleichung (7) berücksichtigt, so zeigt sich, dass die erwartete Veränderung des Wechselkurses gleich der erwarteten künftigen Veränderungen der Fundamentaldaten ist, während sich die unerwartete Veränderung aus der zwischen t und t+1 erfolgten Revision der Erwartungen bez. künftiger Fundamentaldaten ergibt. Letzteres wird auch als neue Information *(News)* bezeichnet. Solange keine Neuigkeiten an den Devisenmärkten eintreffen, werden die Wirtschaftssubjekte – vorausgesetzt, sie bilden ihre Erwartungen auf rationale Weise – durch Wechselkursveränderungen nicht überrascht. Die in Gleichung (7) gegebene Wechselkursbestimmungsgleichung wird auch als *Vermögenspreisansatz (Asset Pricing Model)* bezeichnet. Abweichungen des Wechsel-

kurses von seinem fundamental bestimmten Wert ergeben sich bei Verletzung der Transversalitätsbedingung. Solche Abweichungen werden als rationale *spekulative Blasen* bezeichnet. Spekulative Blasen können aber auch bei Gültigkeit der Transversalitätsbedingung entstehen, wenn man *heterogene Erwartungen* der Wirtschaftssubjekte zulässt.
Modelltheoretisch geschieht dies durch die separate Betrachtung von zwei Gruppen von Akteuren, Chartisten, die ihre Erwartungen aufgrund technischer Analysen (statistische Verfahren, Chartanalyse) bilden, und den restlichen Marktteilnehmern, die ihre Erwartungen auf der Basis der Fundamentalfaktoren bilden.

b) *Träge Preisanpassung:* Die bisherigen Ausführungen konzentrierten sich auf die Erklärung von Wechselkursbewegungen in einer Ökonomik ohne Rigiditäten, wobei die permanente Existenz der Kaufkraftparität zu jedem Zeitpunkt die Markträumung am Gütermarkt sicherte. Die in real existierenden Wechselkurssystemen, speziell bei flexiblen nominellen Wechselkursen, zu beobachtende hohe Variabilität realer Wechselkurse legt es jedoch nahe, Rigiditäten, z. B. in Form einer trägen Preis- oder Mengenanpassung am Gütermarkt, in die Modellanalyse zu integrieren. Dornbusch hat Mitte der 1970er-Jahre in einem Modell mit träger Preisanpassung aufgezeigt, dass Wechselkurse unter bestimmten Bedingungen zu *überschießenden* Reaktionen *(Overshooting)* auf exogene Störungen neigen. Damit ist gemeint, dass die kurzfristige Reaktion der Richtung nach der langfristigen Veränderung entspricht, aber ein höheres Ausmaß annimmt. Der entscheidende Punkt ist hier eine *Asymmetrie in den Anpassungsgeschwindigkeiten.* Diese kann z. B. so geartet sein, dass der Wechselkurs und der Zinssatz perfekt flexibel sind und ein sofortiges Portfoliogleichgewicht herstellen können, während die Anpassung auf dem Gütermarkt (Stromgleichgewicht) nur träge erfolgen kann.

Annahmen: Perfekte Zins -und Wechselkursflexibilität gewährleistet die Aufrechterhaltung eines permanenten (nationalen sowie internationalen) Portfoliogleichgewichts, während Ungleichgewichte am Gütermarkt durch die träge Preisanpassung zugelassen werden. *Die Nachfrage nach heimischen Gütern* hängt von der gesamten Absorption des Inlandes, aber auch von dem Preisverhältnis zwischen den inländischen und den ausländischen Gütern (dem realen Wechselkurs) ab. Dies impliziert eine preisabhängige Exportnachfrage und damit ein großes Land. Ein weiterer wichtiger Punkt betrifft die *Erwartungsbildung*. Zwar ist für das Ergebnis des Overshootings nicht zwingend eine strikt rationale Erwartungsbildung erforderlich, aber es müssen die Erwartungen auf irgendeine Weise mit künftigen Gleichgewichten verbunden sein. In weiterer Folge werden rationale Erwartungen unterstellt. Der *Auslandszins* wird als exogen gegeben und konstant betrachtet.

Als *exogene Störung* wird eine Erhöhung der Geldmenge analysiert. Bei rationalen Erwartungen muss im *langfristigen Gleichgewicht* gelten, dass die Wirtschaftssubjekte den dann realisierten Kurs auch für die weitere Zukunft erwarten. Mithin wird dann auch der Inlandszinssatz dem Auslandszinssatz entsprechen. Ferner muss langfristig die Leistungsbilanz ausgeglichen sein.

Lässt die monetäre Expansion die Güterproduktion unverändert, so muss das für die Exporte und Importe entscheidende Preisverhältnis zwischen den importierten und den heimischen Gütern (der reale Wechselkurs) langfristig wieder dasselbe sein, wie vor der Datenänderung. Zugleich müssen langfristig die Güterpreise steigen, damit die erhöhte Geldmenge bei unverändertem Realeinkommen (Output) und unverändertem Zinssatz auch nachgefragt wird. Demnach bewegen sich sämtliche nominellen Größen proportional zueinander, die realen Größen werden jedoch nicht durch die monetäre Expansion beeinflusst *(klassische Dichotomie)*.

Kurzfristig erfordert das Portfoliogleichgewicht bei höherer Geldmenge eine Senkung des Inlandszinssatzes, und dies wiederum ist nur in dem Maße möglich, wie die Anleger bez. der heimischen Währung eine Aufwertungserwartung haben. Aufwertungserwartungen können aber rational nur dann entstehen, wenn der nominelle Wechselkurs momentan über seinen langfristigen Gleichgewichtswert hinausschießt (Overshooting). Der nach dem Überschießen zustandekommende *Anpassungsprozess* ist nicht nur durch Aufwertungsschritte, sondern auch durch eine schrittweise Erhöhung des Inlandszinses und der heimischen Güterpreise charakterisiert. Letzteres kommt zustande, weil die anfangs stattfindende Abwertung die inländischen relativ zu den ausländischen Gütern verbilligt, und so eine Überschussnachfrage nach Gütern bewirkt.

Modifikationen: Werden Gütermarktungleichgewichte nicht über eine träge Preis-, sondern über eine träge Mengenanpassung abgebaut, so zeigt sich ein ähnliches Wechselkursverhalten. Ferner kommt das Overshooting nicht bei beliebigen Schocks zustande. Es tritt typischerweise bei monetären Veränderungen auf, ist der Schock jedoch auf der realen Seite der Ökonomik angesiedelt (z. B. Produktivitätsverbesserung), dann muss nicht zwingend ein Überschießen folgen.

3. *Der portfoliotheoretische Ansatz zur Wechselkursbestimmung:* Im Unterschied zu den monetären Ansätzen der Wechselkursbestimmung löst sich der portfoliotheoretische Ansatz von der Annahme der perfekten Substitutionalität in- und ausländischer zinstragender Titel. Wird von der Existenz von Realkapitalanteilen und ausländischem Geld (Währungssubstitution) abstrahiert, so halten risikoaverse Wirtschaftssubjekte ein diversifiziertes Portfolio, bestehend aus inländischem Geld und in- sowie ausländischen zinstragenden Titeln (Bonds). Die Anleger werden nur bereit sein, eine Substitution in ihrem Portfolio zugunsten ausländischer Bonds vorzunehmen, wenn diese im Vergleich zu den inländischen Bonds eine höhere Rendite erwarten lassen. Bei exogen gegebenem ausländischen Zins sichert die perfekte Flexibilität von Wechselkursen und inländischem Zinsniveau die Aufrechterhaltung des Portfoliogleichgewichts im Anschluss an alternative Schocks.

Annahmen: Die drei Bestandsgleichgewichte für den Inlandsgeldmarkt sowie für die Inlands- und Auslandsbondmärkte sind von der Angebotsseite charakterisiert durch momentan gegebene Bestände, und von der Nachfrageseite her determiniert durch Nachfragefunktionen, welche ihrerseits abhängig sind vom Vermögen (nichtricardianische Wirtschaftssubjekte) sowie den Renditen der zinstragenden Assets. Während sich die Nachfrage nach allen drei Titeln mit steigendem Vermögen erhöht, induziert eine Erhöhung des heimischen (ausländischen) Zinssatzes unter sonst gleichen Bedingungen eine Reduktion der Nachfrage nach inländischem Geld *und* ausländischen (inländischen) zinstragenden Assets. Walrasianische Interdependenz ergibt sich aus der Definition des Vermögens als dem bewerteten Bestand der drei Vermögenstitel.

Als *exogener Schock* sei eine Geldschöpfung im Inland betrachtet, die im Zuge einer Offenmarktoperation zustande kommt. Die dadurch induzierten Störungen auf inländischem Geld- und Bondmarkt erfordern eine sofortige Zinssenkung und Abwertung der heimischen Währung zur Aufrechterhaltung des Bestandsgleichgewichts. Ein qualitativ gleiches Ergebnis ergibt sich, wenn die Geldschöpfung durch eine nichtsterilisierte Devisenmarktintervention erfolgt. Zur Aufrechthaltung der Bestandsgleichgewichte ist es allerdings erforderlich, dass im Zuge der Offenmarktoperation der heimische Zins, im Zuge der Devisenmarktintervention hingegen der Wechselkurs stärker reagieren muss. Die Heterogenität der in- und ausländischen zinstragenden Titel verschafft der inländischen Zentralbank damit diskretionären Spielraum zur Beeinflussung von Zinssätzen und Wechselkursen, welcher selbst bei einer sterilisierten Devisenmarktoperation (Swapgeschäfte in den Beständen der zinstragenden Titel bei Konstanz des Geldangebots) erhalten bleibt.

Die zur Räumung der Bestandsmärkte entstandenen Veränderungen im inländischen Zinssatz und im Wechselkurs wirken nun ihrerseits auf das Stromgleichgewicht des Gütermarktes und führen über induzierte Leistungsbilanzungleichgewichte zu Veränderungen des Bestands an Auslandsbonds. Stellt sich z. B. ein Stromgleichgewicht mit einem Leistungsbilanzüberschuss ein, so akkumuliert das Inland Nettoauslandsforderungen. Diese wiederum stören das Portfoliogleichgewicht und erfordern zur Neutralisierung des Vermögenseffekts ihrerseits eine kontinuierliche Aufwertung der heimischen Währung, die erst dann zum Stillstand kommt, wenn das Leistungsbilanzungleichgewicht abgebaut ist.

Weltmarkt

Gedachter, nicht zu lokalisierender Markt für Welthandelsgüter, auf dem sich in gegenseitiger Abhängigkeit (Interdependenz) der volkswirtschaftlichen Binnenmärkte deren Verflechtung zu einer Weltwirtschaft ergibt.

Weltmarktpreis

Preis für Welthandelsgüter, der sich am Weltmarkt bildet. Der Weltmarktpreis kann nach Ländern, Waren und Handelsstufen verschieden sein.
Ermittlung (1) durch Einsichtnahme in ausländische Konkurrenzofferten; (2) durch Marktanalyse; (3) durch Schaffung von Preisspiegeln der Auslandsmärkte bzw. internationalen Warenbörsen.

Weltwirtschaft

Bezeichnung für die durch den internationalen Handel sowie Bewegungen von Kapital und Arbeit zwischen den Volkswirtschaften entstehenden internationalen Wirtschaftsbeziehungen und Verflechtungen.

Weltwirtschaftsordnung

System *völkervertraglicher Regelungen* der internationalen Wirtschaftsbeziehungen.
Hauptelemente der Weltwirtschaftsordnung sind die Welthandelsordnung (GATT bzw. WTO (World Trade Organization)) und das Weltwährungssystem, die allerdings nicht uneingeschränkt weltweit gelten, da einige Länder nicht Mitglieder der Institutionen sind bzw. sich den Vereinbarungen nicht angeschlossen haben.
Von Entwicklungsländern und kritischen *Nicht-Regierungs-Organisationen* (engl. *Non-Governmental-Organization,* NGOs) sowie einigen Wissenschaftlern wird eine *Neue Weltwirtschaftsordnung* gefordert.

Wertsicherungsklausel

Geldwertsicherungsklausel. 1. *Begriff:* Klausel in Verträgen, die Sicherung gegen etwaigen Währungsverfall bezweckt (Währungsklausel).

Genehmigung durch das Bundesamt für Wirtschaft und Ausfuhrkontrolle (BAFA) grundsätzlich erforderlich.

2. *Arten:* Goldklausel, Warenpreisklausel, Indexklausel, Festgehaltsklausel.

3. Eine Art der Wertsicherung ist auch der sog. *Leistungsvorbehalt,* eine Klausel, nach der eine Änderung der Bezugsgröße sich nur *mittelbar* auf die Geldschuld auswirkt, nämlich Anlass oder Voraussetzung für die Änderung der Leistung aufgrund von Verhandlungen neu festgesetzt werden.

Wertzoll

Ad-Valorem-Zoll. 1. *Begriff:* Tarifäres Handelshemmnis, das auf Wertbasis, d. h. *ad valorem,* berechnet wird, d. h. in Prozent des Warenwertes.

Beispiel: Der Drittlandszollsatz 10 % bedeutet, dass zehn Prozent des Zollwertes als Zoll von den Zollbehörden der EU vereinnahmt werden.

2. *Beurteilung:*

a) *Vorteile:* Automatische Anpassung an die Preise und – im Gegensatz zu den spezifischen Zöllen – gerechtere Belastung teurer und billiger Waren.

b) *Nachteile:* Wertzoll bietet einen schlechten Marktschutz, weil seine Wirkung in Zeiten von Absatzschwierigkeiten bei fallenden Preisen nachlässt, während sich bei Hochkonjunkturen der Zollschutz erhöht. Auch ist die Wertermittlung komplizierter als die Feststellung des Zollgewichts.

3. *Geltung:* Der Gemeinsame Zolltarif der Europäischen Gemeinschaften (GZT) enthält, wie die Tarife der meisten Staaten, überwiegend Wertzoll.
Etwa 90 % der in der EU bestehenden Zollsätze sind *Wertzollsätze* (*ad valorem*).

Wiederausfuhrkontrolle

End User Control (EUC); Exportkontrolle beschränkt sich auf Gemeinschaftswaren. Nichtgemeinschaftswaren (z. B. aus Zolllagern, aus der vorübergehenden Verwahrung, nach der vorübergehenden Verwendung oder aus Freizonen) unterliegen der Wiederausfuhrkontrolle (§ 16b AWV), die etwas weniger streng als die Exportkontrolle ist. Grundsätzlich sind auch hier Verbote und Beschränkungen sowie Embargos zu beachten.

Windhund-Verfahren

Verteilungsverfahren, nach dem die Einfuhr- bzw. Ausfuhrmengen für Kontingente und Lizenzen nach dem Zeitpunkt der Antragstellung vergeben werden. Es erfolgt keine Quotierung.

Wirtschaftsgebiet

Begriff des Außenwirtschaftsrechts. Der Geltungsbereich des Außenwirtschaftsgesetzes (AWG), also die Bundesrepublik Deutschland und Zollfreigebiete (Helgoland, Freizonen), war definiert in § 4 I Nr. 1 AWG a. F. Die österreichischen Gebiete Jungholz und Mittelberg galten als Teil des Wirtschaftsgebiets. Die Zollanschlüsse galten als Teil des Wirtschaftsgebiets.
Gegensatz: fremde Wirtschaftsgebiete.
Der Zollausschluss an der deutsch-schweizerischen Grenze (Enklave Büsingen) galten nach § 4 I Nr. 2 AWG a. F. für das Verbringen von Sachen und Elektrizität als Teil fremder Wirtschaftsgebiete.
Seit dem 1.9.2013 durch die Novellierung des Außenwirtschaftsrechts (BGBl. I 2013 Nr. 28, 1496) weggefallen. Seitdem gilt das Inländerkonzept.

Wohlfahrtsverlust

Toter Wohlfahrtsverlust; Begriff im Zusammenhang mit der Analyse von Wohlfahrtswirkungen von handelspolitischen Maßnahmen mithilfe von Produzenten- und Konsumentenrenten. Ist die Summe aus der Veränderung der Produzentenrente, der Veränderung der Konsumentenrente plus Budgeteinnahmen einer handelspolitischen Maßnahme negativ, dann spricht man von einem Wohlfahrtsverlust. Grafisch darstellbar mithilfe sogenannter *Harberger Dreiecke.*

Z

Zahlungsabkommen

Internationales Zahlungsabkommen, Clearingabkommen, Verrechnungsabkommen; Teil des Handelsabkommens zur Regelung des zwischenstaatlichen Zahlungsverkehrs (internationaler Zahlungsverkehr, Auslandszahlungsverkehr), der über die bei den beiderseitigen Zentralbanken oder anderen vereinbarten Stellen geführten Konten abgerechnet wird. Für den Fall, dass ein Land mit seinen Zahlungen zurückbleibt, ist zum Teil ein Swing vereinbart.

Zahlungsbilanz

1. *Begriff:* Systematische Erfassung und Darstellung aller wirtschaftlichen Transaktionen zwischen Inländern und Ausländern für eine abgelaufene Periode. Diese Definition ist etwas problematisch, da auch Transaktionen zwischen Inländern erfasst werden und da es sich um eine Stromgrößenrechnung handelt. Die Deutsche Bundesbank veröffentlicht sie monatlich, wobei die ersten vorläufigen Ergebnisse

etwa mit einem Zeitabstand von rund 30 Tagen veröffentlicht werden. Als Inländer gilt, wer seinen festen Wohnsitz im Inland hat, also auch ausländische Einwohner. Im Gegensatz zum kaufmännischen Bilanzbegriff, der in der Regel von Beständen an einem bestimmten Stichtag ausgeht, ist die Zahlungsbilanz eine Saldenbilanz, die (ebenfalls nach dem Prinzip der doppelten Buchführung) Veränderungen in einer Periode ausweist. Die „Konten" der Zahlungsbilanz werden als Teil-Bilanzen angesprochen.

2. *Aufbau:*

a) Die *Handelsbilanz,* auch Warenbilanz genannt, erfasst den Außenhandel, d. h. Export und Import von Sachgütern. Dabei werden die Ergänzungen zum Warenverkehr gesondert ausgewiesen. Dies schließt sogenannten (Zoll-)Lagerverkehr ein sowie Rückwaren, die zunächst importiert wurden, aber z. B. aufgrund von Mängelrügen zurückgeschickt werden; Analoges gilt für den Export. Der Export wird ab Grenze Ausland erfasst (FOB, Free on Board), während der Import mit dem Wert an der Grenze zum Inland berücksichtigt wird (CIF, Costs, Insurance, Freight).

b) In die *Dienstleistungsbilanz* gehen Ein- und Ausfuhren von Dienstleistungen ein. Dies kann Verständnisschwierigkeiten hervorrufen, weil man immaterielle Güter nicht immer transportieren kann. Import bedeutet, dass Inländer Güter in Anspruch nehmen, die Teil eines ausländischen Nationaleinkommens sind, oder anders ausgedrückt, die nicht im Inland produziert worden sind. Wenn also ein Deutscher Dienstleistungen ausländischer Anbieter in Anspruch nimmt, dann importiert er diese Dienstleistungen. Daher zählen Urlaubsreisen ins Ausland aus dt. Sicht zum Dienstleistungsimport, die Reisetätigkeit von Ausländern in Deutschland umgekehrt zum Dienstleistungsexport.

Weitere Beispiele: Lizenzen, Patente, Werbe- und Messekosten, Montagen, Nachrichtenverkehr, Versicherungen, Transportleistungen und Beratung.

Der Saldo von Handels- und Dienstleistungsbilanz wird als Außenbeitrag zum Bruttoinlandsprodukt (BIP) bezeichnet. Die grenzüberschreitenden Faktoreinkommen (Kapitalerträge, Einkommen aus unselbstständiger Arbeit) werden nicht in der Dienstleistungsbilanz, sondern als Erwerbs- und Vermögenseinkommen erfasst. Zählt man sie zum Außenbeitrag zum Bruttoinlandsprodukt hinzu, erhält man den Außenbeitrag zum Bruttonationaleinkommen.

Die frühere Übertragungsbilanz (Transferbilanz), die alle unentgeltlichen Zahlungen enthielt, wurde aufgeteilt: Laufende Übertragungen (z. B. an den EU-Haushalt, an den IWF oder die UN, Überweisungen ausländischer Gastarbeiter in ihre Heimat, Renten und Pensionen aus dem oder ins Ausland, öffentliche Entwicklungshilfe (sofern nicht als Kredit) werden als c) *laufende Übertragungen* erfasst, in Abgrenzung zu d) *Vermögensübertragungen* (Erbschaften, Schuldenerlasse, Steuererstattungen etc.). Nur die laufenden Übertragungen werden (zusammen mit dem Außenbeitrag zum Bruttoinlandsprodukt) zur *Leistungsbilanz* gezählt, da nur sie Einfluss auf Einkommen und Verbrauch haben. Andere, einmalige Transfers wie z. B. Finanzierungsleistungen wie 1999 für den Kosovokrieg oder 2003 für den Irakkrieg werden getrennt erfasst.

Leistungsbilanz plus Saldo der Vermögensübertragungen ergeben e) den *Finanzierungssaldo* der Zahlungsbilanz. Ist dieser positiv, liegt eine Zunahme der Forderungen gegenüber dem Ausland vor, andernfalls eine Zunahme der Verbindlichkeiten gegenüber dem Ausland. Dies schlägt sich spiegelbildlich in der Kapitalbilanz bzw. der Bilanz der Deutschen Bundesbank nieder.

Es ist nicht unüblich, die Leistungsbilanz in die Positionen Außenhandel und Saldo der „unsichtbaren" Leistungen aufzuteilen. Diese umfassen die Dienstleistungen, die Erwerbs- und Vermögenseinkommen und die laufenden Übertragungen.

Die *Kapitalbilanz* oder Kapitalverkehrsbilanz erfasst alle Forderungen und Verbindlichkeiten der privaten Wirtschaft und des Staates (außer der Notenbank) gegenüber dem Ausland. Sie unterteilt sich in mehrere Unterbilanzen. Von besonderer Bedeutung sind dabei die Direktinvestitionen, also Beteiligungen deutscher Unternehmen an ausländischen Firmen und umgekehrt, Portfolioinvestitionen, also Erwerb von ausländischen Wertpapieren als Kapitalanlage, sowie Kredite und Darlehen. Bewertungsbedingte Veränderungen des Netto-Auslandsvermögens, die naturgemäß in Zeiten starker Börsenkursbewegungen nicht zu vernachlässigen sind, werden im Rahmen der Zahlungsbilanz nicht erfasst.

Beim Kreditverkehr unterscheidet man bei den Forderungen und Verbindlichkeiten der Unternehmen, der Banken und des Staates kurz- und langfristige Positionen. Auf der Forderungsseite der Kapitalbilanz werden u. a. auch die Devisenbestände erfasst, die in der Wirtschaft verbleiben und nicht der Bundesbank zufließen, da Dollarbestände, die deutschen Unternehmen oder Banken gehören, in aller Regel auf Dollarkonten im Ausland gehalten werden.

Kapitalimporte bedeuten eine Zunahme von Verbindlichkeiten, Kapitalexporte eine Zunahme von Forderungen. Sofern es sich dabei um Transaktionen in fremden Währungen handelt, werden diese mit ihren Euro-Gegenwerten in der Zahlungsbilanz erfasst.

Die in der Zahlungsbilanz zu berücksichtigenden Transaktionen sind nicht lückenlos erfassbar. Der Warenhandel ist statistisch aufgrund von Zollunterlagen bzw. den gemäß Außenwirtschaftsgesetz und dem Außenhandelsstatistikgesetz zu vollziehenden Meldungen zur Außenhandelsstatistik weitgehend nachzuvollziehen; auch im Zahlungsverkehr liefern die Banken aufgrund entsprechender Vorschriften sehr dichtes Datenmaterial. Problematischer hingegen ist es beim Tourismus, wo oft nur Schätzungen auf der Basis der Bestandsveränderungen an ausländischen Zahlungsmitteln bei den Banken bzw. aufgrund von Rücksendungen von Euro-Bargeldbeständen sowie eingelösten Reiseschecks aus dem Ausland möglich sind.

f) Der *Saldo der statistisch nicht aufgliederbaren Transaktionen* ergibt sich daher aus fiktiven Gegenbuchungen zu Transaktionen, die sich wegen unzureichender Erfassungsmöglichkeiten nicht auf zwei, sondern nur auf einer Teilbilanz niederschlagen würden. Z. B. sind Handelskredite kurzfristig nur schwer zu registrieren, sodass zwar Warenimporte erfasst werden mögen, nicht aber der dazugehörige Kreditvorgang. Beim vorläufigen Jahresabschluss ist der Restposten naturgemäß relativ groß, weil darin noch die statistisch nicht erfassten Handelskredite enthalten sind.

g) Der *Ausgleichsposten zur Auslandsposition der Bundesbank* umfasst u. a. die Währungsreserven und sonstige Forderungen der Bundesbank gegenüber dem Ausland, z. B. gegenüber der Weltbank oder innerhalb des Europäischen Währungssystems (EWS). Diese Währungsbestände werden (da die Zahlungsbilanz in Euro geführt wird) durch die entsprechenden Wechselkurse umgerechnet in Euro-Werte. Veränderungen der Devisenbestände aber werden zu den jeweiligen Kursen gebucht, sodass eine Korrekturbuchung im Ausgleichsposten den Unterschied zwischen Tageskurs und Wertansatz ausgleicht.

3. *Zahlungsbilanzstatistik:*

a) *Quellen:* Die Daten der Zahlungsbilanz entstammen einer Vielzahl von Quellen. Zunächst ist die Außenhandelsstatistik des Statistischen Bundesamtes zu nennen. Diese wiederum stützt sich auf die Angaben, die bei Einfuhr und Ausfuhr in den Unterlagen zur außenwirtschafts- und zollrechtlichen Abfertigung gemacht werden, besonders auf Exemplare des sogenannten Einheitspapiers, das EU-einheitlich bei der Zollabfertigung verwendet wird (obwohl der Datenträger Papier inzwischen von elektronischen Verfahren abgelöst werden, z. B. dem deutschen Verfahren ATLAS und dem UK-Verfahren CHIEF), sowie auf ergänzende Unterlagen z. B. der Zollbehörden in Freihäfen. Da innerhalb des Binnenmarktes der EU keine güterbezogenen Grenzabfertigungen mehr erfolgen, wird der innergemeinschaftliche Warenverkehr (sogenannter *Intrahandel*) durch ein spezielles Meldewesen (IntraStat) erfasst. Dies bedeutet für die Unternehmen entsprechenden Bearbeitungsaufwand. In der Statistik wird dabei zwischen Generalhandel und Spezialhandel unterschieden. Der Spezialhandel umfasst Ein- und Ausfuhr in den bzw. aus dem zollrechtlich freien Verkehr (das bedeutsamste Zollverfahren) sowie Ein- und Ausfuhren im Rahmen aktiver und passiver Veredelungsverkehre (zwei weitere Zollverfahren). Der Generalhandel erfasst zudem noch Im- und Exporte in bzw. aus Zolllagern (ein weiteres Zollverfahren).

Eine weiter bedeutsame Statistik ist die des Auslandszahlungsverkehrs, die sich auf Meldevorschriften der §§ 59 bis 59 Außenwirtschaftsverordnung (AWV) stützt. U. a. muss jeder Inländer

Zahlungen an bzw. von Ausländern ab einem bestimmten Betrag auf bestimmten Formularen (Anlagen K 3 und K 4 sowie Z 1 bis Z 15 AWV) melden; in der Praxis geschieht dies meist durch das ausführende Kreditinstitut oder inzwischen auch mit elektronischen Meldesystemen gegenüber der Deutschen Bundesbank. Diese Informationen werden ergänzt durch den sogenannten Auslandsstatus der Kreditinstitute, mit dem diese monatlich den Stand der Auslandsaktiva und -passiva melden, gegliedert nach Bilanzpositionen, Währungen und Ländern. Analoge Meldungen müssen Nichtbanken (Unternehmen, Privatpersonen) machen, wenn ihre Forderungen und Verbindlichkeiten aus Finanzbeziehungen und dem Waren- und Dienstleistungsverkehr den Betrag von 5 Mio. EUR überschreiten, allerdings außer Unternehmensbeteiligungen und verbrieften Schuldverschreibungen. Die Angaben zur Netto-Auslandsposition der Bundesbank ergeben sich aus der internen Rechnungslegung der Bundesbank. Auf Fremdwährungen lautende Positionen werden (soweit möglich) mit den Kassakursen zum Zeitpunkt der Transaktion, sonst mit Durchschnittskursen in Euro umgerechnet.

Diese Angaben werden durch Schätzungen ergänzt, z. B. Güterbewertungen im kleinen Grenzverkehr und im Reiseverkehr, Klein-Ein- und Klein- Ausfuhren unterhalb der Meldegrenzen oder Güter, die ursprünglich im Rahmen von Veredlungsverkehren erfasst wurden, aber im Land der Veredlung verbleiben (sog. Ergänzungen zum Warenverkehr), oder Frachten und Versicherungen, die sich nicht aus den Zollunterlagen ergeben.

b) *Erfassung und Bewertung:* Theoretisch müssten beim Vergleich internationaler Statistiken die Exporte Alands nach Benesien mit den entsprechenden Importen von Benesien aus Aland übereinstimmen. Tatsächlich ist dies jedoch nicht der Fall. Dies liegt u. a. an der unterschiedlichen Bewertung der Warenströme, da Exporte auf FOB-Basis (FOB), Importe auf CIF-Basis (CIF) erfasst werden (vgl. die sog. INCO-Terms der Internationalen Handelskammer ICC), sodass der CIF-Importwert dem Güterwert bei Erreichen der Grenze des Importlandes entspricht. Dadurch werden in der Handelsbilanz Positionen erfasst, die eigentlich in die Dienstleistungsbilanz gehören. Manche Statistiken, z. B. die des Statistischen Bundesamtes, weisen internationaler Praxis entsprechend daher Importe wie Exporte in FOB-Werten aus. Dann entspricht der Importwert des einführenden Landes dem Exportwert des ausführenden Landes.

Neben der CIF-FOB-Diskrepanz gibt es noch einige weitere Gründe, weshalb korrespondierende Importe und Exporte in den beteiligten Ländern mit unterschiedlichen Werten ausgewiesen werden.

(1) Aufgrund der transportbedingten Zeitdifferenz sind die Exporte im Exportland bereits erfasst, die Importe im Importland aber nicht; (2) es kann hinzukommen, dass sich der Wechselkurs zwischen Erfassung des Exports und Erfassung des Imports verändert hat; (3) Exporte können zwar offiziell registriert sein, jedoch durch Schmuggel und illegalen Handel nicht in den Importstatistiken auftauchen (Analoges gilt auch umgekehrt); (4) bspw. können Zinszahlungen in der Dienstleistungsbilanz als Zahlungsausgang erfasst werden, jedoch aus Steuergründen in dunklen Kanälen verschwinden; (5) bestimmte Positionen können nur annäherungsweise geschätzt und regional zugeordnet werden, wie z. B. der nicht organisierte private Reiseverkehr. Insgesamt können auf diese Weise riesige Summen im „Bermuda-Dreieck der Statistik" untergehen. Die zusammengefassten Salden aller Länder müssten eigentlich einen Saldo der Welt-Leistungsbilanz von Null ergeben, tatsächlich aber weist die Welt-Leistungsbilanz ein (erhebliches) Defizit auf. Dies macht aber weniger als 1 % des Welthandelsvolumens aus.

Zahlungsbilanzausgleich

1. *Begriff:* Kernbereich der monetären Außenwirtschaftstheorie, in dem die Zusammenhänge zwischen dem Güterhandel, dem internationalen Kapitalverkehr und dem Devisenmarkt untersucht werden. Das *Ziel* ist die Erfassung jener Mechanismen, die unter verschiedenen Voraussetzungen (fixer Wechselkurs, flexibler Wechselkurs, verschiedene Grade der internationalen Kapitalmobilität) die Erreichung des außenwirtschaftlichen Gleichgewichts gewährleisten können.

2. Im *Unterschied zur realen Außenwirtschaftstheorie* untersucht die monetäre Außenwirtschaftstheorie die internationalen Wirtschaftsbeziehungen unter expliziter Berücksichtigung der Existenz unterschiedlicher Währungen. Damit rückt ein besonderer Markt in das Zentrum des Blickfelds, der in der realen Theorie gar nicht betrachtet wird, und der für das außenwirtschaftliche Gleichgewicht von zentraler Bedeutung ist: Der *Devisenmarkt,* auf dem verschiedene Währungen bzw. in unterschiedlichen Währungen denominierte Finanzaktiva getauscht werden. Devisenangebot und -nachfrage resultieren nicht nur aus dem internationalen Güterhandel, sondern auch aus internationalem Kapitalverkehr, welchem die monetäre Theorie besondere Aufmerksamkeit widmet. Sie analysiert zunächst unabhängig voneinander die Bestimmungsgründe für die Leistungsbilanz und den internationalen Kapitalverkehr (Kapitalverkehrsbilanz), führt dann diese beiden Bereiche in der Betrachtung des Devisenmarktes zusammen und identifiziert das außenwirtschaftliche Gleichgewicht als *Devisenmarktgleichgewicht.* Die Betrachtung kann stromgrößenorientiert oder bestandsgrößenorientiert erfolgen.

3. *Stromgrößenorientierte Betrachtung des Devisenmarktes:* Die traditionelle, *stromgrößenorientierte* Betrachtung identifiziert das Devisenmarktgleichgewicht als $B + K - DD = 0$.
Dabei ist B der Leistungsbilanzüberschuss, während K die Nettokapitalimporte im Sinn der Kapitalverkehrsbilanz im engeren Sinne darstellt und $DD > 0$ die Veränderung der Devisenreserven der Zentralbank angibt. Alle Größen sind dabei in einheitlicher Währung (z. B. Euro) angegeben. Wenn $B + K > 0$, dann herrscht eine Überschussnachfrage nach heimischer Währung (Überschussangebot an ausländischer Währung). Bei *flexiblem Wechselkurs* würde eine Verteuerung (Aufwertung) der heimischen Währung erfolgen, und zwar – Stabilität des Devisenmarktes vorausgesetzt – solange, bis $B + K = 0$. Bei *fixem Wechselkurs* erfolgt das Devisenmarktgleichgewicht bei $B + K \stackrel{!}{=} 0$ durch sog. *Devisenmarktinterventionen,* das sind Devisenverkäufe seitens der Zentralbank im Ausmaß von $(B + K)$. Diese Devisenmarktinterventionen setzen ihrerseits bestimmte Anpassungsmechanismen in Gang, die das ursprüngliche Zahlungsbilanzungleichgewicht – Stabilität vorausgesetzt

– wieder abbauen. Unterschieden wird in diesem Zusammenhang zwischen dem Geldmengen-Preis-Mechanismus, dem Einkommensmechanismus und dem Zinsmechanismus.

a) Beim *Geldmengen-Preis-Mechanismus* werden Zahlungsbilanzungleichgewichte über einen Relativpreiseffekt zwischen der heimischen und der ausländischen Ökonomik abgebaut. Unterstellt werden ein Vollbeschäftigungsoutput und perfekte Preisflexibilität. Zahlungsbilanzüberschüsse des Inlandes führen zu einem Devisenzufluss und einer Geldmengenexpansion im Inland, die bei Gültigkeit der Quantitätstheorie einen Preisanstieg im Inland induzieren. Die resultierende reale Aufwertung verschlechtert die Wettbewerbsfähigkeit der heimischen Ökonomik und baut den ursprünglichen Zahlungsbilanzüberschuss wieder ab. Allg. lässt sich sagen, dass die Geldmengenexpansion und der damit einhergehende Preisanstieg umso stärker ausfallen, je unelastischer die Leistungsbilanz auf Veränderungen des realen Wechselkurses reagiert (Elastizitätsansatz).

b) In der Tradition keynesianischer Modelle stehend bildet der *Einkommensmechanismus* einen Zusammenhang zwischen Geldmengenveränderungen und Einkommensniveau bei perfekt preiselastischem Güterangebot ab. Zahlungsbilanzüberschüsse generieren bei einer postulierten Zins- oder Vermögensabhängigkeit der Güternachfrage eine Outputexpansion, die über die Einkommensabhängigkeit der Importe den ursprünglichen Zahlungsbilanzüberschuss wieder abbaut.

c) Die bereits für den Einkommensmechanismus konstatierten Zinsänderungen können auch internationale Kapitalbewegungen induzieren *(Zinsmechanismus).* Die mit einem Zahlungsbilanzüberschuss einhergehende Zinssenkung führt zu einer Abnahme der Nettokapitalimporte und eliminiert somit den ursprünglichen Zahlungsbilanzüberschuss.

d) Der bei fixem Wechselkurs entstehende Anpassungsprozess entspricht im Grunde jenem des *Goldstandards.* Er kann durch Versuche der *Sterilisierung* mitunter erheblich beeinflusst werden. Damit ist gemeint, dass die Zentralbank die Geldmengenwirkung einer im Zuge von Devisenmarktinterventionen entstehenden Zu- oder Abnahme der

Devisenreserven durch eine kompensierende Offenmarktpolitik ganz oder teilweise kompensiert. *Bei Kapitalimmobilität* kann dies kurzfristig sehr wohl geschehen, es würde dann der oben skizzierte Anpassungsprozess gewissermaßen „angehalten", und das Leistungsbilanzungleichgewicht würde zunächst perpetuiert. Einer solchen Politik der Sterilisierung sind jedoch Grenzen gesetzt, die spätestens dann erreicht werden, wenn die Zentralbank entweder am Ende ihrer *Devisenreserven* angelangt ist, bzw. (sollte der Prozess in die gegenteilige Richtung laufen) wenn sie über keine heimischen Zinstitel mehr verfügt. Im ersteren Fall wäre eine diskretionäre Veränderung des nominellen Wechselkurses oder gar eine Freigabe des Wechselkurses notwendig. Die Grenzen der Sterilisierung sind bei *internationaler Kapitalmobilität* enger gesteckt. Jeder Versuch der Notenbank, eine andere als die gleichgewichtige Geldmenge zu erreichen, würde zu Kapitalexporten bzw. -importen führen, die sofort jeden Versuch der Sterilisierung konterkarieren. Dies gilt sowohl bei perfekter, wie auch bei imperfekter Kapitalmobilität. Gleichwohl ergibt sich ein im Hinblick auf Sterilisierung wichtiger *Unterschied* zwischen diesen beiden Situationen.

Während bei perfekter Kapitalmobilität die Geldmenge endogen bestimmt wird, hat die Zentralbank bei imperfekter Kapitalmobilität die Möglichkeit, den Inlandszins durch eine Offenmarktpolitik zu beeinflussen. Neutralisierung ist also bei perfekter Kapitalmobilität nicht einmal kurzfristig möglich, während bei imperfekter Kapitalmobilität eine gewisse Möglichkeit der kurzfristigen Beeinflussung des Anpassungsprozesses durch die Zentralbank gegeben ist.

4. *Bestandsgrößenorientierte Betrachtung des Devisenmarktes:* Hierbei wird versucht, jene Relationen zwischen Zinssätzen und Wechselkursen zu identifizieren, bei denen renditeorientierte Anleger gegebene Bestände an verschiedenen Finanzaktiva zu halten bereit sind. Man spricht dann von einem *Bestandsgleichgewicht* oder *Portfoliogleichgewicht*. Der Devisenmarkt übernimmt bei dieser Sichtweise die Rolle eines von mehreren Bestandsmärkten, auf dem dem Wechselkurs im Rahmen eines allgemeinen Gleichgewichtsmodells neben dem Zins eine Markträumungsfunktion zukommt.

5. *Außenwirtschaftliches Gleichgewicht:* Die beiden eben skizzierten Sichtweisen des Devisenmarktes sind Kernbestandteile der Theorie des Zahlungsbilanzausgleichs, bzw. des außenwirtschaftlichen Gleichgewichts. *Kurzfristig* gesehen ist mit außenwirtschaftlichem Gleichgewicht das Devisenmarktgleichgewicht gemeint, und zwar sowohl im Sinn der bestandsgrößenorientierten, als auch im Sinn der stromgrößenorientierten Betrachtung. Man spricht auch vom temporären oder momentanen Gleichgewicht. *Langfristig* herrscht ein außenwirtschaftliches Gleichgewicht dann vor, wenn das momentane Gleichgewicht zu keiner Veränderung im Nettobestand an Auslandsverbindlichkeiten bzw. -forderungen mehr führt.

6. *Neuere Ansätze* zur Erklärung von Zahlungsbilanzungleichgewichten rücken ab von dem Ziel eines momentanen außenwirtschaftlichen Gleichgewichts hin zu der Forderung einer *intertemporal ausgeglichenen Leistungsbilanz,* wobei die Leistungsbilanz auf Periodenbasis unausgeglichen sein kann. In diesen Ansätzen unterliegt das Verhalten der Wirtschaftssubjekte einer rigorosen intertemporalen Optimierung und damit auch einer intertemporalen Budgetrestriktion. Leistungsbilanzungleichgewichte sind hier das Resultat des Zusammenwirkens zweier Dinge: Der Produktivität der Investitionen und der Gegenwartspräferenz der Konsumenten. Eine hohe Produktivität der Investitionen birgt eine Tendenz zu momentanem Leistungsbilanzdefizit, während eine geringe Gegenwartspräferenz eine Tendenz zu momentanem Leistungsbilanzüberschuss beinhaltet.

Zahlungsbilanzpolitik

Maßnahmen mit dem Ziel, den Ausgleich der Zahlungsbilanz zu bewirken.

Zahlungsunion

Vertragliche Vereinbarung mehrerer Länder zum Zweck der Verrechnung aller Zahlungen im Außenhandel über eine zentrale Verrechnungsstelle.

Die einzelnen Teilnehmerländer verrechnen ihre Forderungen und Verbindlichkeiten nicht mit jedem Land bilateral, sondern multilateral mit der Gesamtheit der Teilnehmerländer.

Ziehungsrechte

Drawing Rights; Rechte eines Landes zur Beschaffung (Ziehung) von ausländischen Zahlungsmitteln (Devisen) beim *Internationalen Währungsfonds* (IWF) gegen Hingabe eigener Währung für einen begrenzten Zeitraum im Rahmen bestimmter Kontingente (Reserveposition im IWF).
Besondere Bedeutung der Ziehungsrechte haben heute beim IWF die *Sonderziehungsrechte (SZR).*

Zielzonen-System

Zielzonen-Systeme versuchen die Variabilität makroökonomischer Variablen durch explizite oder auch implizite Grenzen zu beschränken und sind meistens im Zusammenhang mit Währungssystemen anzutreffen. Real existierende Währungssysteme sind oftmals in dem Sinn hybrid, als sie sowohl Elemente eines Fixkurssystems als auch eines Systems flexibler Wechselkurse vereinen. *Hybride Systeme* existieren in den Formen des Zielzonen-Systems oder auch des *Managed Floating* und versuchen die Vorzüge fixer sowie flexibler Wechselkurse miteinander zu verbinden. In einem Zielzonen-System sind die nominellen oder realen Wechselkurse innerhalb eines bestimmten Bandes (Zielzone) frei beweglich, sollen jedoch durch Zentralbankinterventionen daran gehindert werden, dieses Band zu verlassen. Mitunter können auch Anpassungen (Realignments) der Zielzone an veränderte Rahmenbedingungen vorgesehen werden.
Bekanntestes Beispiel eines Zielzonen-Systems für nominelle Wechselkurse: Das damalige Europäische Währungssystem (EWS) sowie das heutige EWS II, an dem die Länder der Europäischen Union (EU) teilnehmen müssen, die noch nicht den Euro eingeführt haben, diesen aber in absehbarer Zeit einführen wollen.

Zinsparität

Die Zinsparität besagt, dass in inländischer und in ausländischer Währung notierte Anlagen unter Berücksichtigung von Wechselkursveränderungen dieselbe Rendite aufweisen.

1. *Gedeckte Zinsparität* ist gegeben, wenn: $r = r^* + (wt - w) / w$, wobei r bzw. r* den inländischen bzw. ausländischen Zinssatz andeuten. w bzw. wt stehen für den Kassakurs bzw. den entsprechenden Terminkurs.
Diese Parität muss bei Abwesenheit von internationalen Kapitalverkehrskontrollen immer gelten. Gälte sie nicht, dann hätten die Wirtschaftssubjekte Gelegenheit zur *Währungsarbitrage:* Sie könnten internationale Zinsdifferenzen risikolos zur Gewinnerzielung ausnutzen. Indem sie dies tun, verändern sie die Zinssätze und Wechselkurse so, dass es zur gedeckten Zinsparität kommt.

2. Die *ungedeckte* Zinsparität (*offene* Zinsparität) besagt, dass: $r = r^* + (we - w) / w$, wobei we der momentan für den relevanten künftigen Zeitpunkt erwartete Kassakurs ist. Diese Parität gilt für Situationen mit perfekter Kapitalmobilität.

Zoll

1. *Begriff:* Zölle sind Abgaben die beim unmittelbaren Eingang von Waren in den Wirtschaftskreislauf (Einfuhrzoll) oder beim Verlassen des Wirtschaftskreislaufs (Ausfuhrzoll) erhoben werden. Vereinzelt werden auch Durchfuhrzölle erhoben, die allein an das Passieren einer Zollstelle oder eines Wirtschaftsgebietes anknüpfen. Ganz überwiegend werden heute Einfuhrzölle erhoben. Sie entstehen nicht bereits mit dem körperlichen Verbringen von Waren ins Zollgebiet, sondern erst dann, wenn die Waren ordnungsgemäß etwa durch Überlassung zum zollrechtlich freien Verkehr, unmittelbar am Wirtschaftsleben teilnehmen oder vorschriftswidrig in den Wirtschaftskreislauf gelangen, etwa durch Schmuggel bei der Einfuhr oder Entziehen aus der zollamtlichen Über-

wachung. Zölle sind tarifäre Handelshemmnis (engl. *tariff*), da sie den freien Warenverkehr behindern. Zölle sind nach der Abgabenordnung Steuern, aber nicht zu verwechseln mit der bei Entstehung von Einfuhrzöllen fast immer zugleich entstehenden Einfuhrumsatzsteuer. Sie entspricht der Umsatzsteuer im Inland.

2. *Arten:* Es gibt entsprechend der Zielrichtung und des Zweckes von Zöllen verschiedene Arten: *Fiskal- oder Finanzzölle* dienen der Einnahmeerzielung.
Schutzzölle sollen den heimischen Markt vor ausländischer Konkurrenz oder bei Ausfuhrzöllen vor Warenabfluss schützen. *Antidumpingzölle* reagieren auf Subventionierung von Waren aus Drittländern.

3. *Berechnung:* Spezifische Zölle, Gleitzölle und Wertzölle. Ein Wertzoll bemisst sich in einem bestimmten Prozentsatz des Zollwertes (*Ad-valorem*-Zoll, auch: proportionaler Zoll), ein spezifischer Zoll (auch *Stückzoll* oder Gewichtszoll) bemisst sich pro quantifizierbarer Einheit (z. B. Gewicht, Volumen, Länge, Alkoholanteil). Als Variante gibt es gemischte Zölle (den Gleitzoll), die Wertzölle und spezifische Zölle kombiniert.

4. *Aufkommen:* (Deutschland): 5,1 Mrd. EUR (2018), 5,1 Mrd. EUR (2017), 5,1 Mrd. EUR (2016), 5,2 Mrd. EUR (2015), 4,6 Mrd. EUR (2014), 4,2 Mrd. EUR (2013), 4,5 Mrd. EUR (2012), 4,6 Mrd. EUR (2011), 4,4 Mrd. EUR (2010), 3,67 Mrd. EUR (2009), 4002 Mio. EUR (2008), 3983 Mio. EUR (2007), 3880 Mio. EUR (2006), 3378 Mio. EUR (2005), 3059 Mio. EUR (2004), 2877 Mio. EUR (2003), 2.896,2 Mio. EUR (2002), 3.191,2 Mio. EUR (2001), 3.394 Mio. EUR (2000), 3.639,1 Mio. EUR (1995), 3.670,3 Mio. EUR (1990), 2.767 Mio. EUR (1985), 2.353 Mio. EUR (1980), 1.663 Mio. EUR (1975), 1.468 Mio. EUR (1970), 1.294 Mio. EUR (1965), 1.345 Mio. EUR (1960), 916 Mio. EUR (1955), 315 Mio. EUR (1950).

5. *Europäische Union:* Innerhalb der EU werden keine Zölle mehr erhoben. Die EU-Mitgliedsstaaten bilden eine Zollunion. Seit 1968 werden Zölle gegenüber Drittländern nach dem Gemeinsamen Zolltarif der Europäischen Gemeinschaften (GZT) erhoben. Die Zölle stehen als traditionelle Eigenmittel der EU zu, dem erhebenden Mitgliedsstaat stehen allerdings 20 % des Erhebungsbetrags als sogenannte Erhebungskostenpauschale zu (seit 2014; zuvor: 25 %).

Zolldisparitäten

1. Unterschiede zwischen den *Zolltarifstrukturen* verschiedener Länder, mit anderen Worten unterschiedliche Streuung der Zollbelastungen (Zollsätze für) einzelner Güter um die Durchschnittsbelastung. Ökonomisch von Bedeutung, weil unter Umständen hohe einheitliche Zölle auf alle Güter (Fertigwaren und Vorprodukte) weniger protektiv wirken als stark divergierende Zollsätze bei niedriger Durchschnittsbelastung.

2. Unterschiede zwischen den *Zollsätzen* verschiedener Länder in Bezug auf *dasselbe* Gut (kann auch vorliegen, wenn nach 1. keine Zolldisparitäten existieren). *Argumentation:* Bei allgemeiner Senkung der Zölle um einen bestimmten Prozentsatz wird der Zollschutz eines Landes mit niedrigen Zöllen mehr geschwächt als derjenige eines Landes mit hohen Sätzen. Vorwiegend politisches und taktisches Argument, spielte eine wesentliche Rolle bei den GATT-Verhandlungen (GATT) in der Kennedy-Runde (1964–1967).

Zollkontingent

Bestimmte Warenmengen, die entweder nach dem Gewicht oder einer anderen spezifischen Einheit oder nach dem Wert begrenzt sind und innerhalb eines festgesetzten Zeitraums (meist eines Jahres) zollbegünstigt (in der Regel zollfrei) eingeführt werden dürfen. Zollkontingente können *vertraglich* oder *autonom* festgesetzt werden. Als handelspolitische Mittel setzen Zollkontingente den sie gewährenden Staat in die Lage, den Lieferwünschen seines Vertragspartners nachzugeben, ohne auf einen Schutz der einheimischen Wirtschaft völlig zu verzichten.

In der EU ist die Befugnis zur Festsetzung von Zollkontingenten auf die Organe der Europäischen Union übergegangen (den Rat der Europäischen Union und die Europäische Kommission). Diese setzen EU-Zollkontingente fest, die entweder den Charakter von Versorgungskontingenten haben oder der mengenmäßigen Begrenzung von Zollbegünstigungen aus Assoziations- oder Präferenzabkommen oder gegenüber Entwicklungsländern dienen. Zollkontingente sind nur für bestimmte Zeiträume geöffnet (und anwendbar).

Berechnung der Einfuhrkontingentenquoten: Verteilungsverfahren, Windhund-Verfahren. Eine *Zollaussetzung* unterscheidet sich vom Zollkontingent durch die nicht vorhandene mengenmäßige oder wertmäßige Beschränkung.

Zollpolitik

Alle Maßnahmen, um mit dem Gestaltungsmittel Zoll die außenwirtschaftlichen Beziehungen zu beeinflussen; Teil der Außenwirtschaftspolitik. Zollpolitik muss wirtschaftspolitischer Zielsetzung entsprechen, z. B. liberal orientierte Wirtschaftspolitik mit liberaler Außenhandels- und Zollpolitik.

Kriterien für eine zollpolitische Entscheidung sind die strukturellen Gegebenheiten einer Volkswirtschaft sowie die davon beeinflussten unmittelbaren und mittelbaren Wirkungen eines Zolls, nicht die mit einem Notstand begründeten Interessentenwünsche.

Weitere Aufgaben der Zollpolitik: Beeinflussung der Handelsbilanz (z. B. durch autonome Zollerhöhungen) als preispolitische Maßnahme (durch Zollsenkungen Bekämpfung von Preissteigerungen), zur Absatzsicherung (durch einen Gleitzoll), zur Förderung der Industrialisierung (durch *Zollaussetzungen* für bestimmte Waren oder zur Unterstützung bestimmter Länder (z. B. durch Zollpräferenzen für Entwicklungsländer im Rahmen des APS oder anderer Präferenzabkommen). Die Zollpolitik ist in der Europäischen Union von den Mitgliedsstaaten auf die EU übertragen worden, eine nationale Zollpolitik nicht möglich.

Zollsätze

Ergeben sich aus dem Zolltarif.

Zollschutz

Importschutz mithilfe von Zöllen.

Zolltarif

1. *Allgemein:* Wichtigstes Instrument der Zollpolitik. Dem Zolltarif liegt jeweils ein *Tarifschema (Nomenklatur)* zugrunde. Erst wenn die Nummern (Codierungen) des Zolltarifschemas mit Zollsätzen versehen sind, handelt es sich um einen Zolltarif.

Unterteilung: In einem Zolltarif sind die Waren abschnittsweise entweder nach den Produktionszweigen, zu denen sie gehören, geordnet (Produktionsprinzip) oder nach dem Prinzip des Verwendungszwecks (z. B. Zusammenfassung aller Maschinen oder Spielwaren ohne Rücksicht auf den Stoff, aus dem sie bestehen, jeweils in einem Kapitel). Länder mit einer großen Breitenstreuung der Produktion haben in der Regel Zolltarife, die nach Warenarten und -unterarten weitgehend unterteilt sind.
Arten: (1) *Einheits-Zolltarife,* die nur *eine* Zollsatzspalte aufweisen; (2) *Doppel-Zolltarife,* die zwei Spalten enthalten, z. B. einen General-Zolltarif mit einem höheren Niveau und einen Minimal-Zolltarif mit Zollsätzen, die die untere Grenze von Zollzugeständnissen an andere Länder bilden. Zolltarife mit zwei Spalten besitzen auch Länder, die bestimmten Ländern niedrigere (z. B. Präferenzzoll) als die normalen vertragsmäßigen Zölle (Drittlandszoll nach dem Prinzip der Meistbegünstigung) einräumen. Der Gemeinsame Zolltarif der Europäischen Gemeinschaft (GZT) weist je eine Spalte für autonome und für vertragsmäßige Zollsätze auf.

2. *Abfrage im Internet:* Seit Januar 2006 ist dieses Auskunftssystem auch für Wirtschaftsbeteiligte kostenlos im Internet verfügbar:

a) *Abfrage des Integrierten Zolltarifs der EG (TARIC)*, dessen 10-stellige Codierungen EG-weite Gültigkeit besitzen,

b) *Abfrage des Elektronischen Zolltarifs der dt. Zollverwaltung (EZT-online)* dessen 11-stellige Codenummern nur in Deutschland gelten.

3. Geschichte: Zolltarife gibt es, seit Steuern auf Warenbewegungen (der sogenannte Zoll) erhoben werden. Mit Gründung des *Deutschen Zollvereins* 1834 wurden die Zolltarife der deutschen Staaten im sogenannten *Vereinszolltarif* vereinigt, der aus 43 alphabetisch geordneten Warenkategorien bestand und auf dem preußischen Zolltarif basierte. 1902 wurde der sogenannte *Bülow-Zolltarif* geschaffen, der bereits 946 Warennummern enthielt. Der Bülow-Zolltarif trat 1906 in Kraft und galt mit jährlichen Änderungen bis 1950. Die internationale Einigung nach dem zweiten Weltkrieg, die auch zur Gründung des Rates für die Zusammenarbeit auf dem Gebiet des Zollwesens (RZZ) führte, resultierte in der Harmonisierung der weltweiten Zolltarifschemata mit der Nomenklatur der RZZ (NRZZ), welche aus etwa 8000 Tariflinien in 21 römisch bezifferten Abschnitten und 99 arabisch bezifferten Kapiteln bestand.
Der Deutsche Zolltarif 1951 bestand bereits aus einem ersten Entwurf der NRZZ. Die NRZZ wurde 1955 in vielen Staaten eingeführt. Mit Gründung der EWG durch sechs Westeuropäische Staaten (BENELUX, Frankreich, Italien und Deutschland) am 1.1.1958 wurde das Ziel der Schaffung einer Zollunion im EWGV vereinbart. Innerhalb von zehn Jahren wurden die innerhalb der EWG geltenden Zollsätze abgebaut und die nach außen geltenden Zollsätze angeglichen – die Zollsätze der vier Zolltarife (für die BENELUX-Staaten galt ein einziger Zolltarif), wurden bis zum 30.6.1968 angeglichen (die Zollsätze für landwirtschaftliche Waren wurden zum 1.1.1970 angeglichen). Mit Wirkung vom 1.7.1968 wurde der Gemeinsame Zolltarif der Europäischen Gemeinschaft (GZT) geschaffen. Die NRZZ wurde am 1.1.1988 durch das Harmonisierte System zur Bezeichnung und Codierung von Waren (HS) (sogenanntes Harmonisiertes System, engl. *Convention on*

the Harmonized Commodity Description and Coding System) der Weltzollorganisation (WZO) ersetzt (abgekürzt HS 1988). Das weltweit angewandte Zolltarifschema besteht seitdem aus 21 römisch bezifferten Abschnitten und 96 arabisch bezifferten Kapiteln mit mehr als 15.000 Tariflinien. Die Nomenklatur des HS wird alle vier bis sechs Jahre an technische und wirtschaftliche Entwicklungen angepasst. Überarbeitungen (sog. Revisionen) gab es bislang mit dem HS 1992, HS 1996, HS 2002, HS 2007, HS 2012 sowie dem derzeit geltenden HS 2017. Die nächste Überarbeitung ist mit dem HS 2022 angekündigt worden. Die Nomenklatur des HS wird in mehr als 200 Ländern, Wirtschaftsgebieten und Freihandelszonen angewendet und damit werden mehr als 98 % des grenzüberschreitenden Warenhandels erfasst. Daher lassen sich die erfassten Handelsdaten (Außenhandelsstatistiken, u. a. von der Welthandelsorganisation (WTO) und der WZO) aus verschiedenen Ländern und Regionen vergleichen.

Zolltheorie

1. *Begriff:* Zolltheorie wird als theoretische Grundlage der Zollpolitik verstanden.

Hauptfragen:

(1) Welche Formen tarifärer Belastungen (tarifäre Handelshemmnisse) von Außenhandelsströmen gibt es (Zoll, Einfuhrzoll)?

(2) Wie wirkt eine Zollerhebung auf Mengen und Werte der international gehandelten Güter, auf die Güterversorgung, auf die inländische Produktion, auf die Wohlfahrtspositionen von Konsumenten und Produzenten, auf die Verteilung der Handelsvorteile auf Inland und Ausland, auf die Realaustauschverhältnisse (Terms of Trade; Optimalzoll), auf die Zahlungsbilanz und auf die Einnahmenseite des Staatshaushaltes?

(3) Inwieweit unterscheiden sich die Auswirkungen einer Zollerhebung von denen eines Einsatzes anderer handelspolitischer Instrumente (Importkontingentierung, nicht tarifäre Handelshemmnisse)?

(4) Mit welchen grundsätzlichen Argumenten kann ein Abweichen von den Prinzipien des Freihandels durch die Anwendung von Zöllen überhaupt gerechtfertigt werden (Protektionismus).

2. *Zollwirkungen:*

a) Die (allgemeinen) Auswirkungen einer Zollerhebung seien anhand der Grafik veranschaulicht, die sich der Einfachheit halber auf die *Analyse der Inlandseffekte,* ausgehend von unendlicher Preiselastizität des Importangebots beschränkt.

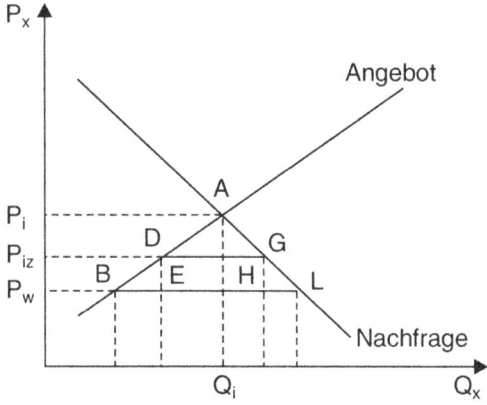

Zolltheorie – Wirkung einer Zollerhebung

Interpretation der Grafik: Dabei beschreiben Pi und Qi Gleichgewichtspreis und -menge im Inland bei Autarkie; bei Übergang zum Freihandel würde sich ein einheitlicher Weltmarktpreis von Pw ergeben, sofern von Transaktionskosten etc. abgesehen wird, sowie ein Import des Inlands in Höhe von BL erfolgen. Wird nun ein Zoll auf die Einfuhr des betrachteten Gutes erhoben, wird der Inlandspreis dementsprechend steigen. Es ergibt sich als neuer Gleichgewichtspreis Piz, bei dem es nur noch zu einem Import in Höhe von DG kommt.

b) Die Gesamtauswirkung der Zollerhebung auf das Inland lässt sich in folgende *Teileffekte* (Zollwirkungen) aufspalten:

(1) Aufgrund des von Pw auf P iz gestiegenen Inlandspreises ist die inländische Wirtschaft zu einer um BE erhöhten Produktion in der Lage *(Protektionseffekt).*

(2) Aus dem gleichen Grund kommt es zu einem Rückgang der inländischen Nachfrage um HL *(negativer Absorptionseffekt).*

(3) Die Konsumentenrente verringert sich folglich um GPizPwL, die Produzentenrente steigt um DPizPwB *(Umverteilungseffekt);* dabei sinkt die Konsumentenrente um BLGD stärker als die Produzentenrente steigt, wovon GHL auf einen Rückgang an Konsumentenrente aufgrund des um HL reduzierten Gesamtkonsums und BED auf eine Kostensteigerung für die erhöhte Inlandsproduktion entfallen, womit diese Flächen die gesamtwirtschaftlichen Wohlfahrtsverluste ausdrücken.

(4) Die Leistungsbilanz weist um BE + HL verminderte Warenimporte auf *(Zahlungsbilanzeffekt).*

(5) Im Umfang von DEHG erzielt der Staat Zolleinnahmen *(fiskalischer Einnahmeeffekt),* es sei denn, der Zollsatz wird so hoch angesetzt, dass überhaupt kein Import mehr zustande kommt *(Autarkiepunkt A; Prohibitivzoll).*

c) Diese Effekte können in ähnlicher Weise eintreten, wenn nicht ein Zoll erhoben, sondern stattdessen die Einfuhr mengenmäßig beschränkt wird *(Kontingentierung).* Grundsätzlich sind allerdings die einfuhrbeschränkenden Wirkungen sicherer. Ihre Einführung liegt deshalb nahe, wenn bei unelastischem Importangebot ein gewünschter Protektionseffekt durch Zollerhebung kaum, wohl aber durch Kontingentierung zu erreichen ist. Zu einem fiskalischen Einnahmeeffekt kommt es bei Kontingenten nur dann, wenn der Staat sich die Importlizenzen entgelten lässt. Mehreinnahmen infolge der induzierten

Steigerung der inländischen Absatzpreise müssen nicht unbedingt den inländischen Importeuren zugutekommen, sondern können (zumindest zum Teil) von den ausländischen Exporteuren beansprucht werden und zwar nicht zuletzt je nach der jeweiligen Konstellation der Marktmacht.

d) Eine Exportsteuer führt *sowohl für ein großes wie für ein kleines Land* zu genau denselben Ergebnissen wie ein Importzollsatz von derselben Größenordnung, vorausgesetzt die Steuereinnahmen werden in beiden Fällen derselben Verwendung zugeführt (Lernersches Symmetrietheorem).

e) Eine *besondere Form der Handelspolitik* ist die *Integration* durch Errichtung von Zollunionen bzw. Freihandelszonen. Die Errichtung solcher Freihandelsblöcke kann nicht eindeutig als Schritt in Richtung Liberalisierung des Welthandels interpretiert werden. Der selektive Abbau von Handelsbarrieren beseitigt einerseits zwar eine Verzerrung, und zwar die Diskriminierung der Anbieter aus den Partnerländern gegenüber heimischen Anbietern (Handelsschaffungseffekt). Zugleich aber wird eine neue Verzerrung eingeführt, und zwar in Form der Diskriminierung zwischen den Anbietern aus den Block-Partnerländern und den Anbietern aus Drittländern (Handelsumlenkungseffekt). Es ist nicht von vornherein klar, ob der Nettoeffekt für alle beteiligten Partnerländer oder auch für die Drittländer positiv ist.

Zollunion

Spezifisches Konzept zur regionalen Handelsliberalisierung. Im Zuge der Verwirklichung einer Zollunion werden zwischen den beteiligten Volkswirtschaften (schrittweise) alle Zölle und Kontingente beseitigt; parallel hierzu werden gleichzeitig die von den Mitgliedsländern gegenüber Drittländern angewendeten Zölle und Kontingente aneinander angeglichen, sodass nach außen hin ein einheitliches Zollrecht gilt (Entstehen *eines* gemeinsamen Zolltarifs).
Bedeutung: Eine Zollunion (so auch im Fall der Europäischen Union) dient in der Regel als *Vorstufe* zur Errichtung eines gemeinsamen Binnenmarktes oder einer Wirtschaftsunion (regionale Integration). Der zur Gründung einer Zollunion erforderliche politische Konsens

zwischen den beteiligten Ländern ist wegen des Verlustes der nationalen handelspolitischen Autonomie erheblich schwieriger zu erreichen als bei einer Freihandelszone.

Eine Zollunion verstößt prinzipiell gegen den Grundsatz der *Meistbegünstigung* des GATT bzw. der World Trade Organization (WTO). Art. XXIV des GATT-Abkommens definiert die Bedingungen, unter denen eine Zollunion zwischen Staaten, die Vertragspartner im Rahmen des GATT sind, zulässig ist.

Beispiel: Die EU ist die bekannteste und wirtschaftlich bedeutendste Zollunion mit 28 Mitgliedsstaaten (vgl. Art. 28 AEUV); der Brexit (Ende März 2019) wird die Zahl der Mitgliedstaaten auf 27 reduzieren. Weitere Zollunionen: MERCOSUR, CARICOM, CEMAC, UEMOA, EAC, Southern African Customs Union (SACU).

Zollverein

1. *Zusammenschluss* von Staaten zur Vereinheitlichung des Zollwesens und zum Abbau der Zollschranken, unter Umständen als Vorstufe einer Zollunion.

2. In Deutschland entstanden 1828 der *süddeutsche, mitteldeutsche* und *norddeutsche Zollbund,* 1833 wurde der „Deutsche Zollverein" gegründet als Zusammenschluss des bayerisch-württembergischen und des preußisch-hessischen Zollvereins mit Sachsen und Thüringen. Mit dem am 1.1.1834 in Kraft getretenen Zollverein wurden die Binnenzölle aufgehoben und der wirtschaftliche Zusammenschluss der deutschen Länder auch auf anderen Gebieten vorbereitet, so z. B. die Allgemeine Deutsche Wechselordnung von 1847, die in den Folgejahren von den Zollvereinsstaaten in Kraft gesetzt wurde. Der Vereinszolltarif wurde 1838 auf Grundlage des preussischen Zolltarifes geschaffen, der lediglich 43 alphabetisch sortierte Warengruppen enthielt. Schon 1842 gehörten dem Deutschen Zollverein 28 der 39 Bundesstaaten an. 1854 gehörten dem Zollverein alle Staaten des späteren Deutschen Reiches mit Ausnahme von Mecklenburg, Hamburg, Bremen und den später hinzugekommenen Gebieten Schleswig- Holstein und Elsass-Lothringen an. Bremen trat erst 1884, Hamburg 1888 bei, nachdem die Freihäfen

ein Zollausschlussgebiet ermöglichten. Bis 1888 traten insgesamt 39 deutschen Staaten bei, so auch Luxemburg, allerdings ist Österreich nie beigetreten. Ein bedeutender Verfechter des Zollvereingedankens war Friedrich List. Der Deutsche Zollverein führte zur wirtschaftlichen Integration und Gründung einer Währungsunion, da der Vereinstaler als Zahlungsmittel durch die Münzkonventionen von 1838 und 1857 eingeführt wurde. Darüber hinaus wurden Maße und Gewichte vereinheitlicht, was zur Erleichterung des Handelslebens führte. Der Deutsche Zollverein ist ein frühes Beispiel der wirtschaftlichen Integration und gilt mit Einschränkungen als Vorbild für die europäische Einigung im Rahmen der Europäischen Union (EU).

Zollvertrag

Zwischenstaatliche Vereinbarung zur Regelung von Zollfragen, die die beteiligten Länder angehen.

Zollzwecke

Grundsätzlich sind zwei (sich gegenseitig ausschließende) Zwecke bei der Zollerhebung zu unterscheiden:

(1) *Fiskalzölle* (auch: der Finanzzoll) sollen Einnahmen für den Staatshaushalt erbringen. Da sie das zu verzollende Gut entsprechend verteuern, setzt die Verwirklichung des Einnahmeziels voraus, dass die Preiselastizität der Nachfrage nach diesen Gütern möglichst klein ist, d. h. dass sich die Nachfrager möglichst wenig durch die Zollerhebung abschrecken lassen.

(2) Das zweite Zollmotiv ist der *Wirtschaftszoll* (Erziehungszoll). Sein Ziel ist nicht die Einnahmeerzielung, sondern der Schutz der inländischen Wirtschaft vor billiger ausländischer Importkonkurrenz (Schutzzoll). Das Schutzmotiv wird auch daran deutlich, dass Zölle in aller Regel mit zunehmendem Verarbeitungsgrad der importierten

Güter zunehmen *(Zollprogression),* d. h. verarbeitende inländische Industrie schützen, während im Zollgebiet nicht vorkommende bzw. nicht geförderte, aber produktionsnotwendige Rohstoffe gar nicht oder nur gering mit Zöllen belastet werden.

Dies bezeichnet man als effektive Protektion, im Unterschied zur nominalen Protektion, die sich aus den Zolltarifen für die jeweiligen Güter ablesen lässt. Je ausgeprägter die Zolltarife eine Progression mit zunehmendem Verarbeitungsgrad aufweisen, desto größer ist die effektive Protektion im Vergleich zur nominalen. Die EU erhebt z. B. auch in Abhängigkeit von der Jahreszeit saisonale Zölle für Obst und Gemüse, um ihre eigene Produktion zu schützen. Unter dem Gesichtspunkt der Protektion ist somit nur der Schutzzoll als protektionistische Maßnahme zu werten. Natürlich wirken auch Fiskalzölle handelshemmend, doch werden sie eben aus anderen wirtschaftspolitischen Gründen als Schutzzölle eingesetzt. Nach IWF-Angaben liegt in sehr vielen Staaten der Anteil der Zolleinnahmen zwischen 25 und 35 % der Staatseinnahmen. Daher ist es verständlich, wenn bestimmte Länder aus fiskalischen Gründen kein ausgeprägtes Interesse an einer Handelsliberalisierung haben. Sie befinden sich daher in einem Dilemma, wenn der IWF im Rahmen von Strukturanpassungsprogrammen zur Sanierung der Wirtschaft eine Importliberalisierung empfiehlt.

Zuerst müsste bei Fiskalzöllen direkt auf Zolleinnahmen verzichtet werden, die nicht simultan durch andere Einnahmen (Steuern) kompensiert werden können. Hinzu kommt beim Wegfall von Schutzzöllen, dass durch Importe inländische Produktion verdrängt werden kann, was zum einen zu Beschäftigungseinbußen führt, zum andern aber auch Einbußen bei den Steuern bedeuten kann, die sich bislang aus der inländischen Produktion ergaben (Umsatz- und Verbrauchsteuern, Einkommen- und Gewinnsteuern). Auch im Exportbereich gibt es in vielen Ländern Zölle, und zwar sowohl als Fiskalzölle (v. a. in Entwicklungsländern) als auch als Schutzzölle, um den Export bestimmter Güter zu erschweren und die Güterversorgung im Inland nicht zu gefährden. Das Schutzzollargument ist historisch als Erziehungszoll entstanden, d. h. als zeitlich begrenzter Zoll, in dessen Schutz sich die begünstigten Industrien auf den späteren Wettbewerb auf dem Weltmarkt vorbereiten sollten. Sobald die Wettbewerbsfähigkeit gegenüber den Konkurrenten im Ausland ausreichend gestärkt ist, soll ein solcher Schutzzoll abgebaut werden. Vielfach denaturieren Erziehungszölle jedoch zu Dauereinrichtungen, welche die Erstarrung und Verkrustung ineffizienter Wirtschaftsstrukturen begünstigen; die Abschottung des EU-Agrarmarktes vom Weltmarkt ist ein einschlägiges schlechtes Beispiel. Sofern durch Zölle der Import völlig zum Erliegen kommt und faktisch ein Importverbot vorliegt, spricht man von *Prohibitivzoll,* während Zölle, die als Reaktion auf die Zollerhebung eines anderen Landes eingeführt werden, als *Retorsionszoll, Abwehrzoll* oder *Vergeltungszoll* bezeichnet werden. In diesem Zusammenhang ist auch der Antidumpingzoll als tarifäre Protektion gegen „Schleuderpreise" und der Ausgleichszoll für staatlich subventionierte Ausfuhren anzuführen, welche ungerechtfertigt billige Importe auf ein „richtiges" Preisniveau anheben sollen. Während Zölle grundsätzlich tarifäre Handelshemmnisse sind, zählen die drei zuletzt genannten Maßnahmen zu den nicht tarifären Handelshemmnissen gezählt.

Zunehmende Skalenerträge

Eigenschaft der Technologie einer Ein-Produkt-Unternehmung, wenn bei einer Vervielfachung aller Faktoreinsatzmengen um den Faktor n die Produktionsmenge um mehr als das n-fache ansteigt. Handelt es sich um eine homogene Produktionsfunktion und steigt die Produktionsmenge um das n-hoch-r-fache, so gibt r den Homogenitätsgrad der Produktionsfunktion an.
Formal: Ist r ein Inputvektor und f eine Produktionsfunktion, so gilt: $f(nr) > n \cdot f(r)$ für alle $n > 1$.

The manufacturer's authorised representative in the EU is Springer Nature Customer Service Centre GmbH, Europaplatz 3, 69115 Heidelberg, Germany. If you have any concerns regarding our products, please contact ProductSafety@springernature.com

Printed and bound by CPI Group (UK) Ltd, Croydon, CR0 4YY

23/03/2026

02076747-0006